講談社文庫

竹中平蔵　市場と権力

「改革」に憑かれた経済学者の肖像

講談社

はじめに　「改革」のメンター

「成長戦略に打ち出の小槌はなく、企業に自由を与え、体質を筋肉質にしていくような規制改革が成長戦略の一丁目一番地」

二〇一三（平成二五）年一月二三日、安倍政権が新たに設置した産業競争力会議の初会合で、民間議員である竹中平蔵はさっそく宣言した。かつて小泉政権で「構造改革」の司令塔役を果たした彼にとっては久々の表舞台だった。ささやかながらそれは復活の狼煙《のろし》でもあった。

〈企業・産業に「自由」を与える〉

産業競争力会議の面々に配付した「竹中メモ」で、政府の役割を竹中はそう規定した。「企業の自由」を確保し、拡大させること。それが安倍政権の果たすべき使命である。

〈新自由主義とは何よりも、強力な私的所有権、自由市場、自由貿易を特徴とする制度的枠組みの範囲内で個々人の企業活動の自由とその能力とが無制約に発揮されることによって人類の富と福利が最も増大する、と主張する政治経済的実践の理論であ

る〉

経済地理学者デヴィッド・ハーヴェイの「新自由主義」の定義にしたがえば、竹中の復活宣言を「新自由主義者の闘争宣言」と読み換えることもできる。

産業競争力会議が初会合を開いた翌日、安倍政権は規制改革会議を始動させた。冒頭あいさつに立った安倍晋三総理は、

「規制改革は安倍内閣の一丁目一番地であります。成長戦略の一丁目一番地でもあります」

と意気込みを語っている。前日の竹中の言葉を鸚鵡《おうむ》返しになぞったわけだ。竹中にとってはまずまずの滑り出しだった。再び「改革」の歯車が回りはじめたのである。

竹中の当面の課題は、安倍政権内部の路線闘争で勝利を収めることである。主宰する政策研究集団「ポリシーウォッチ」のウェブサイトで、「小渕内閣型」「小泉内閣型」という言葉を用いて巧みに解説している。竹中は、小渕内閣では首相の諮問機関である経済戦略会議の委員をつとめていた。

小渕内閣が発足した時も最初の出だしは大変好調であった。次から次へと財政拡大等の政策を打って、そして中小企業に対する信用保証の政策を拡充して、危機を

乗り越えて、株が上がり始めて、経済は非常に良いスタートを切ったように見えた。当時、経済戦略会議が作られて、そこでこの最初のロケットスタートの強さを更なる改革、構造改革、体質改善に結びつけて行くための政策が示されてはいたのだが、なかなかその構造改革に手がつかないままに小渕首相が病に倒れるということになった。

これに対して小泉内閣の時は最初から構造改革を全面に押し出して、そして構造改革を進めることによって、結果的には戦後最長の景気拡大を実現するということができた。

今、安倍内閣は積極的な金融政策と財政政策でロケットスタートをきっている。しかし、これが本当の構造改革、企業の体制強化に結びつくか今のところよくわからないということだと思う。

繰り返すが、安倍内閣に頑張ってもらわなくてはならない。その意味で期待を込めて、小渕内閣型ではなく、小泉内閣型になるような、そういう政策運営を是非期待したい。（二〇一三年二月九日付「安倍内閣は小渕内閣型ではなく小泉内閣型になれるか」）

「規制改革が成長戦略の一丁目一番地」の真意は、安倍政権を「小泉内閣型」へと引き戻し、日本を再び「構造改革」の軌道の上に乗せることにある。

＊

小泉政権は政権発足直後の二〇〇一（平成一三）年六月、「構造改革」の基本方針を発表している。「骨太の方針」と呼ばれたその経済運営の指針は、「市場の力で社会を改革する」という考え方で貫かれていた。

経済成長は「市場」における「競争」を通じて達成されるのだから、「市場の障害物や成長を抑制するものを取り除く」ことこそ、政府の果たすべき役割である。そうした考えのもと、小泉政権は七つの構造改革プログラムを示した。筆頭に掲げられたのが「民営化・規制改革プログラム」である。

「民間でできることは、できるだけ民間に委ねる」――小泉純一郎が執心する郵政事業の民営化に注目が集まったが、核心はむしろ、「骨太の方針」に記された次の文章にあった。

〈医療、介護、福祉、教育など従来主として公的ないしは非営利の主体によって供給されてきた分野に競争原理を導入する〉

それまでの規制改革は、既存の企業が活動するうえで障害になる規制を取り除く取り組みだった。たとえば、大型店の出店を規制していた大規模小売店舗法の廃止や、タクシー業界への参入規制の緩和などである。ところが、小泉政権はこうした経済的規制にとどまらず、医療や教育といった社会的な規制にも手をつけた。従来、「市場化」になじまないとされていた分野も聖域化せず、規制の緩和や経営主体の民営化によって、「市場化」していくと宣言したのである。

「市場化」により社会を改造するという構造改革の思想は、その後、日本社会を変質させていくことになった。

企業活動の自由を全面的に解き放とうとする新自由主義の思想を極限にまで押し広げ、社会の全領域を市場化しようとする欲望を「市場原理主義」と呼ぶなら、小泉政権はたしかに市場原理主義的な性格を強く帯びていた。そうした「構造改革」のイデオローグが、竹中平蔵という経済学者だったのである。彼は閣僚として、金融改革や郵政民営化を手がけた実践者でもあった。

ではなぜ、日本社会を変質させた「新自由主義」「市場原理主義」の導入に経済学者が貢献することになったのか。小泉政権の閣僚になったばかりの時期、『論座』（二〇〇一年一〇月号）のインタビューで竹中は答えている。

経済学者の政策決定への関与について、非常にわかりやすい例はアメリカです。私の友人でもあるローレンス・サマーズは、クリントン政権で財務長官を務めました。サマーズの先生にあたるマーチン・フェルドシュタインは、レーガン政権で大統領経済諮問委員会の委員長を務めた。そういう専門家が、専門的な立場で政策を遂行するという事例はアメリカでは早い時期から浸透している。

「改革」の原動力として、「知的起業家精神」が求められていると竹中は語っている。

世の中を動かしていくのは、アントレプレナーシップ（起業家精神）です。そして私たちにいま求められているのは、インテレクチュアル・アントレプレナーシップ、すなわち知的起業家精神です。それにはいろいろな局面がある。たとえば、東ヨーロッパが社会主義から解放されたときに何が起こったか。アメリカの国際経営コンサルタントと言われる人たちが大量に押しかけて、アメリカ的なビジネスをつくった。これはひとつの知的起業家精神ですよ。ソ連がロシアになったときにも、たとえばワシントンのアーバンインスティチュートという研究所がロシアに進出し、ロシアの都市計画をほとんど手がけた。あるいは、中国で会計基準をつくるときには、アメリカの国際公認会計士が大挙して手伝った。

そして、いまの日本では、政策に関する知的起業家精神が改めて求められている。自ら解説しているように、小泉政権における竹中のポジションは、東欧の旧社会主義国にビジネスチャンスを求めて押しかけたアメリカの経営コンサルタントとどこか似ていた。抜け目ない知的起業家は「市場化」の伝道師でもある。

＊

小泉政権の経済運営を今ふりかえると、興味深い事実が見えてくる。「構造改革」は経済成長を達成するために避けられない道であり、つかの間の「痛み」に耐えることで将来の富が約束される――そんな物語が当時まことしやかに語られていた。だが、実態はずいぶん違っていたのである。

小泉政権時代の経済パフォーマンスを名目GDPでみると、最も数値が高かった政権末期でさえ一九九〇年代の金融危機前と同水準である。名目GDPの伸びの低迷は、アメリカやEUなどと比べることで、よりはっきりする。国際比較のグラフでみると、日本は横ばい状態を続けていたにすぎない。

それでも経済運営で大きな成功を収めたかのように認識されているのは、戦後最長といわれる「いざなみ景気」のもと、企業の業績が好調だったからである。だが、それは「構造改革」の効果というより、日銀の金融緩和政策に負うところが大きかった。

小泉政権時代、日銀は、量的金融緩和と呼ばれる従来になかった金融政策を動員してマネーを大量に供給していた。これが為替相場を円安に導き、輸出企業を後押ししたのである。金融バブルに沸くアメリカだけでなく、急成長する中国という新たな巨大市場への輸出が伸び、日本企業は潤《うるお》った。

内実が輸出支援という旧来型の経済運営だったため、小泉政権が経済界の秩序を大きく乱すことはなかった。しかし、「構造改革」に破壊的な効果がなかったかといえば、そうではない。中国をはじめとする新興国の台頭に対応するため、日本企業は体質改善をはかった。「構造改革」はむしろこの面で企業経営者を強力にサポートした。

たとえば、製造業における派遣労働の解禁などである。「構造改革」は企業の利益を押し上げる一方、労働者の賃金を引き下げる成果をあげた。「企業活動の自由」をなにより優先する新自由主義的政策の必然的帰結だった。

利益分配のあり方を根本から変革することにこそ、「構造改革」の意義がある。地方への財政支援を大胆にカットする緊縮財政を小泉政権が強行したのもそのためである。

結果として、正規社員と非正規社員、大都市と地方など、「階層化」と呼んでいいほどの大きな格差が生まれることになった。階層化を意図する政策だとはじめから理解されていれば、小泉政権への高支持率はありえなかったはずである。その意味で、「構造改革」の本来の目的をカモフラージュする役目を担った、隠れた主役ともいえる日銀の存在は注目に値する。

意外なのは、こうした日銀の重要性に目をとめたのが、小泉政権で官房長官をつとめた安倍晋三だったことだ。

第二次安倍政権が掲げる経済政策「アベノミクス」の背骨は、「インフレターゲット」政策である。日銀による強力な量的金融緩和策を長期にわたって実施する宣言ともいえる。安倍は、総選挙で繰り返し日銀のインフレターゲットに言及し、選挙に圧勝すると、日銀にあからさまな圧力をかけた。

日銀が安倍に押し切られる形で「インフレターゲット」の採用を表明すると、投資家たちはもろ手をあげて歓迎した。株高、円安が進行し、「安倍バブル」と呼ばれるほど市場が活況を呈するようになったのである。

二〇一二年一二月の総選挙では、メディアは原発問題、TPP（環太平洋経済連携協定）問題、消費税問題を政界の三大争点と位置付けていた。だが、選挙に圧勝して総理の座に返り咲いた安倍は、「インフレターゲット」によってこれらの争点をことごとく蹴散らしてしまった。原発は再稼働の方向で動き出し、TPPについては早々と交渉参加を表明している。株式市場の活況が持続すれば、消費税の引き上げも敢行するだろう。

「日銀にカネを刷らせる」政策を踏み台に、改革を次々と進めていく手法において、安倍政権はすでに小泉構造改革と酷似している。もっとも、大規模な公共事業の実施を掲げている点は異なる。竹中が「小渕内閣型」と呼んで懸念するのも、財政政策への傾斜が、安倍政権の「構造改革」の妨げになるのではないかと考えるからである。

＊

安倍総理を議長とする産業競争力会議の場で、竹中が問題提起している大きなテーマのひとつが労働市場の改革だ。

一九九〇年代後半からの労働規制の緩和とともに、非正規雇用は増え続け、現在では三人に一人が非正規雇用となっている。日本社会を変質させた「改革」だった。とりわけ小泉政権は、製造業の派遣労働を認めるなど規制緩和を積極的に進めたため、非正規雇用問題が叫ばれるようになると厳しく批判された。

しかし、竹中は批判を一蹴している。『日本経済新聞』(二〇一三年七月一六日付)のインタビューでは、次のように説明している。

人生の中では長時間働く方がよい時もあれば、育児などで短時間がよい時もある。働き方を自由に選べるようにすることは重要だ。問題は制度の不公平にある。解雇しにくくする判例が出た結果、日本の正社員は世界一守られている労働者になった。だから非正規が増えた。

規制を緩和したからではなく、むしろ改革が不十分だからこうなった。同一労働・同一条件を確立する『日本版オランダ革命』ができれば、制度のひずみが是正される。厳しすぎる解雇ルールを普通にすれば、企業は人を雇いやすくなる。『全員正規』では企業は雇いにくく、海外に出てしまう。柔軟な雇用ルールにして雇用機会を増やすべきだ。

日本で非正規社員が増えてしまったのは、正社員が保護されすぎているためだという。正社員が「既得権益者」として指弾されている。「働き方の自由」を実現するためにも、解雇規制の緩和が必要なのだと竹中はいう。

産業競争力会議の民間議員の構成をみると、竹中を除く九人のメンバーのうちじつに八人が企業経営者あるいは元経営者、しかもほとんどが名の知れた大手企業である。労働規制の緩和は議論する前からの既定路線といってもいい。

医療や農業、教育など規制緩和が進んでいない分野にも大胆に切り込む構えをみせる一方で、竹中は会議の主導権を握るための「仕組みづくり」も怠っていない。

「この会議の運営については、この会議だけでは議論が十分にできないので、事務局での議論に民間議員、あるいはその代理が参加できる仕組みをつくってほしい」

初会合での竹中提言は実現し、官僚主導の事務局に民間スタッフが入ることになった。二回目の会合でも、竹中は会議の運営に注文をつけた。

「この会議で出てくる規制改革関係の話は、岡議員（筆者注　岡素之《もとゆき》住友商事相談役は規制改革会議議長を兼任）に毎回引き取ってもらって、規制改革会議で議論していただき、その次の産業競争力会議で方向性だけでも報告してもらう、というルールを確立してほしい」

規制改革会議と緊密に連携をはかることで、政策形成への影響力を強めようというねらいだ。規制改革会議議長代理の大田弘子は、前の安倍政権で経済財政政策担当大臣をつとめた。竹中とは長年のつきあいで、考えを同じくする同志だ。

日本経済団体連合会（経団連）は、経営者の集まりともいえる産業競争力会議を経済財政諮問会議と同様の法律に基づく会議に格上げし、権限を強化させようと動きはじめている。だが、構造改革の強力な後押しとして「改革勢力」の大きな期待を集めているのはむしろTPPだろう。

安倍は選挙戦では「『聖域なき関税撤廃』を前提とするTPPには参加しない」との公約を掲げていた。ところが、総理に就任して二月にオバマ大統領と初会談すると、「『聖域なき関税撤廃』が前提でないことが明らかになった」として、一転して、TPP交渉の参加に前のめりになり、早くも三月一五日には交渉参加を正式に表明した。

オバマとの会談直後の産業競争力会議で、安倍の報告を聞いた後、竹中は、「やはり自由貿易を拡大すること、そして、経済連携を深めていくこと、とりわけアメリカとの連携においてそのような関係を深めていくことは世界の利益であり、いうまでもなく日本の利益である」と安倍を称賛した。

日本がTPPを締結すれば、事実上、それはアメリカとの経済統合を意味する。あらゆる分野で日米間の制度の平準化が進められ、これまでになくアメリカの外圧は強まるだろう。一方で、TPPのような域内経済統合では、投資家が国家と対等の立場を確保する。医療や金融はじめ、知的財産から農業まであらゆる領域が交渉対象となっているので、日本の社会の全領域で「市場化」が進むはずである。

「TPP国内対策にあたり、ICT（筆者注　情報通信技術）活用推進も含め、競争力を強化するための制度改革を重視していかなければいけない」

TPPが「構造改革」の原動力となることを、竹中は期待している。アメリカや海外投資家の圧力は頼もしい味方なのである。産業競争力会議の民間議員の権限は、小泉政権時代に有力閣僚として手にしていた権力とは比べるべくもない。けれども今、彼に強い追い風が吹いていることはたしかである。

＊

小泉構造改革への批判をテコに政権奪取した民主党は、迷走に迷走を重ねて自滅した。民主党政権時代には不遇をかこった竹中だが、着々と手は打っていた。政界に突如としてあらわれたスター、橋下《はしもと》徹のブレーンにおさまったのは総選挙を目前に控えた時期である。

「私の目には、橋下氏と、小泉元首相の姿が重なって見えます。どちらも原理原則を貫き、自分の言葉で国民に語りかけることができる政治家だからです」（『週刊現代』二〇一二年六月二三日号）

かつて仕えた小泉純一郎を持ち出し、竹中は橋下を絶賛した。秋波を送られた橋下は、日本維新の会の衆院選候補者選定委員会の委員長を竹中に依頼した。その理由を橋下はこんなふうに語っている。

「竹中さんの考えにぼくは大賛成ですから。小泉元首相のときの竹中さんの考え方についてはいろいろと意見があることは承知していますけれども、基本的な価値観、哲学は、ぼくは竹中さんの考え方ですね」

候補者選定委員長として討論会に参加した竹中は、日本維新の会からの出馬を希望する落選中の元代議士の前で、

「自由と規制緩和という意味で、ＴＰＰに本当に心から賛成しているかどうかが、ものすごく重要な試金石になる」

とＴＰＰの踏み絵を踏むよう迫った。

政界での影響力ということでいえば、みんなの党は党の方針自体が竹中の主張とほ

ぼ一致している。代表の渡辺喜美は、日銀総裁候補として竹中の名前をあげていたほどである。民主党では前原誠司とのつながりもある。

安倍晋三とは小泉政権でともに仕事をして以来親交があり、安倍政権が誕生すると、経済ブレーンに迎えられた。安倍は当初、格上の経済財政諮問会議の民間議員に竹中を抜擢しようとしたのだが、閣内に反対の声があり、産業競争力会議の民間議員に落ち着いた。こうしてみると、少なくともイデオローグとしての竹中の支持者は、与野党を問わず政界内で意外なほど裾野を広げている。

日本維新の会の橋下代表など野党有力者とのパイプは、安倍政権を新自由主義側へと引っ張る切り札となりうる。政界再編が起きれば、竹中が有力政治家の橋渡し役となることも考えられる。

小泉政権で構造改革の司令塔役を果たして以降、「改革」を布教し実践してきた竹中平蔵は、いまや日本を「改革」に導くメンター（指導者）の地位を築いている。彼の新自由主義に基づく政策提案は多くの賛同者を獲得するようになっている。

果たしてこの指導者はいったいどこからあらわれたのか。日本の社会をどこへ導こうとしているのだろうか。本書は、「改革のメンター」の人生の軌跡をたどったレポートである。

目次

第1章　和歌山から東京へ

競争心

アメリカ軍の爆撃機が和歌山市内に大規模な空爆を行ったのは、日本が降伏する一ヵ月前のことだった。大空襲で市街地の七割が焼失した。敗戦後、和歌山市は戦災都市に指定され、和歌山城をいただく城下町は復興していくことになるが、市内にはわずかながら戦前そのままの風情をとどめる場所もあった。そうした戦災をまぬがれた一画に、戦後まもなく結婚した竹中那蔵・明子夫婦は居を構えた。

和歌山の南部まで抜ける国道四二号線を、和歌山城から南へ一キロほど下った道路沿いに、古めかしい木造二階建ての建物はあった。住居と店舗がいっしょになったつくりで、隣り合っていくつか同じような店舗が並んでいる。小さな商店が集まった長屋のようでもある。ここで竹中夫婦は履物店を営んでいた。平蔵が生まれたのは一九五一（昭和二六）年三月三日。男ばかり三人兄弟の次男である。

竹中履物店のすぐ隣の店で育った三瀬博三は、父親の後を継いで帽子店の主をしている。

「ぼくのところは昭和三年から父親がやってたんやが、建物は大正時代ぐらいに建てたものやったんと違うかな。土地はこのへんをもってる地主から借りてね。竹中さんはあとからきたな。鈴木さんという人が靴屋さんをやっておったんやけど、出ていったのでそこに入ってきはった」

一九三三（昭和八）年生まれの三瀬は、竹中那蔵の仕事ぶりをいまも覚えていた。

「いかにも商売人という人やなくて、どちらかというとおとなしいまじめな人という感じやったな。下駄の裏に通した鼻緒の先が切れたりするから、キリみたいなもので鼻緒を穴に入れ込んで、打って、金具で留めて。そんな工作もせんならんから、やっぱり職人仕事なんやろうね」

下駄を扱っていたので、竹中履物店は「下駄屋さん」と呼ばれていたという。かつての客が語る店主那蔵の姿も、三瀬が語ったように「実直な商売人」である。「いつもシャツをピシッと着て、少し神経質そうやった」「靴の選び方を丁寧に教えてくれた」

『朝日新聞』に「おやじのせなか」と題した連載シリーズがある。各界の著名人が父親を語る企画である。ここで竹中平蔵は父・那蔵について語っている。（二〇〇七年四

月一五日付）

おやじはゲタの商家に生まれ、でっち奉公に出されて一人前になったそうです。終戦で兵役から戻り、和歌山城を望む商店街に小さな履物店を構えた。

ボクはまさに、おやじの背中を見て育ちました。いつも店の奥に座り、せっせとゲタの緒をすげていた。商売人だけど職人に近い。朝8時ごろから店を開け、夜は10時過ぎまで働く。「手広く商売を」なんて考えずコツコツとまじめひと筋。「毎度ありがとうございます」ってね、深々と頭を下げていた。

口数の少ない人です。「勉強しなさい」などと言ったことがない。ボクは小学3年生ごろまで、おとなしくて目立たない子でした。誰も信じてくれないけど。実は今も一人で本を読んだり、思索を巡らせたりするのが大好き。こんな一面は、おやじに似ているのかもしれない。

ただボク、兄、弟の3人に繰り返し言ったので、強烈に頭に焼きついた言葉があります。「おまえたち、いい時代に生まれたなあ。好きなことを何でも、自由にできるよ」。詳しく語りませんが、戦時中は我慢することばかりで、余程つらかったらしい。「精いっぱい夢を追いかけてみろ」というメッセージだったと思います。

竹中はインタビューなどで何度か、「父親が一生懸命に働いているのに豊かにならないことに疑問を感じた」と語っている。だが、裕福とはいえないまでも、「貧しい」というほど竹中家が経済的に困窮していたわけではない。隣の帽子店で育った三瀬は、三瀬や竹中が育った土地の風土についてこんな話をした。

「ここらへんは都市でありながら保守的やね。徳川御三家、八代将軍吉宗の城下町やったから。武士ふうというか質実剛健というのか、武士の気風の名残みたいなものが残っておったんやろうね。大地主もおったろうし、大金持ちもおったろうし。近くに武家屋敷みたいなものがあったしね」

竹中が通った和歌山市立吹上小学校の校区内には、武家屋敷跡に大きな邸宅が並ぶ住宅街があった。国道四二号線の大きな道路をはさんで向こう側、竹中の家からもそれほど遠くない距離である。

同級生の脇本弘（仮名）は、父親が事業を経営していて経済的には恵まれた家庭で育ったと話した。

「ここで育ったということは竹中君にとっては大きかったんと違うかな。ぼくは小学生のときに竹中君の家に遊びにいったりしていたけど、家の大きさでわかるというのは子供ながらにもありますからね。吹上小学校は名門の、というかお金もちの住まいも多かったから、そういう格差がほかより残っているところだったと思います。お金もちの家に生まれていたら、いまの竹中平蔵はなかったと思うな」

吹上小学校は公立の学校だけれども、かつては越境して通学する児童があとを絶たないほど和歌山県内での評価は高かった。教師たちも教育に熱心で、職員会議が夜の一〇時や一一時まで長引くこともめずらしくなかったという。

熊沢芙佐子は小学五年生、六年生と二年間、竹中のクラスを担任していた。

「先生方がみんなで若い先生を教えるんです。私もほんとうに鍛えられました。授業のなかに問題解決学習というのがありましてね。生徒に初めて読ませる文章について、ここに感動したとか、主人公はどうして泣いたのかとか、生徒自らが問題をつくりながらこのテーマで考えましょう、という形で進めます。生徒たちが疑問を出しあうわけです。こういうのがよくできたのが平蔵君でした」

授業で誰かが意見を発表すると、さっと手をあげ、「ちょっと違うと思います」といって意見を述べはじめるのが竹中だった。

「いつのまにか、へいちゃんが議長みたいになって、みんなの意見をまとめていくんです。ふだんはおとなしい子なんですけどね。勉強するというより、知識を獲得するという言い方がぴったりくるような感じの子供でしたよ」

小学生のころ、竹中は私塾に通っていた。元小学校教師の坂本三代が個人的に営む小さな学習塾である。

一九二四（大正一三）年生まれの坂本は祖父の代から続くクリスチャンだった。東京・お茶の水のニコライ堂を本拠とするハリストス正教会の流れをくむ宗派である。ボランタリー精神が旺盛な坂本は、和歌山のガールスカウトを立ち上げてもいる。学習塾を主宰していたのも「人間は教育によって変わるんじゃないか」という考えから、新しい教育を実践するつもりで始めたのだという。

竹中家の三兄弟が坂本のもとに通うようになったのは、母・明子が近所の子供が坂本の塾で学んでいることを知り、自分の子供も教えてほしいと坂本に直接頼み込んだのがきっかけだった。

坂本は、塾で勉強する竹中の姿をよく覚えていた。

「たとえば五人で勉強をしていても、最後まできちっと座っていることができたのはへいちゃんだけでした。ご家庭でのしつけがしっかりしていたんだろうと思います」

算数の問題の解き方を教えてほしい、と竹中がいってきたことがあった。みると、中学校で習う二元一次方程式を小学生用にアレンジした問題だった。

「○をX、□をYに置き換えてみるとどうなるか、やってみてごらん」

坂本がそういうと、竹中は中学校の数学で習う方程式の解き方で問題を解いた。

「へいちゃん、数学というのはここから発展するのよ」

坂本がほめると、

「そうか。数学数学いうけど、簡単やねんなあ」

竹中は一大発見をしたかのように喜んだ。

坂本の塾では、五人から七人ぐらいの子供がいっしょに勉強していた。時間が長くなると、しびれを切らせた子供が、勉強中の竹中を挑発することがしばしばあった。

「ヘイコウ！」

竹中が相手をしないで勉強を続けようとすると、「ヘイコウ！」としつこく叫ぶ。そんなときは竹中が言葉を発する前に坂本が割って入ったという。

「あだ名ではあるけど、呼び方のニュアンスでわかるじゃないですか。私は子供がそういう言い方をしたときは怒りましたよ。平蔵さんは、ヘイコウって怒鳴った子供に対して怒ることはありませんでしたけど、私がきちんと怒るかどうかは見ていました。私が信頼できるかどうかを見ていたのでしょうね。きちっと怒ったことに対しては満足していたと思います。けれども彼は怒鳴った子には何も言わないんです」

同級生の森本道夫は、小学生のころ、竹中と毎日のように顔をあわせていた。遊びといえば野球だった。自他共に認める親友だった森本が戸惑いをおぼえるようになったのは小学校六年生のころだった。ときおり竹中が激しいライバル心を抱いているような素振りを見せるようになったのである。もっとも、学業に限ってのことだった。少しいいにくそうに森本は話した。

「ぼくのほうはそんな意識はぜんぜんなかったですけどね。中学校でも学年があがるにしたがって、平蔵が(成績のことを)聞いてくるようになったんです。ぼくはそういうのはちょっとあれやったから……」

中学校三年生のときだった。森本は、学外で業者が実施するテストを受け、和歌山県内の成績上位者に入った。森本と竹中が通う西和中学校から受験した生徒のなかでは一番成績がよかった。

「ぼくも受けたらよかったたな」

森本から成績結果を聞くと、竹中はそういった。テストを受けていれば自分が一番になっていた、とでも言いたげな物言いだった。森本は内心むっとすると同時に、なにか割り切れない気持ちがした。お互い高め合ってともに歩んできたという思いをもっていたからである。

「いっしょにがんばったらええやんかと思っていたからね。平蔵だって勉強はよくできたし、ぼくに競争心をもつのは違うだろうと。そういうのは勘弁してくれ、と。そういうことで、ぼくのほうから平蔵と少し距離を置くようになったんです」

思い当たるきっかけがひとつあった。知能指数（ＩＱ）テストである。

ＩＱテストの結果は生徒本人にしか知らされないはずなのだが、一部の保護者たちが小学校六年生の森本のＩＱを知るところとなった。先生が、学年で一番ＩＱが高かったのが森本であることを保護者会でつい漏らしてしまったのである。母親から知らされて森本は知ったのだけれども、露骨な競争心を竹中が示すようになったのはちょうどそのころからだった。森本にはそれ以外理由を探すことができなかった。

理想の社会と現実のはざまで

和歌山県立桐蔭高校は、和歌山県随一の進学校といわれていた。一九六六（昭和四二）年に入学した竹中は三年間を通じてこの高校でトップクラスの成績を収めた。あまり成績が芳しくなかったという同級生が、「がつがつ勉強している様子を見せない竹中が、テストになると好成績を収めるので羨ましかった」と話した。進学校なので成績がよければ目立つことにはなる。けれども、それ以外ではとりたてて特徴ある生徒ではなかった、と杖村賢一は語っている。

「竹中君が大臣になったとき、何かおもしろいエピソードはないかって、取材に来た記者さんから聞かれましたけど、ほんとにないんですよ。隠しているんじゃなくて、ほんとにふつうでした」

杖村は竹中とバンドを組んでいた。杖村はフルート、竹中がギターを担当し、文化祭で映画音楽を演奏した。リードギターを担当するリーダー格がいて、バンドのなかでも竹中は特段目立つ存在ではなかったという。

少し違った印象をもっていたのが魚谷周市である。魚谷は高校二年生のときに生徒会長をつとめた関係で、竹中と知り合った。竹中は生徒会で文化委員長をしていた。

「新聞に原理主義って出てたけど、あれなんや?」

第三次中東戦争に関する記事を読んだ魚谷が立ち話ついでにたずねると、竹中が中東の歴史を詳しく解説してみせたので少し驚いた。

「へえ、よう知ってるな。そんなこと誰も知らんやろ」

そういって感心すると、「新聞に書いてあったよ」と竹中は自慢するでもなく答えた。魚谷の回想。

「ふだんは控えめなほうなんやけど、いったん火ついたら、わぁーっとしゃべる。自分なりに知識を入れて考えとったんと違うかな。あのころはベトナム戦争もあったしね。お坊さんが抗議の焼身自殺したりというのもあったけど、ぼくらそういうの聞くと、なんやこれはって感情論になるけど、彼なんかは、なんで、なんで、と冷めた目で考えてたんと違うかな」

竹中が生徒会で文化委員長をしているとき、文化祭の開催をめぐってちょっとした騒動が起きた。前年の文化祭で風紀を乱した生徒がいたという理由で、危うく文化祭が中止になりそうになったのである。文化祭開催を勝ち取るため、先頭に立って教師たちと交渉を始めたのが、生徒会で文化委員長をつとめる竹中だった。

小学生のころから竹中と親しくつきあっていた森本道夫は、このときの竹中の活躍がいまも強く印象に残っているという。

「学校側が文化祭を中止するといったとき、猛烈に反対したんです。平蔵は自分から文化祭の実行委員長的な役回りを引き受けて、きちんとした企画を出して先生たちと交渉した。結局、先生たちを説得して、文化祭は無事に開催されることになった。実行委員長としてあいさつに立つべきかどうか悩んだんでしょうね。文化祭が開かれる数日前、あんまり表には出ないほうがいいかな、と平蔵がぼくに相談してきたんです。おまえがやったんやからあいさつぐらいしたらええやんか、といいました。桐蔭高校では友達グループも別々でしたけど、あのときは、平蔵は大したやつやなぁと感心しましたよ」

幼なじみの森本には、このころ、竹中のなにかが変わったように感じられた。

「社会に対して、悪いものは悪いというか、行動するというのか……反骨心のようなものが出てきたように思います」

森本や魚谷はまったく知らなかったのだけれども、桐蔭高校にいるごく少数の「活動家」と竹中は親しくつきあうようになっていた。不思議なことに、いっしょにバンドを組んでいた杖村やクラス内の仲間グループにも竹中はそのことについては黙っていた。

「活動家」というのは、日本民主青年同盟に加盟している生徒たちである。「民青」と呼ばれていた。民青は日本共産党の影響力のもとに組織されていて、民青の高校班は各高校の社会科学研究会（社研）など文化系クラブでの活動に力を入れていた。

ちょうどこのころ、全国で大学紛争が高校へと広がっていたが、桐蔭高校でいわゆる「新左翼」と呼ばれる学生運動が起こるのは竹中が卒業したあとの話である。放送室占拠騒動などが起きるが、竹中の在学中はそうした騒動はなく、民青グループにしてもほかの生徒の目を引くような派手な活動を繰り広げていたわけではない。

桐蔭高校では、民青の生徒たちは社会哲学部で活躍していた。「社哲部」と呼ばれる文化系クラブで、当時は被差別部落の問題や日米安保条約問題などに熱心に取り組んでいた。野村直樹（仮名）も社哲部員で、高校二年生のときには生徒会で副会長をつとめた。そのときの生徒会長が魚谷である。野村の証言。

「竹中君に、『文化委員長をやってくれ』と頼みにいったのはぼくです。なぜ彼に頼もうという話になったのかはよく覚えてないけど」

野村の父親は共産党の都道府県委員会である和歌山県委員会で委員長をつとめていた。父親が共産党の顔役だったことがかえって野村をためらわせたのか、竹中と出会ったころ、まだ民青にかかわりはじめたばかりだった。

野村によれば、桐蔭高校の民青の生徒たちは学校だけでなく、下宿している生徒の家にしばしば集まっては議論を戦わせていた。そうした場にも、竹中は顔を出していたという。

「『元旦登校問題』のときも、竹中君はいっしょにかかわっていたからね」

「元旦登校問題」は、和歌山県教育委員会が公立高校に元日登校を指示したのに対して、県高校教職員組合などが猛烈に反発して反対運動を起こした出来事だ。当時、和歌山の教育界では大問題となったのだけれども、反対運動には民青の高校生たちも参加していた。

竹中は社哲部にも出入りし、一時期、桐蔭高校の民青グループの一員となっていた。民青に加盟していたかどうかについて野村は「ノーコメント」としか答えなかったけれども、民青に入っていた別の同級生は「竹中君は正式に加盟していた」と証言している。

「政治には関心あるよ」──ふたりきりのとき、竹中がそう言ったのをとても印象深く覚えている、と野村は話した。成績優秀な優等生がそんな言葉を口にしたのが意外だったからだ。

竹中はこれまで野村たち民青グループとの交流については何も語っていないが、対談のなかでわずかに触れたことがある。

当時は学生運動華やかなりし頃ですから、私のまわりにも民青の活動家がいて、社会改革や革命についていろいろ言っていました。しかし、私の父親は普通の商売人でしたから、金持ちもそうではない人もいろいろいることについては現実感覚があって、理想の社会はもっと別のところにあるのではないかと思っていました。

(『世界標準で生きられますか』徳間文庫)

野村たち民青の友人たちとの別れは、大学進学の話が契機となった。竹中を導いたのは、桐蔭高校で倫理を教えていた北内斉《ひとし》である。

北内は東京文理科大学（のちに東京教育大、現筑波大）出身で、大学時代には著名な哲学者の下村寅太郎の薫陶を受けた。桐蔭高校では担当科目が倫理で、授業では気に入っていた詩人アラゴンの一節を生徒の前で披露したりした。

「教えることは希望を語ることであり、学ぶことは誠実を胸に刻むことである」

哲学の素養がある一方で熱血漢の顔もあわせもつ北内の授業は、多感な高校生の胸に響いた。竹中もそのひとりだった。

「大学に行ける君たちは、行けない人の分まで勉強しなきゃいけない」

北内の発するそんな言葉に感銘を受けた竹中は、北内が宿直で学校に泊まり込む日になると、友人といっしょに訪ねて夜遅くまで話し込んだ。竹中はこんなふうに語っている。

「どうしたら世の中はよくなるんですか」などといろいろ聞きました。田舎で勉強ができる子は大概お医者さんを目指すんですが、先生は「世の中を良くするには基本を学ばなくてはだめだ。それは経済や法律だよ」と。英国の経済学者、アルフレッド・マーシャルの「ウォームハート、クールヘッド」（温かい心と冷静な頭脳）とか教わって。北内先生は経済学に近代経済学とマルクス経済学があると。やはり近代経済学が大事だろう、一橋大はその中心地で中山伊知郎さんという立派な先生がいる、とね。（『改革の哲学と戦略』日本経済新聞出版社）

結局、竹中は北内の言葉に従って一橋大学の経済学部を受験することに決めた。経済学に進むきっかけを与えた北内を、「恩人」として講演や著作物でもしばしば紹介している。

ところが、北内は初め、卒業した竹中が自分のことをよく覚えているのに驚いたほどだった。クラス担任ではなかったし、もともと経済学は専門ではないのでそれほど詳しく経済学の話をした覚えもなかった。北内自身戸惑ったわけだけれども、しかし、竹中が恩人扱いする理由はたしかに存在した。

じつは、北内は桐蔭高校で社会哲学部の顧問をしていたのである。北内の証言。

「社哲部の顧問をしていましたけど、あんまり関係はしていない。私は哲学をやるクラブだとばかり思って顧問になったのですが、同和問題とか社会問題のほうに傾斜していて……社哲部には民青の系統の生徒が多かったと思います」

反共思想の持ち主というわけではなかったけれども、北内は民青の活動には厳しい見方をしていた。

「共産党や民青の人々には、私は賛成できない面をもっていました。生徒を特定の党派に導き入れるようなことには疑問をもっていたんです。先生にも共産党系の先生がいましたからね。つられてそっちのほうへいった生徒もいました。『あの生徒が民青に入りそうだ』と聞いて、『気をつけや』と注意したこともあります」

民青に加盟していて社哲部に入っていた竹中の同級生のひとりは、「北内先生はクラブの顧問ではあったけど、ぼくらは嫌っていた。考えが違うとわかっていたから」と話している。

北内は、竹中が社哲部で活動していたことは知っていた。だが、民青グループと親しくしていたことまでは知らなかった。

宿直室まで押しかけて熱心に話を聞いた竹中は、北内の考えを肌で感じたはずだ。あるいは、「マルクス経済学ではなく、近代経済学がいい」というアドバイスは、北内が竹中の迷いをそれとなく理解したからなのだろう。どちらの経済学の流派が優れているのかに関心があるのではなく、どの道を選んで生きていけばいいのか悩んでいる生徒に、詳しくもない経済学の話を語って聞かせたのかもしれない。

一橋大学の経済学部を受験する決意を固めたあと、竹中はわざわざ民青の野村のところまで報告にいっている。

「マルクス経済学やなくて、一橋大学で近代経済学をやるわ」

竹中は、野村に向かって宣言した。もちろん野村は、自分たちの活動に対する竹中なりの決別の辞であることをすぐに理解した。

その後、野村は教師となり長く労働組合活動をしている。小泉政権で活躍した竹中は、思想的にいえば、まったく正反対の立場にいる。

私は野村に、高校生時代の竹中の印象をあらためてたずねてみた。しばらくためらってから、野村は思い切るように言った。

「まったく悪い印象はなかったけどな。いい子やったよ」

東京の家族

東京大学の安田講堂を学生たちが占拠したのは一九六八（昭和四三）年六月のことである。全国各地で学園紛争が起こり騒然としていた。竹中が受験した一九六九年は東京大学が入学試験を中止している。

一橋大学でも、学生たちによる学園封鎖で授業のない状態が長く続いた。入学したばかりの竹中は、一橋大学よりも津田塾大学に通うことのほうが多くなった。マンドリン部の練習が行われていたからだ。マンドリン部では一橋大学と津田塾大学の学生がいっしょに活動していて、津田塾大の女子学生も参加していた。ギターの心得のある竹中はすぐに頭角をあらわし、二年生で首席指揮者に抜擢された。

同級生の伊藤満は、堂々とした指揮ぶりに感心したという。

「格好が決まっているんですよ。片方の足に少し重心をおいて、ぴたっと止まる。少しつま先立ちになるようにね。舞台の袖から出てきて礼をするときなんか、ふつうなら最初は照れたりあがったりするけど、彼は肝っ玉が据わってましたね。どこかで指揮の勉強をしてきたのかなと思ったぐらいでしたよ」

竹中が、妻となる節子と出会ったのもマンドリン部である。入部してからすぐにつきあうようになり、大学卒業後二年目に結婚している。伊藤によると、練習や演奏会ではリーダー的存在だったものの、竹中はクラブ活動を離れると部員たちとつきあうことはなかったという。

「竹中君は同期のなかではちょっと異質というか、そういうところではわれわれとは行動をともにしませんでしたね。彼は酒もマージャンもやらないし、いちはやく節子さんといっしょになっていましたから。彼は彼というか、別格というかね」

一橋大学に入って東京暮らしを始めた竹中が、和歌山の実家に帰省したときの話である。桐蔭高校で同級生だった中村治朗（仮名）と和歌山市街でばったり出くわした。高校のとき、中村は社哲部の部長をしていた。中村は竹中に声をかけた。

「一橋大学いうのは、近代経済学をやるところなんやってな」

その言葉にはいくぶん、「活動」から離れたことへの批判が込められていた。

「そんなこといって、近代経済学がどんなもんか、中身を知ったうえでいってるんか！」

そういって竹中は怒りだしたという。中村の回想。

「彼について一番印象に残っているのはそのとき怒りだした姿ですね。やっぱりなにかひっかかりをもっていたからなんやろなと思った。ぼくは、彼が社哲で活躍したという印象はもっていません。でも、高校生のときにはぼくらと同じ考えで行動していた。そうやって怒ったのは、彼自身、そこではっきり変わったということなんでしょうね」

たしかに、一橋大学に入学して自覚的に変わったといえるのかもしれない。妻の節子は、大学時代のこんなエピソードを披露している。

あの頃は、みんな貧乏学生でしたが、毎日の生活に困っても、夫は英語の学校に通い続けていました。デートはいつも割り勘でしたが、彼にお金がなくて、私がとんかつ屋さんに連れて行って食べさせてあげたことがありました。よく聞くと、キャベツだけで1週間しのいでいたと。(『婦人公論』二〇〇三年五月七日号)

奨学金を受けているぐらいで余裕があったわけではなかったけれども、英語の勉強の手は抜かなかった。マンドリン部の仲間とは遊ばなかった竹中が、大学の外でも親しくつきあったのが吉田孝である。

竹中は、当時講師で国際経済が専門の山澤逸平のゼミナールに入り、そこで吉田と知り合った。ゼミ仲間の吉田の家は東京・大久保にある官舎だった。吉田の父・太郎一が大蔵省のキャリア官僚だったからだ。

初めて接した高級官僚とその家庭が、竹中には新鮮に映ったようだ。

お父さんの吉田太郎一さんは、当時は経済企画庁の官房長から銀行局長になられる頃です。学生にはどのくらい偉いのかわかりませんが、彼の家に行くと、ウナギを食べさせてくれるし、きょうは昼間おやじと飯を食うから一緒に来ないかと言われて、ホテルのレストランに連れていってもらったりしました。私はホテルのレストランなど行ったことがありませんでしたから、ハイソサエティというか、こういう社会があるんだなと思っていました。（『世界標準で生きられますか』）

吉田には、竹中の純朴さがかえって新鮮に映ったという。

「竹中君は、物事を率直にとらえるところがありましたね。東京と地方は今より情報格差が大きかったし、うちのおやじは東大卒の大蔵官僚でしたから。悪くいえば田舎者ということになっちゃうけど、不感症であるよりは刺激を受ける人のほうが力を発揮していきますよね」

吉田は、大蔵官僚だった父親の仕事の関係で小学校時代の四年半をアメリカで過ごしている。竹中が自宅に遊びにきたときには、食事をしながらアメリカで生活していたころに撮ったスライド写真をいっしょに見ることもあった。吉田は日本語よりも英語のほうが話しやすいほど英語が堪能だったのに、なぜか竹中は英語学校に通っていることは伏せていた。

吉田のひとつうえの兄も一橋大学に通っていたので、吉田の兄の友人が遊びにくると、吉田と竹中が合流していっしょに新宿の紀伊國屋書店まで本を買いに出かけることもあった。一週間のうち何日も吉田家に出入りするようになった竹中は、吉田の母親を「お母さん」と呼ぶようになり、吉田の家族全員と親しくなった。とりわけ慕ったのが、父の太郎一である。

太郎一はバラの栽培を趣味にしていて、官舎で一〇〇種類ものバラを育てていた。竹中は、太郎一がバラの手入れをするときにはいっしょになって手伝っていた。「彼は息子みたいにやっていましたから。そういう意味では、ほんとうに家族の一員でしたよ」と吉田はいう。

一九七三（昭和四八）年、日本開発銀行に竹中と同期入行した元同僚が、吉田太郎一にまつわるエピソードをおぼえていた。

「大学生のとき、内定後に開銀の人事部にいったら、人事部の偉い人が部下に、大蔵省の吉田さんから靴屋の息子が入ったからよろしくといってきたぞ、といっているのをたまたま耳にしたんです。大蔵省幹部が電話するなんて誰なのかと思ったんですが、あとで竹中君だとわかりました」

竹中が節子と結婚するとき、仲人をつとめたのも吉田太郎一夫妻だった。

大学院に進みたいと思ったこともありました。ただ、経済的な理由もあって、もう就職して働かなくてはいけないなという方向に傾きました。公的な仕事にかかわりたいという希望があった半面、官僚にだけは絶対なるまいと決めていました。官僚は体制そのものだから嫌だったんです。（『改革の哲学と戦略』）

政府系金融機関の日本開発銀行を選んだ理由について、竹中はこう語っている。ゼミ仲間の吉田は富士銀行に就職したが、竹中の就職活動についてはこう述べている。

「彼から将来学問を志すという話を聞いた覚えはないです。就職活動もごくふつうに、われわれと同じような議論のなかでしていました」

妻の節子も「定年まで銀行員のままと思っていました」といっているから、政府系金融機関の銀行員として活躍するつもりだったのだろう。

就職活動が終わったころ、マンドリン部の伊藤は、一橋大学のキャンパスをひとりで歩いてくる竹中とばったり出くわした。みると、一本のゴルフクラブを手にしている。不思議に思った伊藤が「そのゴルフクラブどうしたの」とたずねると、竹中は答えた。

「これから打ちっぱなしにいくんだよ。社会に出たら、これは必ず必要だからね」

第2章　不意の転機

銀行員から経済研究員に

竹中は政府系の金融機関である日本開発銀行（開銀）に入行してからも大学時代から続けてきた英語の勉強を続けた。英語学校のほかに簿記の専門学校にも通うようになった。午後六時ころになると開銀を抜け出して専門学校へ行き、勉強が終わると午後九時ころにまた職場に戻る。そんな忙しい生活だった。

橋山禮治郎は、最初に配属された都市開発部で竹中の上司だった。橋山によると、このころすでに竹中は「国家の政策」に強い関心をもっていたという。橋山は当時、自民党の派閥「宏池会」の政策研究会にかかわっていた。

池田勇人が創設した宏池会は、自民党の保守本流といわれ、池田のほかにも大平正芳、鈴木善幸《ぜんこう》、宮澤喜一が首相になっている。「所得倍増計画」を掲げて高度経済成長を実現させた池田首相の強力なブレーンが下村治だった。大蔵官僚出身の著名なエコノミストである下村は、宏池会の政策研究会「木曜会」の主役だった。

一九六四（昭和三九）年に開銀のなかに設備投資研究所が設立された際、下村は初代所長に迎えられた。都市開発部で竹中の上司だった橋山はそうしたつながりから、宏池会の政策研究会である「土曜会」にかかわるようになった。「土曜会」は「木曜会」の下部組織ともいえる位置付けの政策研究会で、下村の唱える経済理論に基づいて政策研究を重ねていた。

橋山は、竹中と食事をしたおりなどに「土曜会」の話をすることもしばしばあった。ある日、竹中のほうから、「ぼくもその勉強会に入れてもらえませんか」と申し入れてきたという。

「政策問題には関心をもっていましたね。しかし、下村さんとか錚々《そうそう》たるメンバーがやっている会ですからね。竹中君はまだあんまり若いから、そのときは遠慮してもらったんです」

竹中と同期で都市開発部でいっしょに仕事をしていた稲葉陽二によれば、このころ、竹中が経済研究者を目指していた様子はなかったという。「経済学者が政府の政策立案にかかわるべき」というのが経済学者になってからの竹中の主張である。けれども、ことのほか強い「政策志向」は経済学者となる前からのものなのである。

開銀本店の都市開発部で三年を過ごしたあと、二年間の金沢支店勤務を経て、竹中は設備投資研究所に配属されることになった。一九七七（昭和五二）年のことである。元同僚はこう語る。

「彼は金沢支店では総務部門から審査部門に移りましたが、審査は融資を実行する部署ではないので、開銀の見方でいうとあまりいい人事ではない。支店勤務は通常三年です。二年で異動になったということもあって、彼も『干された』という言い方を当時はしていた。だけどそのことでかえって、よし、と発奮してがんばりだしたのもたしかだと思います」

金沢支店の総務課での仕事は雑用係のようなものだった。椅子が足りないといわれればトラックを手配して持っていき、異動の季節になると引っ越し業者のように段ボールを運び込む。給与袋にお金を詰め込むような仕事もした。

都市開発部で上司だった橋山は、「金沢支店勤務のあたりから、彼には営業は合わないという判断が人事部にあったのでしょう」と話した。

金沢支店での二年の勤務を終えて設備投資研究所に異動になったのを機に、竹中は気持ちを切り替えることになった。経済研究者への道は、不意に用意されたわけである。

そして、研究者になる前から抱いていた、「国家を動かすような大きな仕事がしたい」という思いはいっそう強くなっていた。

設備投資研究所で竹中が慕ったのが佐貫利雄である。設備投資研究所と開銀調査部の次長を兼任したあと、設備投資研究所の副所長となった佐貫は、開銀生え抜きのエコノミストとして新聞や雑誌にも積極的に寄稿していた。当時、開銀の研究者がメディアで活躍することはめずらしかった。佐貫の証言。

「竹中君はぼくのことを、ふつうのサラリーマンではないと思ったんではないかな。ぼくの近くの席にいたことがありましたからね。田中角栄さんや福田赳夫《たけお》さんの秘書から電話がかかってくることもあったし、日本アイ・ビー・エム社長の椎名武雄さんなどからもしばしば連絡が入りましたからね」

政財界人とつきあう佐貫に竹中は強い関心を抱いた。専門学校と職場を行き来するほど勤勉だった竹中にとっては、彼の超人的な仕事ぶりも興味深かったはずである。

銀行の仕事と銀行外での活動をこなす佐貫は、睡眠時間が二時間や三時間になることもしばしばだった。二重生活のような仕事ぶりは徹底していた。開銀では伊勢丹で購入した既製服を着ていたけれども、外で政財界人と会うときには英國屋で仕立てたオーダーメイドの高級背広に着替えた。田中角栄が「日本列島改造論」を立案するとき、佐貫は新幹線計画の裏付けとなるデータを出して協力した。そうした活動が縁となって、赤坂御苑で開かれる園遊会に招かれたこともあった。

しかし、政財界人とのつきあいは開銀の同僚には決して語らなかった。「そんなことをしたら、あいつは生意気だといわれるから」と佐貫は説明したけれども、実際、政財界での活動やメディアでの活躍はかえって開銀内で孤立する原因となった。

佐貫が『日本経済の構造分析』と題する本のゲラ刷りをチェックしていたある日、竹中が声をかけてきた。

「佐貫さん、たいへんそうですね。ぼくがお手伝いしましょうか」

「手伝ってもらえるのはありがたいけど、これは銀行の仕事じゃないから、銀行のなかではできないよ。自宅で作業してもらえるのならお願いするけど」

佐貫がそういうと、

「はい、わかりました」

即座に竹中は了承した。ゲラ刷りを自宅に持ち帰ると、休日を返上して原稿直しの作業に没頭するようになった。

佐貫が執筆した『日本経済の構造分析』は、学術論文としては欠陥を抱えていた。佐貫は、日ごろから指導を受けていた経済学者の伊藤善市から、こういわれたのである。

「佐貫君、脚注がついてないぞ。学者の著作としてはこれではだめだ。価値がゼロになる。きちっと脚注をつけなさい」

脚注をつけるのは煩雑で膨大な作業を必要とした。困っているときに手伝いを申し出てきたのが竹中だったのである。

佐貫は仕事ぶりに満足をおぼえた。

「竹中君はほんとうに、ペッペッペッペッという感じで仕事をする。スピードが速くて、しかも正確なんですよ。ゲラを読んでいて、『ぼくもこんな本を書かなくては』と思ったんじゃないかな」

『日本経済の構造分析』は東洋経済新報社から出版された。のちに、佐貫はこの著作で名古屋大学から経済学の博士号を取得している。

開銀内での風当たりが強かったことは、かえって佐貫を奮《ふる》い立たせたようだ。佐貫は私に、早稲田大学出身であるがゆえに、開銀では不遇をかこったと繰り返し強調し、開銀では東大出身でないと要職になかなかつけなかったのだと説明した。

佐貫の影響なのか、竹中はこのころから自己紹介するおり、「昭和四四年入学の一橋大学」という言い方をしばしばするようになった。昭和四四年つまり一九六九年は、学園紛争のあおりで東京大学の入学試験が中止になった年だ。竹中ははじめから一橋大学志望だったにもかかわらず、東大志望だったのに一橋大学に行かざるを得なかったかのような説明をしていたのである。

佐貫の『日本経済の構造分析』を編集者として担当した渡邉昭彦は、竹中が「東大コンプレックス」をもっているのではないかと思ったという。渡邉はその後独立して半蔵門出版を立ち上げるが、東洋経済新報社の編集者時代、担当した経済専門書が次々と出版賞を受賞する敏腕編集者として知られていた。

「ぼくは東大卒とか一橋大卒とかは気にしないで、論文の中身とか論理の立て方を見る。竹中さんは、一橋だけど東大入試がなかったから東大に入れなかった、と聞いてもいないのに言ってました。一橋大卒ということで判断しないでくれと売り込んでいたんじゃないかな。ふつうなら、一橋大卒で十分だと思うけど」

自分の論文をチェックする手際のよさを見て、佐貫は竹中が優秀な人材であると確信したという。じつは竹中が設備投資研究所でどのような研究をしているのか知らなかったのだけれども、人事評価では最大級の評価を与えた。

「ぼくがそんなに高い評価をつけたのは、竹中君ともうひとりだけですよ。これは開銀にはなくてはならん優秀な人材だ。そう人事考課には書きました」

評価した理由について佐貫はこうつけ加えた。

「ふつう、頭のいい子は知ったかぶりをする。おれが一番知っているというタイプの男が開銀には結構いたんですよ。竹中君はそういうところがなかった。謙虚だったんです」

ハーバード大学客員研究員に

俳優出身の政治家ロナルド・レーガンが第四〇代のアメリカ大統領に就任したのは一九八一（昭和五六）年一月のことだった。この年の三月から、竹中は妻・節子、娘とともに初めてのアメリカでの生活をスタートさせた。ハーバード大学国際問題研究所の客員研究員になったのである。

ハーバード大学への橋渡し役は井上宗迪《むねみち》だった。大手商社丸紅の社員だった井上は、国際問題研究所でフェローをつとめていた。井上が開銀の市東《しとう》照夫と友人だったため、市東が後輩の竹中を研究員として採用してもらえるよう井上に頼んだのである。

井上は商社マンでありながら、渡米前に研究者として経験を積んでいた。日本経済研究センターに出向したあと、ケンブリッジ大学でも経済学を学んでいる。そんな井上が渡米することになったのは、大手新聞社の外報部長の一言がきっかけだった。

「井上さん、ハーバード大学が研究員を募集しているからトライしてみないか」

興味を覚えた井上は会社に内緒で応募した。だが、ハーバード大学からは「応募してくるのが遅すぎた」と不採用を知らせる手紙が届いた。ところが七九年四月になって突然、すでに論文を送っていたハーバード大学から「研究員に採用する」旨の通知が届いたのである。

あとでわかったことだけれども、この年は井上のほかに世界各国から四二もの応募者があった。井上は四二人をごぼう抜きする形で採用されたのである。その理由を井上はこう説明した。

「そのころ、元国務長官のヘンリー・キッシンジャーたちが二〇年後を予測し、日本の経済のプレゼンスが大きくなるだろうという結果が出た。そういうこともあって、日本人を呼んでネットワークをつくろうという動きがあったのではないかな。向こうでつきあううちにわかったことは、日本の大学の先生に対する彼らの驚きですね。驚いたわけはふたつあって、ひとつは英語の文献をよく読んでいて驚くべき正確さで整理している。ふたつ目は、しかし日本の大学の先生に日本のことを聞いてもよくわかっていない、ということ。ぼくが選ばれたのは、ビジネス・エコノミストとして丸紅にいるから、ある程度そこからの情報ももっているだろうということもあったと思います」

井上が渡米した年、ハーバード大学教授で日本研究者でもあるエズラ・ヴォーゲルが『ジャパン・アズ・ナンバーワン』を著し、日米両国で話題となった。その後、チャルマーズ・ジョンソンが『通産省と日本の奇跡』を著す。ちょうどこのころから、日本経済の強さの謎に迫る研究が本格的に始まったのである。

井上が国際問題研究所に在籍していたとき、海外から迎えられたフェローは二二人を数えた。外務大臣経験者やイギリス王室関係者、イスラエルの諜報機関モサドの元幹部もいた。

渡米前に身辺調査をされていた形跡があった、と井上はいう。「純粋な民間人」はドイツのエコノミストと井上のふたりだけで、日本経済に対する彼らの関心の高さをうかがわせた。

国際問題研究所は、世界各国に親米派人脈を広げていく役割も担っていた。その国際問題研究所のもとにこの時期、〈日米関係プログラム〉が新たに設けられることになった。国際問題研究所から協力を依頼された井上は、フェローの任期を延期してプログラムの創設と運営に協力することになった。

竹中が国際問題研究所の日米関係プログラムに客員研究員として参加できたのは、こうした立場にいた井上が推薦したからである。いわば、日本に照準を定めはじめたアメリカが招いた日本人の第一期生だったという見方もできる。

日米関係プログラムの初代の事務局長はケント・カルダーである。竹中より三歳上の著名な日本研究者だ。ユタ州出身のカルダーは、ハーバード大学のエドウィン・ライシャワー教授のもとで博士号を取得した。現在ジョンズ・ホプキンス大学の〈エドウィン・O・ライシャワー東アジア研究所〉の所長などをつとめている。

カルダーは、日米関係プログラム創設には日本の通産省側の働きかけもあったようだと証言している。私のインタビューでは、ある通産官僚がハーバード大学のサミュエル・ハンティントン教授にプログラム創設を勧めたようだとも話した。

じつはカルダーは、日米関係プログラムで出会う以前から竹中を知っていた。

「初めて竹中さんと会ったのは、私が博士論文の研究をしているときでした」とカルダーは私に語っている。当時日本経済の秘密に迫る研究を進めていて、政策金融や財政投融資制度を調べていたカルダーにとって、開銀は取材対象のひとつだった。研究のため日本に滞在していたとき、竹中とは何回も会って話を聞いたという。

その後、カルダーは日米関係プログラムの事務局長となり、客員研究員としてやってきた竹中と偶然再会したわけである。竹中が一生懸命に資料を読んでいた姿を覚えている、とカルダーは話した。もっとも、研究実績がない竹中にそれほど存在感があったわけではなく、日本人のなかでは大蔵省からハーバード大学に客員准教授として招かれていた榊原英資《えいすけ》などが当時は目立つ存在だったという。

国際問題研究所にいた井上も、竹中はまだ本格的な研究を始める段階ではなかったと振り返っている。

「たとえば、大蔵省の人なら金融機関というように、自分でテーマを見つけて研究する。授業ではないから、教える人はいません。竹中さんは設備投資研究所での研究を深めたいということだったと思いますが、アメリカの学者などと議論するような場面はなかったと思う。まだ博士論文を書いていたわけではなかったし、文献にあたって資料を整理するようなこともしていない段階ですから。大学院のゼミナールとか博士論文の審査など、教授たちとの議論がないと研究を深めるのはむずかしいですね」

初めてのアメリカ留学体験について、竹中はこんなふうに語っている。

行って一ヵ月後、英語も十分通じなくて不安な時に、ボストン・マラソンで瀬古利彦選手が初優勝したんです。応援に行って、日の丸のゼッケンが見えた時には鳥肌が立ちました。やっぱり日本人だなと思いました。ゴール間近で皆が大声で応援するんです。米国人も日本人も関係ない。『You can do it!』。『がんばれ』『やればできる』という英語。そこで初めて知った。米国で学んだ一つはこのエンカレッジ（勇気づける）精神です。（『改革の哲学と戦略』）

「反ケインズ経済学」の洗礼

のちに竹中が大蔵省に出向したときの上司でよき理解者ともなる経済学者の吉田和男は、竹中の研究者としての骨格はアメリカでつくられたのではないかという感想をもっていた。

「どのような時期にアメリカにいたかですよね。これは竹中さんに限りませんけど、日本の経済学者はどの時期にアメリカに行ったかで決まるところがある。竹中さんが行った時期は、純粋なケインジアンにはお年寄りが多く、若い人はそういう立場に異論を唱えていた。やはり経済学者は一番勉強をしていた時期に影響を受けるから」

吉田の説明は、一九七〇年代から八〇年代にかけて起こったアメリカ経済学界の大きな変化を前提としている。このころ、アメリカ経済学界は新興学派が次々誕生して「戦国時代」の様相を呈していた。

厳しい批判を受けたのがケインズ経済学だった。インフレーションが加速し、さらに不況、高失業率が同時に起きるスタグフレーションが生じるなかで、政府が有効需要を適切に管理することで失業やインフレを回避するという考え方を真っ向から否定するグループが出てきたのだ。

低金利がインフレを招いたとする「マネタリスト」は金利政策ではなく、貨幣を安定的に供給することが重要だと説いた。人々の将来に対する予想を織り込んだ経済学を標榜する「合理的期待形成学派」は、人々が合理的な態度で将来を予想するならば、ケインズ的な政策は効果がないと主張した。

こうした反ケインズ経済学の潮流のなかで、需要側ではなく、供給側を重視した政策を唱えるグループも出てきた。「サプライサイドの経済学」である。レーガン大統領が掲げた「小さな政府」路線を理論面で支える役割を果たしたのが「サプライサイダー」たちだった。

供給側を重視するサプライサイド経済学の考えに従って、発足当初からレーガン政権は極端な減税政策を掲げ、「小さな政府」路線を突き進んだ。いわゆる「レーガノミックス」といわれる経済政策が登場した背景には、国家衰退への危機感を抱く指導者層に、六〇年代以降の福祉政策の拡大に不満を募らせる中間層が呼応するという政治的な流れがあった。

一九六一（昭和三六）年に大統領に就任したジョン・F・ケネディは、積極的な財政政策を採用した。ケネディが暗殺されたあとに大統領に就任したリンドン・ジョンソンは「偉大なる社会」政策で福祉政策を拡充する一方、泥沼化するベトナム戦争に本格介入していった。結果として、六〇年代後半からインフレーションが進むとともに失業問題が深刻化する。アメリカ経済がスタグフレーションに陥ったのである。

経済状況が悪化の一途をたどるなかで、政府が財政金融政策を行って経済を適切にコントロールするという考え方そのものが批判にさらされるようになった。とりわけ激しい攻撃にさらされたのが福祉政策だ。そして、かつてケインズの登場で葬り去られたはずの古いタイプの経済学、つまり、市場機構の活用を最重要視する自由放任の経済思想が装いを新たに再び表舞台にあらわれでた。

このようにして、現実の政治潮流の激しい変化と連動しながら、経済学界にも地殻変動のような巨大なうねりが起こった。これら「新しい経済学」を掲げる経済学者やジャーナリストたちは、「専門家」の立場からレーガノミックスの正当性を保証する役割を担うことになったのである。

レーガン政権誕生まもないアメリカに初めて滞在した竹中は、政治（＝レーガノミックス）、経済学界（＝反ケインズ）の両面からきわめて強い影響を受けることになる。

設備投資の研究をしていた竹中が行きついたのは、ハーバード大学の経済学者アンドリュー・エイベルだった。エイベルは博士号を取得したばかりの若い研究者ながら、「合理的期待形成」の考えを設備投資の研究に導入して注目されていた。

「合理的期待形成」というのは、経済行動を行う人々の将来に対する見通しを指す言葉だが、経済学のなかでは独特の意味を帯びている。まず人は「合理的な経済人」であるという大前提が置かれる。それぞれの人が自らの行動が市場にどのような影響を与えるのかを予測し、そのうえで現在の行動を合理的に決めると仮定される。それぞれの人が経済の構造に関する完全な知識をもち、市場価格がどのような確率分布をするのかまで計算できるという前提に立って、議論が進められる。

もちろんそのような「人」は実在しないわけだけれども、こうした前提を置くことによって、整然とした理論が構築できる。「合理的期待形成」の考えを受け入れると、「政府が介入しないですべてを市場機構にゆだねておけば、もっとも効率的な資源配分が達成される」という結論が自然に導き出されてくる。

ところで、なぜエイベルが注目されていたのかというと、当時のアメリカ経済の最大の問題が生産性の低迷にあったからだ。「生産性のパズル」とも呼ばれ、根本的にアメリカは活力を失ってしまったのではないかという危機感の温床となっていた。

生産性の低迷を解消するという大義名分を掲げて華々しく登場してきたのが、「サプライサイド経済学」だった。サプライサイドつまり生産者側の供給能力を重視する立場に立つと、いかに設備投資を活性化させるのかというテーマが重要な問題として浮上する。レーガン政権の大減税政策も企業の設備投資を促進する狙いがあった。

そして、設備投資をめぐる専門家の議論の中心にいたのがアンドリュー・エイベルだった。この時期、アメリカの経済学界では「合理的期待形成」の考えに基づく論文が量産されていて、こうした流行に乗って設備投資研究の「最先端」を探れば、おのずからエイベルにたどりつく状況だったのである。

エイベルを機縁に、竹中は貴重なパートナーを得ることになる。二年先輩の開銀の研究者、鈴木和志《かずゆき》である。留学前にいっしょに論文を書いたこともある。鈴木は当時、ペンシルベニア大学に客員研究員として在籍していた。

鈴木が竹中にエイベルの話をしたところ、竹中はエイベルに会ったことがあるという。それならいっしょに勉強しようと話がまとまり、ふたりは連れだってハーバード大学のエイベルのもとを訪れた。

開銀では、研究員として留学した場合、一年間で帰国するのが通例だったが、竹中は人事部とかけあい留学期間を延長してもらった。鈴木がいるペンシルベニア大学に移り、鈴木といっしょにエイベルの投資理論の研究を始めた。

大阪大学教授の小川一夫はこのころ、ペンシルベニア大学の博士課程に在籍していて、大学構内で竹中や鈴木と言葉を交わす間柄だった。大学の大型計算機の前に座って作業をするふたりをしばしば見かけたという。

「鈴木さんと竹中さんは、日本からデータを取り寄せて、アメリカで計算していました。計量経済学ではそんなにむずかしい作業ではないですけど、最初に日本に適用したからこずったと思います。計量とかデータのハンドリングは鈴木さんのほうがやっていたと思います。竹中さんはその結果から何をいえるのか考えるのが得意なんです」

本格的なエイベル研究に入る前、ふたりは日本の新聞でエイベルを紹介している。一九八二（昭和五七）年二月二日付の『日本経済新聞』の「経済教室」欄である。当時開銀にいたエコノミストは事情をこう説明した。

「開銀に連絡してきたのは鈴木さんでした。ほかの人が先に紹介してしまったら困るから、とにかく早く発表したい。そう鈴木さんがいってきたので、研究員たちが協力して『日本経済新聞』にかけあい、掲載が実現したのです」

その後、鈴木と竹中はエイベルの理論に基づいた研究論文を同年七月、開銀の設備投資研究所が発行する『経済経営研究』に発表した。「税制と設備投資――調整費用・合理的期待形成を含む投資関数による推定」という論文だ。

ペンシルベニア大学にいた小川によると、当初ふたりはアメリカの定評ある学術専門誌に論文を掲載したいという希望をもっていたという。アメリカには、論文が掲載されると業績として認められる権威ある経済学の専門誌がある。できれば、そうした専門誌に掲載したかったのだろう。

しかし、ふたりの研究はすでにアメリカ経済学界では知られているエイベルの理論に基づいているので、オリジナリティはない。アメリカではエイベル自身が論文を発表しているから、彼の研究を紹介する意味もない。そういうわけで、権威ある学術誌への掲載はかなわなかったのである。

だが日本では、エイベル型投資関数に関する論文は、設備投資を研究する研究者から注目されたという。「この論文が、竹中さんたちのアメリカでの研究の成果ということになるでしょう」と小川は評した。

大蔵省という権力

アメリカから帰国後、竹中は開銀の調査部で数ヵ月を過ごし、一九八三年一〇月から大蔵省に出向することになった。出向先は大蔵省大臣官房調査企画課のなかにある財政金融研究室。調査企画課の課長をしていたのが、長富祐一郎である。

長富は一九三四(昭和九)年生まれで、東大法学部を卒業して五八(昭和三三)年に大蔵省に入省した。官房文書課を皮切りに、国際金融局国際機構係長などを経て、六八年から三年間、アメリカの大使館に勤務した。帰国後、証券局で資本市場の自由化に携わった。長富によると、「金融は自由化が必要です」と大蔵省内で主張したところ、『『自由化』というな。『弾力化』ぐらいにしておけ」と釘を刺されたという。金融の自由化は銀行局の領分だったからだ。

長富は証券局の参事官になると、東大の館《たち》龍一郎教授を座長とする経済学者ばかりの「七人会」を立ち上げた。だが、大蔵省内からは反発の声があがった。「学者だけに任せて大丈夫なのか」「大蔵省の考えと違う報告書ができあがったらどうするのか」――そんな批判をする審議官や課長もいた。　長富が、　経済学者だけに議決権を与えたからだ。

たしかに学者に実質的な決定権限を与えるのは大蔵省では異例のことだったけれども、長富は長富なりの学者に対する考えをもっていた。長富の証言。

「大蔵省の敵はむしろいれちゃえばいい。ぼくはそういっていたんですよ。役人のなかには、学者を議論で負かそうとする者がいる。学者には自分の意見があるんだから言い負かせるものじゃないよ、といっていた。ぼくは都合が悪い場合は率直に、『先生、それは困ります』という。そうしたら、先生方は『わかりました』といって直してくれるんですよ」

長富の人脈が一気に広がったのは、大平正芳首相の補佐官をしてからである。大平は学者を重用した政治家だった。七八年一二月に首相に就任した大平は、政策綱領をもとに九つの政策研究会を立ち上げた。総勢二一〇人もの学者、文化人、官僚が参集する大掛かりな研究会だった。そのとりまとめを任されたのが、首相補佐官の長富だった。

ところが、大平は首相在任中の八〇年六月に急死し、研究会は宙ぶらりんの状態になってしまった。大蔵省に戻った長富は、「大平研究会」を引き継ぐべく独自の活動を展開していく。最初に手がけたのが「ソフトノミックス」という概念を広く社会に売り込む活動だ。

社会が、製造業のような「ハード」から、情報や知識といった「ソフト」へと重心を移していくなかで、ソフト化に対応した社会や経済を考えていかなければならない。それを「ソフトノミックス」という造語をキー概念に議論したのである。

長富は、一九八二（昭和五七）年に「経済の構造変化と政策の研究会」を立ち上げ、翌年六月に「ソフトノミックスの提唱」を発表した。館を座長とするグループがまとめた報告書である。

「ソフトノミックス」を広く社会にアピールするため、長富はフォローアップ会合を発足させた。テーマごとに統括責任者となる学者をひとり選任し、責任者のもとに研究者を集めて研究チームをつくる。そうしたチームを数多く結成し、報告書を作成させたのである。いわば物量作戦で「ソフトノミックス」を普及させていったわけだ。

大量の学者を相手に事務仕事をこなすには、ある程度学問に精通していなければならないし、なおかつ膨大な仕事をさばく要領のよさも求められる。ここで目覚ましい活躍を見せたのが、大蔵省に出向してきたばかりの竹中だった。

「あんたに竹中君というのをつけるから、彼と相談して報告書をまとめてください」

あるテーマを任された大学教授は、長富からこういって話をもちかけられた。この教授は竹中とは初対面だったという。

「じつはあれ、ぼくはほとんどタッチしていない。書いたのは竹中君ですよ。彼がひとりで書いたのか、ほかの人も手伝っていたのかは知りませんがね。ぼくは何回か大蔵省にいって、ドラフト（草稿）を見て、竹中君に意見を言ったくらい。名前だけ貸したようなものです。報告書は、彼がソフトノミックスの考えに沿うようにまとめてつくったのではないですかね。ぼくにはそう見えました。長富さんの考えに沿うようにまとめたんだと思う。実際には、竹中君がまとめた報告書は一つや二つじゃなかったんじゃないかな。彼は理解は早いし優秀でしたよ」

長富の個人的なこだわりに端を発した「ソフトノミックス」の活動を手伝うなかで、竹中は長富の厚い信頼を得る。そばから見ると、まさに滅私奉公で竹中が長富に仕えているように見えた。だが、ふたりの関係は一方通行というわけではなかった。竹中からも積極的に提案を出していた。八四年五月に長富は訪米し、プリンストン大学とハーバード大学で講演している。この企画は竹中が提案したものだった。

「長富さん、プリンストン大学でソフトノミックスが評判になっていますよ」

そういって竹中はアメリカの大学に行くことを長富に勧めた。長富の証言。

「まあ、竹中君のほうから向こうにアピールしていたんでしょうけどね。基調講演をしろということだったので、『えっ、英語でやるの？』と思ったんだけど。私が初めてやった英語でのスピーチですよ」

このとき、プリンストン大学側でホスト役をつとめたのがケント・カルダーだった。竹中と親しい日本研究者である。

長富は、アメリカで解放感に浸る竹中の姿をいまも覚えていた。

「竹中君はアメリカでは飛び歩いていましたよ。『長富さん、あそこに行きましょう』とかいってね。ぼくを強引にアメリカまで引っ張りまわしたのは竹中君ですよ。その後、アイビー・リーグの大学はみんな行きました。彼のアイデアですよ、これは」

政治学者の牧原出《いずる》は『内閣政治と「大蔵省支配」』（中公叢書）で、長富を「国際派の官房型官僚」と分析している。

牧原によれば、同じ大蔵官僚でも、主計局や主税局のような重要な局でキャリアを積んで事務次官などに昇進していく「原局マン」に対して、官房の調査部門や大蔵省の外に出向して経験を積みながら昇進する「官房型官僚」と呼べる官僚がいるという。

国会、政党、内閣、各省それぞれが「調査活動」で競合して政策づくりの主導権争いを行う状態を指して「調査の政治」という言い方を牧原はしている。こうした「調査活動」が政治的にもっとも活発化したのは一九五〇年代で、「調査の政治」の中心を占めたのは大蔵省大臣官房調査課だったとも指摘している。

大蔵省で大臣官房調査企画課長をつとめた長富は、福田赳夫内閣で内閣審議官、大平正芳内閣では総理大臣補佐官をつとめた。典型的な「官房型官僚」である。

牧原は興味深い考察をしている。「原局マン」グループに対抗するために、「官房型官僚」グループが内閣の閣僚と結びつく場合がある。このパターンは、軍部と結託することで力を得た「革新官僚」の「戦後ヴァージョン」と見ることができるという。

仮に、竹中を長富直系の「官房型大蔵官僚」ととらえるなら、彼を「革新官僚」の系譜に加えることもできるだろう。

長富が大蔵省大臣官房調査企画課長として多くの学者を束ねて活躍したことは、こうした文脈でいえば、まさに「調査の政治」の実践である。研究者になる以前から「国を動かすような大きな仕事がしたい」と考えていた竹中が、長富祐一郎に惹かれたのは当然だったのである。

ただ一方で、「経済学者の原点」としてみれば、長富のもとで携わった「調査研究活動」はきわめて特殊なものだったと言わざるを得ない。

このころ竹中は研究者としてではなく、大蔵省という事務局の要として経済学者をはじめとする多くの学者たちに対応していた。大蔵省といえば、霞が関官僚の頂点に立つ絶大な権力そのものである。学者たちが権力とどのようにつきあっているのか。学者を大量動員する「調査の政治」とはどういうものなのか。はしなくも長富のもとで竹中は深く習得していくことになったのである。

そんな竹中からすれば、大蔵省傘下の開銀などすでに小さな存在にしか見えなくなっていたのかもしれない。

独り占め

大蔵省大臣官房調査企画課の財政金融研究室に在籍していた竹中は、大蔵省での仕事とは別に、自分自身の将来を左右することになる重要な個人的プロジェクトを密かに進めていた。処女作の執筆である。

大蔵省に出向した際にはすでに構想を温めていたようで、大蔵省で上司となった吉田和男には話を打ち明けて協力を依頼していた。吉田の証言。

「本を出版するということだったので、それはがんばってもらわんといかんな、と。すでにストックがあって、それをまとめたいというので、私もいろいろなところを紹介しましたよ。（論文にする）材料はもっているということでしたので」

竹中の処女作には、吉田以外にも指導教授の役割を果たした経済学者がいた。ペンシルベニア大学で知り合った小川一夫である。小川はペンシルベニア大学で博士号を取得して帰国し、当時は神戸大学に在籍していた。

竹中は月に一、二回は東京から神戸に出向き、小川に論文の手直しなどを手伝ってもらっていた。小川の証言。

「開銀にいたとき書いたものをまとめて本にしたいということでした。その本で学位をとりたいということだったのだろうと思います。竹中さんは大学院に行っていなかったから、博士号をとりたかったのだと思いますよ」

小川に送ってくる論文はワープロ書きではなく、手書きだった。忙しい仕事のあいまを縫って書き継いだのだろう。

本を完成させる作業のなかで研究者としての自信を得たのではないか、と小川は話した。

「設備投資の状況を見ながら、景気の判断ができるようになったよ」

小川に向かって竹中はそう言ったという。

じつは、竹中の著作が刊行された際、開銀の研究関係者たちは一様に驚いた。というのも、開銀時代の論文がベースになっていたにもかかわらず、開銀には出版の話を事前にはいっさい明かさなかったからだ。そして、竹中の著作が引き起こしたある事件が、瞬く間に開銀内に波紋を広げることになった。

事件の一部始終を知ることになった経済学者がいた。宇沢弘文である。宇沢は日本を代表する経済学者である。スタンフォード大学、シカゴ大学に在籍して数々の研究実績をあげ、若くして世界にその名を知られるようになった。アメリカから帰国したあと、東京大学で教鞭をとるかたわら、設備投資研究所の顧問として開銀の研究者たちを指導していた。

竹中の処女作をめぐる事件の顚末《てんまつ》を聞くために、私は東京・渋谷区の閑静な住宅街に宇沢を訪ねた。

「ぼくは初代の所長だった下村治さんとよく話をしたんですけれども、設備投資研究所はリベラルな雰囲気をつくってやっていこうということで運営していたんです。竹中君の一件はそれを傷つけちゃったようなところがあってね。それまではリベラルな雰囲気でみんなでいっしょにやっていたんだけれども……ものすごいダメージを与えるんですよ、ああいうことは」

じつのところ、事件の顚末を詳しく聞くことはかなわなかった。宇沢がきっぱりとこういったからである。

「わざわざ来ていただいて悪いんだけれども、彼の一件についてはもう話もしたくない、というのがぼくの率直な気持ちです」

なにが起きていたのか。当時の関係者の話から浮かび上がってきた事実を記してみたい。

竹中の処女作『研究開発と設備投資の経済学　経済活力を支えるメカニズム』が東洋経済新報社から出版されたのは一九八四（昭和五九）年七月のことだった。設備投資研究所で顧問をつとめる宇沢のもとには竹中から献本が届けられた。

「竹中君がこんな本を送ってくれたよ」

設備投資研究所で、宇沢は鈴木和志に本を見せた。鈴木と共同研究した内容が入っていたからだ。ところが、鈴木は本を見て、驚いた顔をしている。不審に思った宇沢がたずねると、献本がなかっただけでなく、竹中が本を出版したことすら知らなかった。激しいショックを受けていることは傍目にも明らかだった。宇沢や同僚たちがいる前で、鈴木は泣きだしてしまったのである。

じつは、本を出版するかなり以前に、竹中は鈴木のもとを訪れていた。共同研究の成果を竹中個人の名前で発表することの承諾を求めたのである。鈴木は拒否した。

「ふたりで研究したのだから、発表するならふたりの名前で発表してほしい」

鈴木は竹中にそういった。結局、話し合いはつかず、ふたりは別れた。このあと、竹中からは何も知らされることはなかった。しかも突然出版された本には、承諾しなかった共同研究の成果が収められていたのである。それは鈴木にとってもアメリカでの研究の集大成だった。悔しさのあまり、鈴木は涙を流したのだった。

ふたりが共同研究を発表した経緯は前に述べたとおりである。竹中の本が出版される二年前、設備投資研究所の『経済経営研究』に発表した「税制と設備投資」がふたりの研究成果だった。

エイベルの投資理論を日本経済に適用した実証研究は、竹中の処女作の価値を高める重要な論考だった。そこには、「税制と設備投資」で行った実証研究の結果が引用されていた。ペンシルベニア大学でふたりの研究作業を見ていた小川一夫の証言では、「データのハンドリングは鈴木さんのほうがやっていた」のだから、実証研究は鈴木が主導していたことになる。

ところが、竹中の処女作では、鈴木との共同研究に基づくものであるという事実が、巧妙なやり方でぼかされていた。「あとがき」に初出論文が列挙されているのだが、鈴木との研究についてはなぜか『日本経済新聞』一九八二年二月二日掲載の「経済教室」のほうをあげている。これは早くエイベルを紹介しておくために書いた紹介記事にすぎない。先述したように、ふたりが本格的な論文を書くのはそのあとだ。

ささいなことにみえるかもしれないが、鈴木にとっては見逃すことができない重要な記述である。日経の紹介記事が竹中との研究成果ということになってしまえば、読者は当然、その後竹中がひとりだけでエイベル理論の研究を深めたと解釈するからだ。

一方、肝心の共同研究「税制と設備投資」を、竹中は数多く列挙した「参考文献」のなかに意図的に紛れ込ませていた。鈴木との共同研究はあくまで紹介記事のほうであるというのだ。鈴木が共同論文の成果を竹中個人の著作に入れることを拒んでいた経緯を考えると、竹中が考え出した巧妙な仕掛けとしか考えられない。

明治大学教授の鈴木に電話で話を聞くと、「あまり思い出したくないことなので……」と言葉少なだった。本が出版されて以降、竹中とのつきあいはまったくなくなったという。本の内容についてたずねようとすると、「見たくないから見ていません」とだけ鈴木は言った。

「鈴木さんとなにかあったみたいだけど、大丈夫なのか?」

出版直後、トラブルが起きていると耳にした同僚が心配してたずねると、竹中からはこんな返事が返ってきた。

「鈴木さんのところはちゃんと切り分けてやったよ。だから大丈夫だよ」

じつは、竹中の処女作を見て驚いたのは鈴木だけではなかった。開銀の後輩研究者だった高橋伸彰は、自分が作成したはずのグラフが竹中の本に掲載されているのを発見して驚いた。

これは高橋が、開銀の定期刊行物『調査』で発表した論文のなかで作成していたグラフだ。縦軸に設備の年齢(新旧)をあらわす「ヴィンテージ」、横軸に「投資率」をとって描かれた曲線は、設備の新しさと投資率の関係を示すもので、高橋の論文の核になるグラフだった。

竹中は、高橋の名前を出すこともなく、このグラフを勝手に拝借していた。グラフの下には「各年のヴィンテージは日本開発銀行推計」とだけ書かれていた。事情を知らない読者が見れば、竹中が独自に作成したと勘違いするに違いない。

現在立命館大学で教鞭をとっている高橋は研究室でこう話した。

「最初見たときはびっくりしましたよ。しょうがないなあ、とは思ったけど、竹中さんには言ってません。そのことよりぼくが不思議に思ったのは、あの本が設備投資研究所の成果、とくに石油ショック以降の研究を集大成した内容だったことです。だから、個人名の著作として出版されたことに違和感をもった」

開銀の研究者たちには隠すように、しかも鈴木とのあいだで問題が起きるのは目に見えているのに、なぜ竹中はこのようなやり方で本の出版を強行したのだろうか。

竹中の処女作出版に尽力した人物がいた。開銀の上司だった佐貫利雄である。佐貫は、自分の本の担当編集者だった東洋経済新報社の渡邉昭彦を竹中に紹介している。

「単著を書け。共著を書いても意味がないぞ」

佐貫は竹中に、日ごろから繰り返しそうアドバイスしていた。単著とは、単独で書いた著作物である。経済学では共同論文はめずらしくないが、アカデミズムで認められて学者に転身するためには、まず単著を著して博士号を取得することが必要だ、と佐貫は事あるごとに説いていた。

それは佐貫が実際に実行した方法でもある。

共著では博士論文として提出するときに支障があるし、業績として申告するときにも単著よりはるかに価値が落ちる。

竹中の論文執筆を手伝った小川は「博士号をとる」ことが目的だったのだろうと証言したけれども、竹中が単著にこだわったのもそのためだろう。

処女作が出版された時期、ちょうど大蔵省の当初予定の出向期限が切れる間際だった。竹中としても背水の陣をしいた賭けだったのである。担当編集者としてつきあった渡邉はこんな感想を漏らした。

「大学院を出ていなくても、開銀では排除されていても、単行本でなら勝負できると感じて、実際に勝負したんだと思うよ」

『研究開発と設備投資の経済学』は、一九八四年度の〈サントリー学芸賞〉を受賞することになった。選考委員の森口親司《ちかし》京都大学教授は選評で、「著者は以前に日本開発銀行設備投資研究所に勤めていただけに、研究上の有利さがあった」と述べている。

大蔵省に出向して事務仕事で長富の信頼を勝ち取り頭角をあらわした竹中は、受賞を機に、研究者としても存在感を示すことができるようになったのである。

第3章　アメリカに学ぶ

博士号審査不合格

「ぼくは大学院を出ていないからいじわるをされたんだよ。でも経済学博士号をもっていないと学者たちからは馬鹿にされる。あれがないと通用しないよ」

竹中は悲憤慷慨していた。怒りを打ち明けられた友人によると、こんなことを口走ったという。

「じつはね、一橋の同期のやつがぼくが博士号をとるのを邪魔したんだ」

サントリー学芸賞を受賞した『研究開発と設備投資の経済学』を、竹中は博士論文として一橋大学経済学部に提出した。だが結果は、不合格だった。「単著を出版して博士号をとれ」――佐貫利雄から繰り返し聞かされた言葉を実行したのだけれども、失敗に終わってしまったのである。

「横のものを縦にしてもだめだといわれちゃいましたよ」

経済学者の小椋正立《おぐらせいりつ》は、竹中からそう打ち明けられた。アメリカの経済学者の理論を焼き直したものにすぎないと酷評されたのだろうか。この日開かれた小さな勉強会での竹中にはいつもの快活さはなかった。落胆が表情からも伝わってきた。

「竹中さん、あなたに博士号は関係ないよ。あなたは経済学の博士号がないと活躍できないような人じゃないでしょう。もっと違うところに才能があるじゃないですか」

小椋はそういって励ましたという。小椋の回想。

「竹中さんがしょげていたからそういったんですよ。彼は学問の世界で生きていこうとしている人ではない、とぼくは思っていましたから。博士号をとれなかったぐらい、あなたの将来を左右するような失敗じゃないでしょうという意味で言ったんです。竹中さんにも、思うにまかせない時期があったということなんでしょうね」

博士号の審査過程に不満を募らせていたのは、不合格となった経緯に不審を抱いたからだろう。博士号の審査では、通常、教授会で採決する前に、主査と複数の副査による少人数の審査チームが結成されて、そこで審査が行われる。明らかに博士号取得がむずかしいと判断された場合、審査チームを立ち上げる以前の段階で却下されることが多い。逆にいえば、審査チームが結成されたら、よほどのことがない限り教授会で不合格になることはない。

ところが竹中の場合、審査チームが立ち上げられたにもかかわらず、教授会の投票の結果は不合格となった。

「竹中さんの例はかなりめずらしいケースといえるでしょうね。主査、副査による審査を経ているのであれば、教授会で何も議論しないままいきなり落とすようなことはしないはずですよ。当然、提出された論文に関する質疑応答はあったでしょうね」

ある経済学者はそう解説した。

当時一橋大学経済学部長をつとめていた塩野谷祐一に事情を聞いてみると、こんな答えが返ってきた。

「同じ人が書いた論文でも、いい論文もあればそれほどでもないものもある。竹中さんの場合、提出した論文がたまたま博士号をとる水準に満たなかったということじゃないですか。ただ私自身はこのときは投票していません。学部長は投票しないから」

いずれにしても、大学側から不当な扱いを受けたと竹中が感じていたことはたしかである。その後、「経済学博士号の取得」は長く引きずらなければならない重い課題となる。

大蔵省幹部の側近として

「あなたに博士号は関係ないよ」と小椋が慰めたのは、竹中が大蔵省で活躍していたことを知っていたからだ。経済研究者というより、如才ない大蔵官僚として見ていたのである。

竹中は、予定では二年間だった出向期間を延長して大蔵省に在籍していた。大蔵省大臣官房審議官に昇進していた長富祐一郎が開銀に出向期間を延長するよう要請し、承諾させた。竹中本人も大蔵省に残ることを強く望んでいて、「ぜひ残りたいです」と長富に希望を伝えていた。

出向の延長が決まったころ、「これで本籍が大蔵省になりました」と竹中は小椋に話したという。このあと、出向の延長を繰り返すようにして結局、三〇代半ばまでの五年間を大蔵省で過ごすことになる。開銀では前例のない長期出向となったのだが、長富の側にも手元に置いておきたい理由があった。大蔵省に研究所を設立する話が持ち上がり、長富がその責任者に任命されたのである。

「ソフトノミックス」の活動は派手ではあったものの、しょせんは長富個人のこだわりで始めたプロジェクトにすぎなかった。だが、大蔵省に〈財政金融研究所〉（財金研）を設立するというプロジェクトは、大蔵省そのもののプロジェクトであり、当然大蔵省の全面的な支援を得られる。

長富は、露骨なまでに大蔵省の威光を利用した。大蔵省が監督している金融業界に全面的な協力を求めたのである。強引ともいえるやり方で資金や人材を供出させ、財金研の活動を軌道に乗せていった。その長富を献身的に補佐し、事業パートナーといってもいい位置にいたのが竹中だった。

大蔵省内に財金研が設立されたのは一九八五（昭和六〇）年五月だが、前後にふたつの社団法人を長富は設立している。前年に〈ソフト化経済センター〉、翌年には〈研究情報基金〉（ＦＡＩＲ）を立ち上げた。外部の社団法人をからませることで財金研を経営していく着想を得て、それを実行したのである。

財金研と一体といっていい存在となったのがＦＡＩＲだった。ＦＡＩＲの職員だった池田啓司（仮名）がその仕組みを解説した。

「ＦＡＩＲの『協力会社』になった銀行や生命保険会社、損害保険会社は一社あたりたしか二〇〇万円か三〇〇万円ぐらいの年会費を払っていました。年会費とは別に、出資などで大きな貢献をした金融機関は『幹事行』などになって、ＦＡＩＲの運営母体で重要な役職を任される。つまり、財政金融研究所を資金面で支えていたのはＦＡ

IRだったんです。そのFAIRにおカネとヒトを出していたのが金融界でした」

当時の資料を見ると、大手金融機関はすべてといっていいほど「協力会社」に登録されている。池田自身も大手銀行からFAIRに出向していたけれども、給料は派遣元の銀行が支払っていた。

池田のような大手金融機関からの出向者がFAIRの実働部隊となり、財金研がシンポジウムを開催するときなどに裏方として働いた。長富の強い要請を受け、金融機関は競うように人材を提供していたのである。財金研が海外でシンポジウムを開くときには、FAIRは共催者となって軍資金を提供した。

池田によれば、カネよりもヒトを出すほうが貢献度は大きかった。これらの職員の高水準の給料はすべて派遣した金融機関側が支払うからだ。金融機関はなぜ身銭を切ってまで長富に協力したのか。そうたずねると池田は、「もちろん、大蔵省だからですよ」と答えた。監督官庁からの強い要請とあらば、拒否できないというわけだ。池田の場合、長富と親しい銀行の役員から直々にFAIR出向の命が下ったという。

池田はFAIRに出向しているとき、長富につき従っている竹中の姿をしばしば見かけたという。

「竹中さんは長富さんのカバンもちをしていましたよ。カバンもちといっても、長富さんのほうでも彼をかわいがっていて、いろいろなところへ連れていっては紹介していたようです。竹中さんを育てている、という印象をぼくはもっていました」

ＦＡＩＲの初代の理事長は吉田太郎一だった。竹中にとっては大学時代のゼミ仲間の父親であり、実の父親のように慕っていた元大蔵幹部である。長富からは全幅の信頼を寄せられているうえ、ＦＡＩＲの最高責任者が仲人までしてもらった吉田太郎一なのだから、竹中の活躍の場が広がるのは当然だった。事実、ＦＡＩＲの運営のほうにも竹中は深くかかわっていた。池田の証言。

「長富さんはぼくにとっては雲の上の存在でした。竹中さんとは同世代だけど、長富さんとサシで話なんてできませんでしたよ。でも竹中さんは彼の側近だったから、長富さんの部下を自由に使える立場だった。海外のシンポジウムに行くときは、竹中さんたち財金研の人たちはお殿様。われわれＦＡＩＲの職員は彼らの手足でしたよ」

長富は事業家としての手腕に優れていた。財金研の活動にＦＡＩＲを利用するだけでなく、民間会社が発行する『ルック・ジャパン』という雑誌の編集も取り仕切るようになっていた。

『ルック・ジャパン』は日本を海外に紹介する雑誌で、在外公館に配布されていた。

長富はこの雑誌にも親交のある学者を起用した。『ルック・ジャパン』の編集にかかわった人物は、竹中も雑誌に関係していたと証言している。

「この雑誌の買い手は外務省でした。要するに、親方日の丸の商売ですよ。あのころはバブリーだったから、ホテルニューオータニの会議室を借りて編集会議をやったりしていましたね。長富さんが来るときはだいたい竹中さんもいたと思います。会議では自分の意見も言っていたけど、上司の長富さんには実直に仕えていましたよ」

財金研がシンポジウムや会議を開催するときに、株式会社ルック・ジャパンが共催者に名を連ねることもあった。長富はＦＡＩＲやルック・ジャパンを最大限に活用することで、予算が限られている財金研の活動を広げていったのである。

当初は、ソフト化経済センターも同じように利用しようと考えていたのだけれども、この社団法人だけは言うことを聞かなかった。同センターの中心にいた日本長期信用銀行出身者のグループが長富に抵抗したのである。

ソフト化経済センターの元幹部によると、長富は同センターの顧問に就任しようと画策していたという。元幹部らが拒否すると、「私の大蔵省の名刺でここの会員になった企業が一〇社か一五社はあるはずだ」と開き直ってねじ込んできたという。

「顧問料をせびろうとしたから、あなたも大蔵省の役人でしょう、といって断った。

長富さんへの講演料として、一年間で一〇〇万円か二〇〇万円程度を払ったことがあったと思う」

他人のものを取り込む才

財金研での竹中の肩書は「主任研究官」だった。スタート時にはほかにふたり主任研究官がいた。ひとりは大阪大学から招かれた植田和男助教授、もうひとりは住友信託銀行から出向してきた高林喜久生《きくお》である。

竹中は、「ソフトノミックス」の活動で面識を得た高林を長富に頼んで財金研に引っ張ってきた。

「高林がほしいと長富さんに頼んだら、次の日には高林の大蔵省への出向が決まったよ」

同僚にはそう語っていた。住友信託銀行の調査部に在籍していた高林は、突然、上司から大蔵省出向を命じられて驚いた。竹中と同じ主任研究官の肩書を与えられたものの、長富からはしばしばたしなめられたという。

「長富さんにはよく怒られましたよ。竹中さんはクイックレスポンスで、長富さんが求めているような答えをすぐに返すんです。だからぼくなんか、竹中に比べておまえはなんだ、となる。竹中さんは優秀だし長富さんのおぼえめでたい人だったから、比べられたら厳しいですよ」

財金研の事務局長さながらに活躍する竹中は自分の席にいないことも多かった。

「竹中はどこだ。どこ行った？」

大蔵省五階の財金研で、しばしば長富は竹中を捜しまわっていたという。竹中がすでに手放せない存在にまでなっていたのである。

長富の側近の立場を利用することで、竹中は人事権を行使することもできた。高林のほかに小川一夫、千田亮吉《ちだりようきち》など共同研究のパートナーとなる経済学者を次々と財金研に引き入れている。

共同研究をした研究者たちは、実証研究で必要となるデータの数学的処理や計量モデルの操作が竹中は得意ではなかった、と証言している。鈴木和志との共同研究でもこの傾向は指摘できる。つまり、竹中の実力ではひとりで学術論文を完成させることがむずかしかったのである。

財金研での小川一夫との共同研究をまとめた『対外不均衡のマクロ分析』（東洋経済新報社）で、竹中は小川とともに毎日新聞社「エコノミスト賞」を受賞している。処女作に続き担当編集者だった渡邉昭彦はこう語っている。

「竹中さんは目利きだから、鈴木和志さんと共同研究して論文を書き、本（『研究開発と設備投資の経済学』）にするときは自分ひとりで書いたということを強調した形になった。次に、小川一夫さんを取り込んで本を出し、エコノミスト賞をとった。ここでも小川さんの研究の核になるものを取り込んでいる。竹中さんは、こうして人のものを取り込んでいくんです」

アメリカ経済学界から学んだこと

長富の名代として竹中は、アメリカの経済学者を招聘する権限も行使していた。長富によれば、初めての客員研究員としてローレンス・サマーズを財金研に招いたのも竹中だという。

サマーズは竹中より若いけれども、すでにハーバード大学教授だった。二〇代で教授になった俊英で、のちにクリントン政権で財務長官として活躍し、その後ハーバード大学の学長もつとめた。

竹中は財金研での活動を通じて、アメリカの第一線の経済学者たちと身近に接することができた。ジェフリー・サックスもそのひとりで、サマーズと同じく二〇代でハーバード大学教授となった気鋭の若手だった。この二人にポール・クルーグマンを加えた三人がアメリカ経済学界の若手スターだった。いずれも財金研に研究員やパネリストとして招かれている。研究予算や人事を差配できる「大蔵官僚」として、竹中は彼らからも一目置かれていた。

財金研で竹中は、さっそくジェフリー・サックスが考案したモデルを用いた研究を始めている。「サックス・マッキビン・モデル」と呼ばれるもので、各国の政策協調をシミュレーションできるのが特長だった。

レーガン政権は財政赤字、経常赤字を急激に膨張させた。「サプライサイダー」と呼ばれる経済学者たちの主張を受け入れて大減税を実行して、深刻な財政赤字に見舞われたのである。一方、「マネタリスト」の主張を取り入れる格好で、アメリカの中央銀行にあたる連邦準備制度理事会（ＦＲＢ）は高金利政策を維持していた。

結果として、アメリカの巨額の赤字は高金利を求めて海外から流入してくる資金で埋め合わされることになった。とりわけ日本からの投資は巨額にのぼった。八〇年代、アメリカと日本は奇妙な相補的関係を築くようになった。しかしこうした関係が、本当に持続可能なものかどうか、経済学者のあいだで議論されるようになる。アメリカの「双子の赤字」問題はやがて日本に対する「構造改革」要求へと姿を変えることにもなる。

サックスが、異なる国のマクロ経済政策の組み合わせがどのような効果をもたらすのかモデルを用いて分析した背景にも、赤字が恒常化したアメリカ経済の問題が横たわっていた。

サックスたちに感化され、竹中もマクロ経済政策に関心をもつようになった。

「サックスのモデルと似たようなモデルを財政金融研究所でつくってみたいんだけど、できるかな」

サックスの論文を見せながら、竹中は千田亮吉に共同研究をもちかけた。

「竹中さんは石井菜穂子さんから直接話を聞いて、興味をもったのだと思いますよ。石井さんやサックスがサックス・モデルについて解説したペーパーもありましたから」

石井菜穂子は竹中より若い大蔵官僚だ。ハーバード大学に留学してサックスに学び、日本をモデルの中に取り込んだサックス・モデルの拡張版「サックス・マッキビン・イシイ・モデル」を開発した。サックスらと共著で論文も発表している。留学前は財政金融研究室にいて、竹中とも親しかった。

石井から教わるだけでなく、竹中は財金研に招いたサックス本人からも教えを受けた。石井が日本をモデルに取り込むために拡張したサックス・モデルにさらに手を加えて、いわば「拡張版の手直し版」で政策分析をした。

アンドリュー・エイベルの投資関数を利用したときもそうだけれども、竹中は自身よく口にしていた「メインストリームの経済学者」の理論を忠実に日本にあてはめ、その結果を利用して政策論を展開していた。問題設定の枠組みから問題の解法まで、アメリカの優秀な経済学者に依拠するやり方だ。理論的骨組みをサックスやエイベルから拝借しているので、いわば彼らが守護神になっている。

竹中が感化されたアメリカの若手経済学者たちを網羅するように組織していたのが、〈全米経済研究所〉(NBER)だった。財金研では、NBERに所属する経済学者を研究員として受け入れていたほか、NBERとシンポジウムを共催するなどして交流を深めていた。

NBERはハーバード大学のマーチン・フェルドシュタインが所長に就任して辣腕《らつわん》をふるうようになった一九七〇年代後半から、アメリカの経済学界に大きな影響力をもつようになった。

フェルドシュタインは、年金制度と貯蓄の関係を実証分析し、手厚い年金制度が貯蓄率の低下を招いていると指摘した。過度な福祉政策が社会の活力を殺《そ》いでいると示唆した研究は学界外にも影響を与えた。つまり、福祉政策を攻撃する材料を提供したのである。フェルドシュタインは、レーガン大統領の経済諮問委員会委員長もつとめた。

一方で、NBER所長としても経営手腕を発揮し、若手学者のネットワークの元締めとなっていた。サマーズもフェルドシュタインのもとで精力的に論文を書いていたひとりだ。

竹中は、アメリカ経済学界の「反ケインズ」の流行に強い影響を受けた。いやむしろ、フェルドシュタインをはじめとする、政界中枢に影響を与える経済学者の存在そのものに強く惹きつけられたといったほうが正確かもしれない。竹中はこんな体験談を語っている。

私が初めてアメリカに留学した時にいくつか印象に残っていることがあります。一つのシーンはちょうど私が留学した頃で、一九八一年にレーガン政権が始まりました。そこで経済諮問委員会（CEA：Council of Economic Advisers）の委員長として、あのマーティン・フェルドシュタインが入るわけです（八二～八四年）。フェルドシュタインといえば財政学の帝王と呼ばれていて、その人が委員長になる。ところが、すぐに辞めて戻ってきた。その時にいっしょにいたスタッフの中にジェフリー・フランケルとか、私たちと同世代でそうそうたる人たちがいる。その時に、ハーバードでフランケルにすぐ会いますと、彼はハーバードに帰ってきた翌日から民主党のバッジをつけるわけです。「自分たちは政党に属するわけではない。しかし、政党はわれわれを必要とする。それで、レーガンの共和党政権に入った。CEAのスタッフとなったが、それが聞き入れられなければわれわれは聞き入れられる所でやる」というわけです。この経済の論理を貫きながら、政治に対してまったく恐れを持たない姿勢というのはすごいと思いましたね。(『政策学入門』東洋経済新報社)

法政大学教授の小椋正立は七〇年代にアメリカの大学で研究生活を送り、フェルドシュタイン率いるNBERが急速に勢力を伸ばす様子を身をもって体験した。小椋によると、NBERは助成金を研究者とのあいだで分け合う際、研究者により多くの分け前を与えて研究者を優遇したり、権威ある経済学専門誌より論文掲載までにかかる時間を短縮するなどの工夫をこらし、若手研究者を一気に取り込んでいった。

こうしたNBERの手法を評して、「経済学の研究活動を企業化した」と小椋は表現している。小椋は『サプライ・サイド経済学』(東洋経済新報社)で、レーガン政権を支える経済学者たちを的確に分析している。

「このグループ（筆者注　NBERの経済学者たち）には保守的な傾向があるといわれているが、保守的な傾向は現在の二〇代、三〇代のアメリカ経済学者の多くに共通している。大恐慌を知らない世代である彼らには、どちらかというと、ミクロ経済学的な視点から経済効率を追求する傾向が強く、所得再配分や政治経済学的な視点は欠落している」

実際、フェルドシュタインのもとに参集した経済学者たちが標的にしたのは、福祉制度だった。彼らは「企業化」された巧みな手法を用いて、自分たちの主張を政治の世界に浸透させていった。

媒介役となったのは『ウォール・ストリート・ジャーナル』紙のジャーナリストなど学界の周辺にいる人々で、彼らのような「政策プロモーター」が経済学者の難解な表現を平易な表現に置き換え、政界や社会に伝播させた。

竹中は、内には大蔵省財金研で長富から「事業家の手法」を学び、外からは「企業化」「政治化」するアメリカ経済学界から影響を受けていたということになる。

交流人事

大蔵省の財金研での生活が五年目に入ると、進路の選択を迫られるようになった。もちろん、本来籍のある開銀に戻るのが自然なのだが、長富のもとで仕事を覚えて人脈を広げた竹中にとってすでに開銀は魅力的な職場ではなかった。

大蔵省の研究所での活躍が評価されて就職の声もかかるようになっていた。朝日新聞社からは客員編集員のような形で記事を書かないかという内々の打診があった。法政大学経営学部で教鞭をとる話は、内定といっていい段階まで進んでいた。

だが、大阪大学に開銀から出向する話が持ち上がると、竹中は法政大学への移籍を白紙に戻す格好で、大阪大学助教授の職を選んだ。

「もう話が決まっていたのに、竹中君は大阪大学の話が出てきたとたん、くるっと向こうを向いてしまったよ」

法政大学への就職を斡旋《あっせん》していた人物はのちに開銀関係者に愚痴をこぼした。法政大学に就職すれば、開銀を辞めることになるので、出向とは違って収入は大きく下がる。内定話を蹴ったのはそれが理由ではないかというわけだ。

しかし、竹中の選択には困難が伴った。開銀が、阪大出向に難色を示したのである。大蔵省に五年間も出向していたのだから、開銀が渋ったのも当然だった。阪大へは二年間の出向が予定されていたから、竹中は通算七年間も銀行を留守にすることになる。開銀の立場からすれば、高い給料を払い続けなければならない理由はない。

「大阪大学が呼んでくれているのに開銀がだめだというんですよ。長富さん、なんとか説得してくれませんか。ぼくは開銀には戻りたくないんです」

竹中は、開銀を翻意させるために長富を頼った。開銀の設備投資研究所に戻ることにでもなれば、処女作をめぐるトラブルの影響が心配だ。その意味でも、開銀に戻るのは避けたいという切迫した気持ちがあったのだろう。

竹中から懇願され、長富は動いた。開銀の理事に頼み込んだのである。

「竹中君が大阪大学に行きたがっているんだけど、開銀が嫌がっているらしいんだよ。口説いてやってくれませんか」

開銀の総裁は大蔵省事務次官の天下りポストだ。政府系金融機関の開銀は、予算を掌握する大蔵省の配下にあるといっていい。ただ、ＯＢを含め大蔵省側は開銀内の職員人事には口出ししない不文律があり、長富による介入は異例なことだった。

長富の口利きは成功した。阪大出向を認めなかった開銀は、長富に依頼を受けた理事の説得工作で態度を軟化させ、結局、竹中は阪大助教授に出向することが決まった。

開銀にねじ込んだのは長富だったけれども、阪大の出向話は長富が持ってきたわけではない。尽力したのは阪大経済学部教授の本間正明だった。本間は開銀の人事担当理事を訪れ、竹中の出向を認めるよう頼んでいた。

本間によると、竹中の受け入れは経済学部の重鎮だった蠟山《ろうやま》昌一教授と相談のうえで決めたという。招聘理由が一風変わっていた。本間は次のように説明した。

「長富さんのもとで実務的な問題の処理で消耗しているような気がして、もっとゆったり仕事したらいいのにと思って、蠟山先生とも相談し、大学で本格的に研究、教育したらどうか、と竹中さんにいったんですよ」

じつは本間は、竹中が阪大に出向してきた時期、竹中と入れ替わるようにして、大蔵省の財金研に特別研究官として招かれている。竹中を受け入れる人事は、阪大と大蔵省の交流人事という意味合いが含まれていたのである。本間自身も政府関係の仕事で活躍するようになり、のちに小泉政権では、経済財政諮問会議の民間議員をつとめ、経済財政政策担当大臣の竹中を支えることになる。

相次ぐ批判

本間は、阪大で竹中が設備投資の研究を深めるものと思っていたのだが、予想に反して竹中の関心はアメリカへと向かう。「アメリカ経済ウォッチャー」へと明確に舵を切ったのである。

阪大時代に出版した著書をめぐり竹中は奇妙な論争をしている。第二次安倍晋三内閣で内閣官房参与にもなったエール大学名誉教授の浜田宏一が、竹中の著作を批評したことが発端となった。

『日米経済論争』（ティビーエス・ブリタニカ）は、竹中が大蔵官僚の石井菜穂子と共著で八八年二月に出版した本だ。「『言いわけ』の時代は終わった」という副題がついている。竹中らはあとがきで執筆の動機を述べている。

「ボーダーレス・エコノミー化が進展することとの当然の帰結として、経済政策をめぐる研究・分析や経済ジャーナリズムおよび論壇においても『国際化』が不可欠であり、かつその国際競争力が問われるはずである。にもかかわらず、現状においてこの面での日本の競争力はきわめて低く、またそのこと自体への社会的反省が不足しているのではないか」

日本の経済学者が、政策論争に積極的にかかわらないことを批判しているのだ。政策論争というのは、日米間の政策論争を指している。しかし竹中に対して、アメリカのエール大学に在籍する浜田が『経済セミナー』(日本評論社)で苦言を呈した。

「日本にもNBERのような研究機関ができて実証研究が盛んになれば、日米間の経済政策の問題がより合理的に解決できるという主張は残念ながら短絡的にすぎることを注意したいのである」(『経済セミナー』一九八八年一一月号)

すでに触れたように、アメリカではフェルドシュタイン率いるNBERが経済学者の研究活動を「企業化」し、現実の経済政策に大きな影響力を及ぼすようになっていた。厳密的な意味での学問の範囲をあえて逸脱し、経済ジャーナリズムとも連携して「政策プロモーター」の役割を果たす経済学者やエコノミストも少なくなかった。

NBERのそうした側面に惹きつけられている竹中に、アメリカの経済学界事情に通じる浜田は危惧を感じたのだろう。経済学の成果を拙速に政策論争に利用しようとする姿勢に、疑問を投げかけたわけだ。

浜田は、批判した論文のなかで意味深な発言をしている。

「いわゆる剽窃《ひょうせつ》さわぎの中には、自分の思想と他人から受けついだ知識との区別に無神経であることが原因となっているものもあるように思われる」

この一文は、外国の学者の論文を翻案したようなものが日本では業績として堂々と通用していることを批判したあとに続いている。一般論として語られてはいるが、竹中としては心穏やかならざるものがあっただろう。

処女作の出版では共同研究の引用をめぐって剽窃疑惑を引き起こすトラブルを起こし、さらにはエイベル型投資関数やサックス・モデルの利用に顕著なようにまさに「翻案型」の研究をしてきた。浜田の文章はあてこすりとも読める。

竹中は、『経済セミナー』の八九年二月号で浜田に反論している。経済研究者は経済政策にかかわる「知的コア・グループ」の一員として、政策論議に参加する責務があるのではないかという主張だ。竹中の念頭には、政策に深く関与するアメリカの経済学者やエコノミストたちがいた。

竹中の反論に対して、今度は一橋大学助教授（当時）の伊藤隆敏が再反論で応酬した。竹中が憧れるアメリカの「知的コア・グループ」について、アメリカ経済学界に通じている伊藤はこう解説してみせた。

「学術的業績（学術専門誌掲載の論文）でも申し分のない人々であり、（元）政策担当者の場合も、シンクタンクでかなり学術的な著書をつぎつぎ発表している人々である。もちろん、大学院の博士号（Ph. D）を取得しており、専門家としてのきちんと

した訓練を積んだ人達ばかりである」（『経済セミナー』一九八九年四月号）

じつは、伊藤と竹中は一橋大学経済学部の同期生だった。伊藤は当時一橋大学に勤務していたから、竹中が博士号審査で落とされた経緯を側聞していたはずである。浜田、伊藤が皮肉まじりの文章で批判したのは、経済学者としての土台を築かないまま政治に参画しようとする姿勢に疑問を感じたからだろう。大蔵省傘下の研究所で、長富祐一郎という異能の官僚のもとで、竹中は経済研究者としての基礎を築いた。『日米経済論争』という著作にはそうして育まれた経済学者の特質がたしかによくあらわれていた。

この本の核になる部分は、竹中が八五年に『経済セミナー』で三ヵ月にわたって連載した記事がベースになっている。「アメリカの日本経済研究者を研究する」という奇妙な趣向の論文だ。アメリカの各地の大学の日本経済研究者をしらみつぶしに調べ上げ、主要な研究者には竹中自身がインタビューを敢行している。

「ビジネスとしての経済研究」に着目し、「日本の企業はアメリカの日本経済研究者にカネを出すべきだ」と竹中は主張する。

「この問題（筆者注　アメリカの日本経済研究に対する日本企業からの支援）についての日本企業の意識は総じて低い。また、金を使うにしてもその使い方が大変ヘタであるという。アメリカでの日本経済研究を振興させていくために、日本の企業・政府が積極的に取り組んでいく余地はおおいに残されていると思われる」（『経済セミナー』一九八五年一一月号）

八五（昭和六〇）年といえば、大蔵省に財政金融研究所が発足した年である。長富の懐刀だった竹中は、長富が金融界から強引にカネとヒトを引っ張ってくるさまを目の当たりにした。アメリカの「日本経済研究」事業に日本企業からカネを出させるという発想には、長富の影響が色濃くあらわれている。資金や人事を取り仕切る「事務局」がいかに研究者に強い影響力をもっているか学んだ竹中は、アメリカの日本経済研究者たちにも応用すればいいと考えたのである。

竹中がアメリカにいる日本経済研究者に関心を向けたのは、じつはこのときが初めてではなかった。八一年から八二年にかけてハーバード大学の国際問題研究所に在籍していた際、友人に長い手紙をしたためている。その手紙のなかで、「まずはアメリカの日本経済研究者を押さえておかないといけない」と述べ、アメリカで会った研究者たちの名前を次々と列挙していた。初めてのアメリカ滞在に興奮している様子が伝わってくるような手紙だ。

初めてのアメリカ滞在から帰国すると、竹中は戦略を実行に移した。開銀の元同僚が、日本経済研究者たちの接待に協力したと証言している。

たとえば、国際問題研究所日米関係プログラムで事務局長をしていたケント・カルダーの場合、

「カルダーはいずれ日本ウォッチャーとしてすごい人になるよ」

そういって竹中は協力を求めてきた。「カルダーは日本企業の生産現場、とりわけ製造業の現場を見たがっている」とカルダーの希望を代弁するようにいった。

元同僚が求めに応じて企業を紹介すると、竹中はカルダーと連れだって工場を見学してまわった。元同僚は工場見学には同道しなかったけれども、開銀の接待施設「乃木坂クラブ」で竹中がカルダーを接待したときには席をともにした。

「カルダーは日本語が上手だった。カルダーとは同世代だけど、竹中さんははっきりと目上の人に対する姿勢で、とても丁寧に接していました」

竹中から紹介されたアメリカ人はほぼ全員が日本語に堪能だったという。

リボルビング・ドア

大阪大学助教授を二年間つとめたあとの一九八九（平成元年）年、竹中はハーバード大学で半年間日本経済論を教えることになった。三八歳のときである。竹中を講師

に招いたのは、ジェフリー・サックスだった。大蔵省の研究所に招いてもらった恩返しという格好である。

今度は開銀を退職しての渡米となった。開銀人事部には、阪大出向後に海外派遣してほしいと打診したのだが、竹中の希望は受け入れられなかった。

竹中より以前に、ハーバード大学の日本経済論の講座で教鞭をとった経験がある元大蔵官僚の榊原英資は、この講座の位置付けについて次のように説明した。

「日本経済論の講座は、専任を雇わないで外から講師を呼んでいた。スタンダードでハーバード大学経済学部で教えようと思ったら基準が厳しい。基準を満たす人がなかなかいないから、客員として日本経済論を教える人を外から呼ぶんですよ。竹中さんは本来的な意味でのアカデミズムの人じゃないからね。馬鹿にしているんじゃなくて、ぼく自身もそうだから。学界内にいる学者からすると、そう見えるんでしょうね」

日本経済論の講座を春学期のみ教えたあと、竹中は国際経済研究所（IIE、現在はピーターソン国際経済研究所〈PIIE〉と改称）というシンクタンクに研究員として在籍する。牛場信彦記念財団の奨学金を獲得し、「牛場フェロー」として受け入れられたのである。竹中の前に「牛場フェロー」第一号としてIIEに在籍したのが、『朝日新聞』記者の船橋洋一だった。

IIEはジャーマン・マーシャル基金の支援を受けて一九八一（昭和五六）年に設立された新興シンクタンクだ。設立以来所長をつとめるフレッド・バーグステンが名実ともにこの組織の顔である。バーグステンは、「リボルビング・ドア（回転扉）」を体現したような人物だった。

アメリカでは政権交代すると、政府高官も大幅に入れ替わる。「ポリティカル・アポインティ」と呼ばれる政治任用制度があり、シンクタンクや大学などから政府にたくさんの人材が供給される。シンクタンクや大学と政府のあいだを行ったり来たりするシステムは「リボルビング・ドア」とも称される。

バーグステンは、一九六〇年代末から七〇年代初めに国家安全保障会議で国際経済問題担当の補佐官をつとめたあと、ブルッキングス研究所の上級研究員となり、カーター政権で再び政府入りして財務次官補に就任した。八一年にIIE所長となるが、その後、クリントン政権時代にはアメリカ連邦議会の競争政策評議会議長を長くつとめている。

通貨問題に強いバーグステンは、八〇年代にはすでにアメリカの経済政策に影響を及ぼす実力をもつエコノミストとして知られていた。経済評論家の水野隆徳は『第4の権力　ブッシュを動かす陰の主役』（アイペック）で、バーグステンがIIEの所長に選ばれた経緯に触れている。

同書によると、ジャーマン・マーシャル基金が所長を選考したときの基準は、「学界とうまくやってゆける知性と信認を備えているだけでなく、公開の討論に情熱を燃やす経営者タイプ」。多くのエコノミストが基準をクリアーできずに失格となるなか、所長ポストを射止めたのがバーグステンだった。経営者としての能力をもっていることが重要な資格要件だったのである。実際、活動資金集めにも手腕を発揮し、日本からもたくさんの資金を獲得していた。

竹中はＩＩＥに在籍したのを契機に、その後バーグステンと長く親交を結ぶことになる。大蔵省の財金研で育った彼には、学界の経済学者よりむしろバーグステンのようなタイプのエコノミストのほうが親しみやすかったに違いない。企業家と地続きになった経済研究者を目の当たりにして、シンクタンクという装置に並々ならぬ関心をもつようになったのである。

「日米構造協議」という第二の占領政策

竹中が開銀を退職して渡米しＩＩＥに在籍していた一九八九年、日米関係で大きな出来事が起こっている。日米構造協議である。

ロナルド・レーガンのあとを継いで八九年一月に大統領に就任したジョージ・ブッシュ（父）は、日本を対外交渉の標的に据えた。東西冷戦が終焉を迎えようとするなか、バブル経済に沸く日本はすでに経済的な脅威だったのである。日米構造協議はそれまでの経済交渉とは性格がまったく違った。日本の社会構造そのものが俎上に載せられたからだ。

日本のメディアが翻訳した「日米構造協議」は、英語の正式名称では「Structural Inpediments Initiative」（略称ＳＩＩ）。「構造協議」は「構造障壁を取り除くためのイニシアチブ」とでも訳すべきもので、経常赤字に苦しむアメリカが、見えない貿易障壁となっている日本の商習慣や制度を改めさせるために仕掛けた協議だった。

当時、通商代表部（ＵＳＴＲ）次席代表でアメリカ側の交渉責任者だったリン・ウイリアムズが、「鏡の中の日米構造協議」という回顧録を残している（『週刊ダイヤモンド』九二年三月一四日号から同年七月四日号まで連載）。回顧録のなかでウィリアムズは、日米構造協議を「ブッシュ政権が発明したこれまでには例のない、ある意味でラジカルなもの」と述べ、その狙いを説明している。

「実際、政策立案者にとってＳＩＩの目的は、日米関係を根本的に変革することにほかならなかった。両国間の構造的な相違をなくすことはできないし、なくすことを試みることすらすべきでないと考える人もある。しかし、ＳＩＩは、それが可能であり、試みるべきであるとの考えから出発している」

日米構造協議でアメリカ政府が取り上げたテーマは、「貯蓄と投資」「土地利用」「流通システム」「排他的取引慣行」「系列取引」「価格メカニズム」など多岐にわたる。日本の経済システム全体をつくりかえる構えだ。二〇〇項目を超える要求を前に、「アメリカの第二の占領政策だ」との声が日本側から洩れたというほど徹底した改革要求だった。

アメリカ政府がとくに重視したのは、「日本の公共投資をＧＮＰ比で一〇パーセントまで高める」「大規模小売店舗法を廃止する」「独占禁止法を改正して強化する」という要求項目だったが、公共事業の規模については日本の主権にかかわる問題だけに議論となった。一国の公共事業予算の規模が他国との交渉事になること自体異常だからである。

しかし結局、今後一〇年間の日本の公共投資額を、日本政府はアメリカ政府に公約として約束させられることになる。日米構造協議が一九九〇年六月にまとめた最終報告書では、九一年度から二〇〇〇年度までに総額四三〇兆円の公共投資を実施することが明記された。

日米構造協議の激しい交渉が行われていたころ、竹中は、バーグステンが所長をつとめるＩＩＥに在籍していた。こんな体験談を語っている。

ちょうど私は、そのときはワシントンのＩＩＥにいました。そこにあるアメリカ人たちが来て、彼ら自身はＵＳＴＲで交渉したことがある人物だったのですけれども、日本の交渉の仕方がおもしろいと言いました。とにかくワシントンで交渉するときも、アメリカ側で直接交渉にあたる人間の五倍ぐらいの人が来ていると。要するに各部署の合意がとれないと決定できないから、かつその裏に族議員もホテルにちゃんと控えていて、何か一つ評議を出すと、飛んで帰っていろいろ相談して、戻ってくる。片やアメリカ側は、三〇歳ぐらいの女性が全権を委任されて来ていると。そういった日本とアメリカの外交スタイルは、アメリカが特殊なのか、日本が特殊なのか。少なくともアメリカでは、若干冷やかに話されていたわけですけれども、日米構造協議のときは、まさに三議長（筆者注　日本側は外務省、大蔵省、通産省がそれぞれ「議長」を出していた）で全部一緒くたになりましたので、そうした日本の問題点が非常にはっきり出ていたような気がするのです。（『経済セミナー』九六年五月号）

このころ竹中のもとを訪れた日本人経済学者は、日本からたくさんのファックスが竹中に送られてきているのを見て驚いた。まだインターネットが普及していないから情報送信はファックスになるのだが、その内容はニュースを含め日本経済に関する情報ばかりだったという。

「日本の何が問題なのかをアメリカで聞かれるから、最新データを提供して説明していたのではないでしょうか。竹中さんは情報を提供することでアメリカでの存在価値を高めていたんじゃないかと思う」とその経済学者は話した。竹中は退職した開銀からも、後輩に依頼して大量の経済データをファックスで送らせていた。

このころ、日本の経済に関する情報はきわめて高い価値をもっていた。日米経済摩擦が情報戦争を誘発していたからだ。東西冷戦が終焉にいたる過程で、アメリカでは「ソ連に代わる仮想敵国は経済大国日本である」という議論が出てくる。一九九一年の夏、竹中の親友の政治学者ケント・カルダーを巻き込んだある象徴的な出来事が起こっている。

ことの発端は、アメリカで密かにまとめられた『Ｊａｐａｎ２０００』と題する報告書だった。二〇〇〇年の日本を展望するという意味が込められているレポートなのだが、その内容は過激だった。

日本人がアメリカにとって国家安全保障上の重大な脅威になっている。猛烈な勢いで世界市場を席巻する日本の最終目的は世界経済の制覇だ。日本の戦略を練っているのは官僚であり、その力の源泉は軍事力ではなく情報収集力だ——日本を敵視するような報告書が注目を集めたのは、それがＣＩＡ（アメリカ中央情報局）の委託による研究だったからである。

一九九〇年一〇月二五日と二六日、ロチェスター工科大学の主催でセミナーが開かれた。同大学学長補佐のアンドリュー・ドーハティがセミナーの内容をとりまとめたのがこの報告書であると、『Ｊａｐａｎ２０００』には記されていた。

このセミナーには元国家安全保障担当大統領補佐官などが参加し、当時プリンストン大学助教授だったケント・カルダーも出席していた。

非公表の報告書の内容が報道で伝えられると、カルダーたちは報告書の内容を事前に知らされていなかったと抗議した。ただ、別の意見もあった。『通産省と日本の奇跡』の著者として知られるチャルマーズ・ジョンソンも参加者だったが、ジョンソンはアメリカの新聞で「出席者の意見を正確に反映している」とコメントした。

ＣＩＡは『Ｊａｐａｎ２０００』はＣＩＡが作成したものではないと主張し、結果的に、ドーハティが個人的立場でまとめた報告書という扱いになった。カルダーは騒動の翌年出版した『クロスオーバー・ポイント　逆転時代の日米関係』（日本放送出版協会）で『Ｊａｐａｎ２０００』問題を振り返って次のように書いている。

「このレポートは、日本の硬直性、非民主的性格、人種主義的傾向、絶え間なく経済的利益を追求する姿勢などを扱い、伝えられたところではＣＩＡの顧問アンドリュー・ドーハティが執筆し、一九九〇年一〇月末にロチェスター工科大学で日本とその将来を巡って行われた会議で討議された内容を要約したものだと明言されていた。この会議に参加したひとりとして、ドーハティのレポートは会議で取り上げられたテーマには関わりないものであると、断固として否定する権利がある」

カルダーはこの騒動が起きる前、日米政府間の経済交渉である日米構造協議で、アメリカ政府側の顧問役のような役回りで活躍していた。それだけに『Ｊａｐａｎ２０００』問題はアメリカ事情に通じる日本人の関心を引いたわけである。カルダーは『クロスオーバー・ポイント』で、アメリカの情報機関の内情についても言及している。

「アメリカの情報組織に内在するある少数派が、冷戦の終結にともなって外交政策を担当する部局内で地位を脅かされ、存在理由と協力を獲得する意図を抱いて、緊張を含んだ日米関係を利用しようとしたもので、それが成功しそうになったほど緊張が高まっていたのである」

日米構造協議で日米両政府が激しい交渉をしていたころ、アメリカでは「ジャパン・バッシング（日本叩き）」が勢いを増していた。コロンビア・ピクチャーズ・エンターテインメントがソニーに買収され、ロックフェラーグループを三菱地所が買収するなど日本企業による買収がメディアをにぎわすなか、ジャパン・バッシャーたちの矛先はアメリカの日本研究者にも向けられていた。

「日本からカネを受け取っているのか否かを明らかにしてから発言しろ」という極端な批判もあったのだけれども、「ジャパン・マネー」が論壇に影響を及ぼしているという見方は根拠のないものではなかった。日本企業や日本政府筋から、アメリカのシンクタンクや大学の研究プロジェクトに巨額の資金が流れていたからだ。資金提供の目的はそれぞれだが、経済摩擦を和らげようとするロビー活動といっていいだろう。

バブル経済で発生した「ジャパン・マネー」は不動産業界のみならず論壇にも確実に流れ込んでいた。活況を呈する日米経済論壇に参加していた竹中もチャンスをうかがっていたひとりだ。

このころ竹中は、日本経済研究センター理事長の香西泰《こうさいゆたか》に話をもちかけている。ニューヨークに拠点を設立し、その責任者には竹中が就任するという提案である。

経済企画庁出身の香西は、竹中が信頼を寄せる数少ない日本人エコノミストだった。竹中はのちに金融担当大臣に就任した際、不良債権処理策を策定するチームの座長を香西に託している。

官僚経験のある香西は早くから竹中の資質を見抜いていた。竹中がエコノミスト賞を受賞した際に寄せた祝辞のなかで的確な竹中論を開陳している。

「研究者としての才能にもう一つ付け加わるのが、『仕掛け人』『オルガナイザー』『エディター』としての腕前ではないだろうか。人のよい私など、氏の巧みな誘いに乗せられて、感心しているあいだに仕事は氏の方でさっさと処理していてくれたという経験が、何度かある。この才能は、あるいは大蔵省で長富現日銀政策委員（筆者注長富祐一郎の当時の役職）などの薫陶をえて、さらに磨きがかかったものかもしれない。これは学者、研究者、評論家には希少資源であり、しかも経済分析が現実との接触を保ちつづけていく上で、貴重な資源である」

香西は、日本経済研究センターのニューヨーク支店設立の話が持ち上がった経緯を次のように説明した。

「竹中さんは、日本ではアメリカの議会調査局の資料などは読まれていないのではないか、アメリカの連邦準備銀行のレポートなども整理する必要があるのではないか、というようなことを言っていたと思います。しかし、ニューヨークに支所をつくるという話はうまくいかなかった。そのときはもうバブルが危ないところでして……」

竹中の提案を実現するとなると、かなりのスタッフと資金が必要となりそうだった。香西がイメージしていた竹中の役回りは、アメリカ発でレポートを書くとともに、日本経済研究センターと連絡をとりながらニューヨークでさまざまな折衝にあたるというものだったという。しかしながら、検討を続けているうちに日本のバブルが崩壊し、結局、竹中の事業計画も潰《つい》えたのだった。

政治家への接近

日本のバブル経済がピークを迎える時期、竹中の関心は大学よりもシンクタンクに、経済学という学問より政策立案にかかわるビジネス活動に向かっていた。開銀の設備投資研究所、大蔵省の財金研では設備投資の研究を専門としていたのに、大蔵省を離れてからはもっぱら「日米経済関係」を専門とするようになっていた。本格的な学術論文は書いていない。

学問の世界から逸脱していた竹中を大学に引き入れたのは、加藤寛《ひろし》である。

加藤は、政府の政策立案に深くかかわってきた経済学者だ。鈴木善幸内閣から中曾根康弘内閣にかけて活動した第二次臨時行政調査会の主要メンバーとして活躍した。前経団連会長の土光《どこう》敏夫が会長をつとめたことから「土光臨調」と呼ばれたこの調査会で、加藤は日本国有鉄道（国鉄）、日本電信電話公社、日本専売公社の民営化にかかわった。官業の肥大化を批判し、早くから行政改革、規制緩和を唱え続けてきたイデオローグで、政治とのかかわりが深いとともにメディアでも活躍していた。

加藤は、慶應義塾大学が一九九〇年に総合政策学部を創設する際の責任者で、初代の学部長に就任している。竹中を加藤に引き合わせたのは、開銀時代の上司だった橋山禮治郎である。

橋山は慶大出身で、大学時代は加藤ゼミに所属していた。恩師の加藤が新設学部の教員探しをしていることを知り、竹中を紹介したのである。

第一生命経済研究所内に事務所を構える加藤を訪ね、慶大に竹中を引き入れた経緯を聞いた。

「ぼくが慶應大学で湘南藤沢キャンパス（総合政策学部）を立ち上げたときに考えたのは、経済理論を教えるような人はいらない、経済理論を焼き直して現実にシステムとして使えるようにする人がほしいということでした。竹中という人はどんな人なのと聞いたら、竹中君は行政改革をやりたがっていますよ、と橋山君はいったんです」

行政改革に熱心なら、加藤の望むところだ。だが、総合政策学部に呼ぼうという加藤の提案は慶大内で強い反対に遭う。

「じつは竹中さんを呼ぶことについては慶應でも反対が多かったんですよ。大丈夫か、学者としてこれから伸びていく人なのかという疑問の声が強かった。それでもぼくは、絶対に彼は伸びる、引っ張りましょうといったんです」

結局、学部長である加藤が反対論を抑え込み、竹中は助教授として採用された。

「経済学」とはどのような学問なのか——慶大助教授になったばかりのころ、竹中は対談雑誌の対談で語っている。経済誌『エコノミスト』一九九一年八月二〇日号で、対談相手は京都大学経済研究所長をしていた佐和隆光である。この対談で、佐和は経済学者の「世代論」を論じている。

「サックスのような比較的若い世代の経済学者たちは、おそらく自分が何派であるということを必ずしも意識していないでしょう。ところが、たとえばクライン、トービン、フリードマンのような世代の経済学者は自分が何派であるかを強く意識していると思います。同時に、たとえばトービンやクライン、あるいはレオンチェフがケインジアンであるというときは、単にテクニカルなレベルでケインズ経済学を研究しているとか、使っているということだけではなく、いわば水面下にある、ケインズ経済学を支える理念、あるいは思想構造も含めて受け入れている。すなわち心底彼らはケインジアンであり、市場万能主義に対しては反対で、まさに自由放任の終焉という確固たる歴史観をもっている。

他方、ミルトン・フリードマンの場合は、みんながケインジアンであった一九六〇年代にも、一貫してケインズ経済学批判を唱え続けてきた。ハイエクにしてもそうです。

一九七九年にフリードマンが『選択の自由』という本を書いたのですが、あのなかで潮の流れが変わりはじめた、まさに自分にとって追い風が吹くようになったと言っている。そういう意味で、一九七九年前後は、まさに経済学が怒濤のごとくケインズ主義からマネタリズム、あるいは反ケインズ主義の方向へ変わった時期にあたる。サックスのような若い世代になると、どちらかというと経済学はテクノロジーの一種であると考えて、それぞれの経済学を水面下で支える思想構造には、必ずしもコミットすることなく経済学をやっている。

日本の経済学者も大部分は、思想構造にまでコミットすることなく、経済学をやっている。したがって、ケインズの経済学がだめになった、そして合理的期待形成学派だとかマネタリズム、サプライサイド・エコノミックスが登場してくると、まるでケインズの経済学は経済学として遅れているのだ、過去のものだと。したがって、合理的期待形成学派の経済学は、経済学のひとつの進歩であると考えていると思います。ですから新しいものに飛びつく」

佐和は、経済学者がある学説に与《くみ》する場合、学説の根っこにある思想や価値観を含めて接するのでなければおかしいのではないかと問題提起している。近代経済学は特定の思想やイデオロギーを直接的に表現するものではないが、経済研究の背後には必ず依って立つ思想があるという考えである。

アメリカでは、反ケインズの潮流のなかでマネタリズムやサプライサイド経済学が生まれてきた。経済学の変貌は「反ケインズ」学派の台頭に終わらなかった。高度に洗練されて合理主義的、実証主義的な性格が極まってくると、経済学が単なるテクノロジーと化してきたのである。

ジェフリー・サックスやローレンス・サマーズの世代になると、土台にある思想構造には必ずしも関心を示さず、「単なるテクノロジーとして経済学を操る」傾向があると、佐和は指摘しているのだ。

たとえばジェフリー・サックスは、ポーランドやロシアに経済アドバイザーとして招かれたが、あまりに拙速に市場原理主義的な政策を導入させたためかえって社会を混乱に陥らせたという評価が定着している。

大蔵省の財金研でサマーズやサックスと接した竹中は、むしろテクニシャンたる同世代の経済学者を見よう見まねで真似た。サックスには直接教えを受けてもいた。ところが対談では、竹中は佐和の問題提起にあまり興味を示していない。竹中は佐和にこう切り返している。

アメリカの実証研究と日本の経済分析を比較して感じるのは、価値を発信するためにも、日本でももう少し経済の実態に近づいた分析を積み重ねていかないと価値は出てこないのではないかということです。価値を価値として議論しているうちは、しょせん限界があって、たとえば、日本的取引慣行が世界的に問題になりながら、日本の経済学者自身が日本の取引慣行に対する理論的根拠をどういうところで与えるのか。それ一つについても実証を積み重ねてこなかった。ないしは、それを支えるような研究体制がなかった。そこが日本の経済学の問題なのかなという気がします。

経済学説を支える思想構造の問題を議論しようとする佐和とは最後まで話がかみ合わなかった。

竹中は、あくまで政策に関与するための手段として経済学をとらえている。もっといえば、政治権力に接近するための道具としてとらえているように見える。それは言葉よりむしろ行動にあらわれていた。国家権力の中枢を担う大蔵省から離れると、政治家の人脈づくりに精を出すようになっていたからだ。

自民党の有力派閥「宏池会」に所属し、「宏池会のプリンス」といわれていた衆議院議員（当時）の加藤紘一が証言している。

「竹中さんからはずいぶんアプローチを受けましたよ。宮澤政権が発足する直前ですね。いっしょに食事がしたいとか話し合いたいとか、仲介者を通じていってきました。たしか二回会っている。仲介者も同席はしているけれども基本的に一対一の面談。竹中さんは延々としゃべるんだけど、言葉が頭のうえをウァーッと通りすぎるみたいで何をしゃべっているのかよくわからなかった」

皮肉まじりの笑いを浮かべながら、「経済学というものはぼくにはわからんなと思った」と振り返った。この直後に宮澤喜一政権が誕生し、加藤は内閣官房長官に就任している。

竹中が小泉純一郎と接するようになったのもこの時期だ。小泉を囲む勉強会にも顔を出すようになったのである。政治家に政策を授けるための道具として経済学をとらえるならば、「テクノロジー」としての機能を発揮できなければ意味がないわけだ。

慶應義塾大学総合政策学部で教鞭をとるようになった竹中には、学部長でもある加藤寛という強い後ろ盾があった。けれども助教授時代は、ある意味では停滞期だった。というのも、大蔵省で長富のもとにいたときのように資金や人を動かして大きなプロジェクトを展開することができないし、共同研究者を見つけて引っ張ってくるわけにもいかないからだ。

そうしたなかで関心は依然としてアメリカに向いていた。そして、竹中は加藤でさえ予想しなかった行動に出る。

大学の授業を四月から七月までの集中講義という形で四ヵ月で済ませ、一年の残り大半をアメリカで過ごす変則的勤務を始めたのである。「コロンビア大学で研究するため」というのが滞米の理由だった。当然ながら、慶大内では竹中に対する批判の声があがった。

コロンビア大学の件は事前に承知していたのかとたずねると、加藤はこう答えた。

「それは聞いていなかった。竹中さんにこのようなことを認めたのはたしかに優遇です。（慶大で教えている）ほかの人が聞いたら、怒ったかもしれない。ぼくの判断で認めました。特例にしたということになるでしょうね」

一九九二年から教授に昇進する九六年まで、竹中は日本とアメリカを股にかけた生活を続けた。はじめはニューヨークの賃貸アパートを借りて家族と住んでいたが、九三年三月にはニューヨーク郊外のウェストチェスターに一軒家を購入した。

開銀時代に上司だった橋山は、ウェストチェスターの竹中邸を訪れてびっくりした。立派な一軒家を眺めながら、竹中にたずねた。

「こんな家を買っても大丈夫なの？」

「アメリカでは家の手入れをちゃんとしておけば、売るときに損しないから大丈夫なんです。賃貸で借りるより買ったほうがいいんですよ」

橋山は、恩師の加藤に竹中を紹介した経緯があるので、長期間慶大を留守にしてアメリカに住んでいることにひっかかりを感じていた。

「慶應大学のほうは大丈夫なのか」

単刀直入にたずねると、

「大丈夫ですよ。半年慶應でやって半年こちらでやることは認めてもらってますから。ありがたいことですよ」

竹中は橋山の心配をよそに、「どこか行きたいところはありませんか」と聞いてきた。

「ニューイングランドの紅葉でも見てみたいけど、車がないと無理だよね」というと、竹中から意外な答えが返ってきた。

「ぼくはニッセイ基礎研究所のほうとも関係しているから大丈夫ですよ。車を借りるぐらいなんでもないです。車を出しますからそれで行きましょう」

橋山は、竹中が手配した運転手つきハイヤーで紅葉を楽しむことになったのだった。

“外圧”は友

竹中が「ビジティング・フェロー（客員研究員）」として在籍していたのはコロンビア大学ビジネススクールのなかにある日本経済経営研究所だった。所長は知日派の経済学者ヒュー・パトリックである。

同じ時期に同じく客員研究員をしていた安藤剛史（仮名）によれば、在籍証は発行されるものの、事実上できることといえば大学の図書館で本を読む程度なのだという。

「コロンビア大学の客員研究員といえば、実態を知らない人はありがたがるけど、実際には図書館で本も借りられない。借りるにはまたお金を払わないといけないんです。所長のパトリックから彼のゼミナールに参加して日本経済の話をして学生と議論してほしいといわれていたのでそれはしましたけど、ぼくが知る限りでは竹中さんはそういうこともしていなかった。大学で彼と顔をあわすことはほとんどありませんでしたよ」

安藤によれば、日本経済経営研究所に資金面で貢献していた大蔵省と三菱信託銀行から派遣された研究員には電話と机があるブースが与えられたが、安藤や竹中にはそうした専用ブースは用意されていなかったという。

大学にも姿を見せず、いったい竹中はアメリカで何を研究していたのだろうか。私はコロンビア大学を訪れて、日本経済経営研究所の所長をしていたヒュー・パトリックに話を聞いてみることにした。一九五〇年代から日本研究に携わる泰斗だが、多くの日本人に親しまれる好々爺でもある。

驚いたのは、大蔵省の財金研がどのような活動をしていたのか詳しく知っていたことだ。パトリックは、財金研時代から竹中を知っていたと証言した。長富とは親しくつきあっていたようで、財金研時代の長富についてこんな話を披露した。

「当初、長富さんの目的は日米の経済学者がお互いに顔をあわせることにあったと思います。その後、彼の関心はビジネス界に移っていきます。たとえば、日米両国の金融業界のリーダーなどの交流です。私自身、ニューヨークで行われた会合でいくつかお手伝いしたことがあります。日本側とアメリカ側の金融界のリーダーの会合ですね」

パトリックは、竹中が長富の側近として活躍していたことも知っていて、「竹中平蔵さんを見出したのは長富さん」と断言し、「長富さんが天才だと思うのは、こうした才能を見つけ出す能力がある点です」と評した。

日本経済経営研究所で研究員をしていたとき、竹中は何を研究していたのかとたずねると、意外にも、具体的に何を研究していたのかは知らないという返事がパトリックからは返ってきた。

「竹中さんは自分自身の研究にいそしんでいました。滞在中に、日本で本が出版されたと聞いています。日本語で書かれたものです。彼は英語ではあまり書いていません。当時、彼の研究はほとんど日本語で発表されています。竹中氏の読者ターゲットは、日本語で論文を読む人だったと思います」

所長のパトリックが英語で書かれた論文を読んでいないのだから、学術的な研究はしていなかったのだろう。むしろ別の方面に力を注いでいたことをパトリックは示唆した。

「竹中さんがコロンビア大学にいたとき、ここにベースを置いて、ワシントンなどにも足をのばしていたと思います。活発に動いていた。これは彼の性格ですね。コロンビア大学にいるうちにネットワークを広げたことは知っています」

ワシントンDCには、竹中が在籍したことのあるシンクタンク、IIEなどがある。懇意にしていたバーグステンIIE所長は、クリントン政権のブレーンでもあった。バーグステンらは対日政策に関して、「日米の違いは調整可能か」という報告書をまとめている。報告書は、過去一〇年間の日米交渉で日本の貿易障壁の四分の一は除去されたものの、まだ四分の三の障壁が残っているとし、数値目標をつきつける管理貿易をアメリカ政府に提言している。アメリカの対外赤字を削減するためには円高政策が重要だとも述べている。

竹中は、バーグステンをはじめとするアメリカ政権中枢につながりをもつエコノミストたちとも接触していたのだろう。

じつをいうと、竹中はコロンビア大学とは別のところにオフィスまで構えていた。日本生命系列のシンクタンク〈ニッセイ基礎研究所〉のなかである。場所はマンハッタンのミッドタウンで、ニッセイ基礎研究所ニューヨーク事務所内のオフィスに通うのが毎日の生活だったのである。肩書は「特別研究員」となっていた。

開銀時代に上司だった橋山がニューヨーク郊外の竹中邸を訪問した際、「ニッセイ基礎研究所のほうとも関係しているから」といって運転手つきハイヤーを呼んで観光に出かけたことを考えると、ニッセイ基礎研究所ではかなり優遇されていたのかもしれない。「二、三本論文を書いたら結構いいカネになる」と竹中が話すのを聞いた知人もいる。

この時期、竹中と同じようにアメリカの大学に籍を置いていて、ニューヨークでしばしば竹中と会って語り合っていたという人物はこんな話をしている。

「竹中さんも私も地方の公立高校出身で、有力な人脈みたいなものをもっているわけではなかった。そういうところで気が合ったんだと思います。日本では政界でもどこでも世襲が跋扈《ばっこ》しているけど、彼も私も二世とか三世は好きじゃなかった。われわれはアメリカにきて最先端の学問をやっている。われわれが日本を変えなきゃいけない。そんな話をアメリカではしていたと思います」

ニューヨークで話したとき、「市場の透明性」というような言葉を竹中がよく口にしていたのを覚えていると彼は語った。

日米経済関係のエキスパートになった竹中が日本社会を変革するカギになると期待したのは、アメリカの「外圧」だった。

日米構造協議が終わったあと、「スーパーSII始動させよ」（『日本戦略宣言』講談社）という文章を竹中は書いている。SIIというのは先述のとおり日米構造協議の略称である。日米構造協議をさらに拡充したような日米経済協議を新たに始めるべきだという主張だ。この文章のなかで、竹中は「外圧」の必要性を説いている。

日米構造協議以降、竹中は日本とアメリカの経済交渉をアメリカ側交渉当事者たちのそばで観察していた。その体験は、言論活動に色濃く反映されるようになる。

たとえば、日米構造協議で物議をかもした「今後一〇年間で四三〇兆円」という、日本がアメリカに公約した公共投資計画に対する評価にそれは顕著にあらわれた。

そもそもアメリカ政府が日本政府に公共投資を増やすよう強く圧力をかけたのは、巨額の経常赤字に苦しんでいたからだ。アメリカの対外赤字の裏面としての、日本の経常黒字に目を向けたわけである。

日本の黒字を減らすためには、日本の内需拡大が必要だ。そこでアメリカ政府は「日本は公共事業を拡大せよ」と主張しはじめ、日米構造協議で「一〇年間で四三〇兆円」の国際公約を勝ち取った。日本政府からすれば予算編成権を侵害されたことになるが、アメリカ側の考え方では、日本の公共投資は多ければ多いほどいい。

日米構造協議が終結したあと、竹中は「日本の公共投資」問題をにわかに研究テーマとして取り上げるようになった。

最初に発表したのが「社会資本ストックの経済学『430兆円』公共投資と供給サイド」（『経済セミナー』一九九一年五月号）という共著での論文。論題からわかるように、日米構造協議が執筆の直接の動機である。その後も継続してこの問題を取り上げるのだけれども、「日本の公共投資は十分ではない」というのが一貫した主張だった。説明するまでもなく、アメリカ政府の主張を補強するものである。

その後、経済学界内ではなく、広く日本社会に向けて「公共投資増額論」を展開していった。たとえば、『季刊アステイオン』（一九九一年秋号）で、「巻頭百枚」と銘打って「社会資本充実への最後の機会《ラスト・チャンス》」という大部の論説を書いている。

「日本の高速道路の整備状況は欧米諸国の半分にも満たず、その貧弱さが顕著」として道路の建設を求め、下水道も「いまだに一九七〇年前後の諸外国の水準よりも低水準」、空港や都市公園なども国際比較のデータを示しながら整備が遅れていると指摘した。「社会資本の整備が立ち遅れている点で、日本は世界において特異な存在だ」。そう主張したうえで、「一〇年間で四三〇兆円」は「最低限の投資額」にすぎない、つまり、四三〇兆円では不十分だという結論を導き出している。

のちに小泉政権の経済閣僚として登場するとき、「緊縮財政」を高々と掲げる竹中だが、かつては公共投資拡充論者だったのである。「四三〇兆円にさらに一〇〇兆円を積み増せ」と提言したほどだ。「公共投資増額とあわせ、公共事業の受注をアメリカ企業に開放すれば日米摩擦の緩和につながる」とも発言していたのである。

博士号を取得

ニューヨーク郊外の一軒家でアメリカ生活を満喫しながらも、慶大で教授昇格の見通しが立たないことに竹中は焦りを感じていたようだ。開銀時代にかわいがられた佐貫利雄に、東京都内で食事をしたおり悩みを打ち明けていた。

「ぼくより若い人が教授になってしまいました。ぼくはなかなか教授になれないんですよ」

「どうして竹中君は教授になれないの？」

「学位がないと教授になるのはむずかしいらしいんです」

竹中から相談を受けたあと、佐貫はすぐに慶大の加藤寛に電話を入れた。加藤とは開銀時代からの古いつきあいだ。もちろん、竹中も佐貫が加藤と親しいことは知っていた。

「加藤さん、竹中君がなかなか教授になれないようだけど、どうしてなんですか。学位がないと教授になれないと聞いたけど、ほんとうなの？」

「そうなんですよ」

「なんとかならないですかね」

「じつは、竹中さんについては、ニューヨークの大学のことで学内に批判的な見方をする人もいましてね」

「ニューヨークの大学？　なんのことですか」

「一年の半分はコロンビア大学で研究しているんですよ。半年しか慶應で教えていないことを問題視する人もいるんです」

「そんなことがあったんですか。申し訳ありません。すぐに竹中君に事情を聞いてみます」

変則的勤務の実態を知らなかった佐貫は、竹中に質《ただ》した。

竹中の説明では、一人娘の教育の問題があるのでアメリカの生活はすぐには切り上げられないという。娘は慶應義塾ニューヨーク学院に通っていたが、帰国子女枠で日本の大学に入るためにはまだアメリカで学校に通わなければならないというのが竹中の弁明だった。

佐貫は、娘の教育問題が理由なら仕方がないと思い、再び加藤に連絡して懇願した。

「コロンビア大学の件は娘さんの教育の問題があるようで、すぐには解決できないようです。申し訳ありませんけど、なんとか竹中君が博士号をとれるようにしてもらえませんか」

「わかりました。佐貫さんがそこまでおっしゃるならやりますよ。竹中さんは優秀ですしね。ぼくは総合政策学部だけど、経済学の博士号は経済学部のほうなんです。でも経済学部には教え子もいますからやってみますよ」

しばらくして佐貫は、竹中の博士号取得の件はほぼ根回しが済んで大丈夫だという説明を加藤から受けた。

ところが、今度はまた別の問題が持ち上がった。竹中が急にもうひとつの話を持ち込んできたからだ。大阪大学の本間正明教授が、阪大経済学部で博士号を出してもいいといっているというのである。佐貫は困り果てた。

「佐貫さん、慶應大学と大阪大学、どっちで博士号をとったほうがいいでしょうか」

判断をゆだねようとする竹中を諫《いさ》めるように、佐貫はいった。

「竹中君、おれと加藤さんの仲だ。加藤さんにはおれが頭を下げて謝るよ。でも、本間さんはそういうわけにはいかないぞ。君が大阪大学に行ったときの恩師なんだから、失礼なことはできんぞ」

佐貫のアドバイスにしたがって、結局、竹中は阪大経済学部に博士論文を提出することになった。

佐貫ははっきり本間が竹中にもちかけた話だと理解していたのだが、事実は違った。本間は、竹中が博士論文を提出したがっているという話を、同僚のB教授から聞いて初めて知った。それでは、ということで協力したのである。つまり、本間がもちかけた話ではなく、しかも本間は竹中から直接頼まれたわけでもなかった。

おそらく、慶大での博士号取得工作では、佐貫に働きかけることで加藤を動かしたように、B教授に働きかけることで本間を動かそうとしたのではないだろうか。B教授のほうから竹中に博士号取得を勧める理由は見当たらないからだ。

竹中は一九九四（平成六）年四月に大阪大学経済学部で博士号を取得した。前年に出版した『日本経済の国際化と企業投資』（日本評論社）が提出論文だった。本間の弟子筋にあたり、竹中とも親交がある慶大教授（当時）の跡田《あとだ》直澄《なおすみ》は、経緯を次のように説明した。

「異例な形で博士号を出したのはたしかですね。竹中さんの論文は基本的に共著の論文がベースになっていたので、学部内には異論を唱える人もいました。古い人たちはぶつぶついってましたけど、蠟山先生、本間先生がそれをねじ伏せて、根回しをして、竹中さんに博士号を出したんです」

阪大で経済学博士号を取得したあと、九六年に慶大の教授に昇進した竹中は、間をおかずにニューヨーク郊外の一軒家を売却して家族とともに帰国した。娘の高校卒業を待ってからの帰国だったけれども、タイミングとしては教授昇進とともに滞米生活も切り上げている。

結果的に見れば、経済学博士号という学位、あるいは大学教授という肩書は、「事業免許」のようなものだった。教授に昇格した翌年から、サイドビジネスを大々的に始めることになるからだ。

第4章　仮面の野望

シンクタンク

「どこから電話しているかわかる？　いま理事長室にいるんだよ。理事長の部屋は広いぞ。一度遊びにこないか」

受話器から聞こえてくる声は弾んでいた。四六歳にしてシンクタンクのトップの椅子に座りよほどうれしかったらしい。電話を受けた古川洋介（仮名）はその声を聞いてかえって興醒《きょうざ》めしたという。長いつきあいだったけれども、これを機に竹中とは縁遠くなったと古川は話した。

「そこまで落ちたのかなあというのが正直な気持ちだったね。どうして彼がマクドナルドのシンクタンクの理事長にならなければいけないのか、ぼくにはよくわからなかったから。うれしそうに報告してきたけど、ぼくのほうはお金のことしか頭にないのかなあと思って、ちょっとがっかりした」

竹中からの電話は〈フジタ未来経営研究所〉の理事長に就任したことの報告だっ

た。一九九七（平成九）年五月にできたばかりの新しいシンクタンクで、日本マクドナルド創業者の藤田田《ふじたでん》がオーナーをつとめる藤田商店が設立母体だった。古川が強い違和感をもったのも、日ごろからアメリカのブルッキングス研究所などの話を口にしていた竹中が、藤田個人のブレーンにおさまったと解釈したからだ。

藤田田は強烈な個性をもつ経営者で、毀誉褒貶《きよほうへん》も激しかった。一九二六（大正一五）年生まれの藤田は東大法学部在学中からGHQ本部に通訳として勤務した。東大の学生時代には、高利貸し金融「光クラブ」の主宰者でいわゆる「光クラブ事件」で自殺した山崎晃嗣《あきつぐ》とも親交をもっていた。

現役東大生のときに米軍相手の輸入免許を取得し、在学中に輸入貿易商人となるべく藤田商店を起業した。七一年にはアメリカのマクドナルド社と組んで日本マクドナルドを設立、銀座三越の第一号店を皮切りに全国に店舗を広げ、マクドナルド・ハンバーガーを日本に普及させた。

藤田は、日米構造協議とも縁があった。アメリカ政府が大規模小売店舗法改正による市場開放を強く求めた際、その実行部隊となったアメリカの玩具大型量販店チェーン「トイザラス」の日本進出を応援するため、わざわざトイザラスと合弁会社を立ち上げている。

藤田は徹底した規制の緩和、廃止を求める、極端なまでの合理主義者だった。シンクタンク設立前に出版した『勝てば官軍』（ベストセラーズ）ではこんなことを書いている。

「資本主義社会では、金がすべてである。金さえあれば、人生の問題の九九パーセントは解決する。それが資本主義というものだ。日本人はまず『金』に対する農本主義的な考え方を捨て、金儲けができないのはバカだと思うようにならなければならない」

ソフトバンクのオーナー孫正義が高校生のとき、藤田の『ユダヤの商法』（ベストセラーズ）を読んで感動し、藤田のもとを訪ねたという逸話も残っている。

藤田商店の社員だった越田文治（仮名）は、フジタ未来経営研究所の経営にもかかわっていた。越田は、竹中の理事長就任には当時慶大名誉教授だった加藤寛がかかわっていたと説明した。

「顧問税理士からの紹介もあり、はじめは加藤寛さんに理事長をお願いしようとしたんです。ところが、加藤さんは当時税調会長をされていて、理事長は引き受けられないとのことでした。それで、加藤さんから紹介されたのが竹中平蔵さんだったんです」

越田自身もそうだったが、フジタ未来経営研究所のスタッフたちは竹中のことをほとんど知らなかった。そのため最初は不安もあったけれども、会議の席では饒舌《じょうぜつ》だし、顔が売れている文化人や学者をしばしば連れてくるので安心するようになったという。

シンクタンクは事務職を含めても総勢一五人程度の小所帯だったが、研究予算は五億円ほど用意されていた。

「研究といわれても、経験がないわれわれにはどういう活動をすればいいのかまったくわからなかった。研究員の給料の相場だってわかりません。すべて理事長の竹中さんにお任せしましたから、思いどおりできたのではないでしょうか。彼自身もそれ相応の給料をもらっていましたよ」

越田によると、アメリカに研究員を派遣するなど竹中の提案はそのまま実現した。研究所にはマクドナルドからの出向者も在籍していて、日本マクドナルドの利益を高めるための「研究」もしていたという。竹中理事長の如才ない対応にはしばしば感心させられた、と越田は語った。

「ほんとうにそつがない。口がうまくて、どんな会議の席でも、誰が聞いても納得するように話ができましたね。藤田田さんも竹中さんを信頼していたと思います。小泉政権ができて竹中さんが大臣になったとき、藤田さんは大いに喜んでいましたよ」

フジタ未来経営研究所ができた九七年は、独立系シンクタンクのちょっとした設立ブームだった。独立系というのは、政府系や金融機関系ではないという意味だ。この年はフジタ未来経営研究所のほかに、経団連の〈21世紀政策研究所〉、元大蔵官僚の加藤秀樹が設立した〈構想日本〉などが相次いで設立されている。

シンクタンク設立ブームのなかで、竹中はフジタ未来経営研究所のほかに、もうひとつ別の独立系シンクタンクともかかわるようになった。〈国際研究奨学財団〉である。のちに〈東京財団〉と改称されている。

九七年七月に設立された国際研究奨学財団は、ほかの新興シンクタンクとは比べものにならないほど潤沢な資金をもっていた。立志伝中の人物で右翼の大立て者でもあった笹川良一が育てあげた競艇業界が資金源となっていたからだ。

財団法人日本船舶振興会、全国モーターボート競走施行者協議会などから莫大な寄付金を受け入れて基本財産とし、財団はその運用益を活動資金にあてた。九八年度末の基本財産と基金の合計額は約二四〇億円。日本船舶振興会などから毎年寄付を受けるため、翌年度に約二九〇億円、翌々年度は約三二〇億円と増えていった。

国際研究奨学財団はいわば笹川グループのシンクタンクだった。笹川良一亡きあと事実上の一族総帥は良一の三男の笹川陽平で、彼にシンクタンク設立をもちかけたのが鈴木崇弘《たかひろ》である。当時、笹川平和財団に勤務していた。

鈴木はアメリカのシンクタンク業界にも通じていて、シンクタンクに関する知識では第一人者だった。東大法学部を卒業後、ミシガン大学、ハワイ大学大学院などに留学し、総合研究開発機構（ＮＩＲＡ）勤務などを経て、八九年に笹川平和財団に就職した。鈴木は、世界各国の一〇〇以上におよぶシンクタンクを調査したこともある。

「竹中さんが大蔵省の財政金融研究所を出たあとぐらいだったかな。そのころに会ってます。竹中さんは、自分は政策にかかわりたい、シンクタンクみたいなものがあればやりたいとそのころにはもうはっきり言ってました。いわゆる官僚にはなりたくない、しかし政策には関係したいんだと」

シンクタンクに強い関心を抱いていることを知っていた鈴木は、財団の設立が決まった際、竹中を訪ねた。

「研究担当の理事になってください」と依頼すると、竹中はふたつ返事で引き受けた。鈴木が目指すべき姿として描いていたのは、竹中と同じように、ブルッキングス研究所などアメリカの本格的な独立系シンクタンクだった。

鈴木は、日本とアメリカのシンクタンク関係者の交流を進めるプロジェクトの仕掛け人でもあった。九五年二月に東京で開催された「世界シンクタンク・フォーラム」の日本側中心人物だった。このフォーラムには、アメリカ・シンクタンク業界の顔役ロバート・マクナマラ元国防長官を筆頭に、アメリカのシンクタンク関係者が多数出席した。日米の橋渡し役をつとめていた鈴木が見出したのが、アメリカのシンクタンク業界に憧憬を抱く竹中だったのである。

ビジネスとしての経済学

シンクタンクという装置は、政治に近づくための手段であると同時に、大きな報酬を得るための大切な収入源でもあった。経済学という知的資産を政治に売り込み、換金する装置である。

本業は慶應義塾大学総合政策学部教授だったけれども、竹中は副業を本格的に始めるために〈ヘイズリサーチセンター〉という有限会社を設立した。法人登記の「会社設立の目的」欄には次のように記されている。

「国、地方公共団体、公益法人、その他の企業、団体の依頼により対価を得て行う経済政策、経済開発の調査研究、立案及びコンサルティング」

副業は、「政策にかかわるコンサルティング業」ということになる。ヘイズリサーチセンターは代表の竹中のほかに妻と娘も取締役に名を連ねる文字どおりのファミリー企業だった。

フジタ未来経営研究所の理事長、国際研究奨学財団の理事というふたつのポストを射止めた段階で、副業はすでに成功していたといえる。竹中個人の九七年の申告納税額は一九五八万円で、高額納税者の仲間入りを果たしている。

この年以降、毎年高額納税者となっていて、小泉政権の閣僚となる前年の二〇〇〇(平成一二)年の納税額は三三五九万円に達している。所得はおよそ九〇〇〇万円程度と推測される。ほかにヘイズリサーチセンターや家族などに分配された利益があると考えると、政策コンサルタントとして稼いだ収入は莫大なものだ。

竹中が卒業した一橋大学の同窓会組織「社団法人如水会」の元事務局職員によると、ヘイズリサーチセンターが設立されてまもないころ、講演を依頼しようと連絡をとると、「講演料が基準に満たないから」といって断られたという。

シンクタンクにかかわる以前から、資産形成に対する努力には並々ならぬものがあった。九〇年代前半、アメリカと日本を股にかけて生活していた四年間、竹中は住民税を支払っていなかった。

地方自治体は市民税や都道府県税といった地方税を、一月一日時点で住民登録している住民から徴収する。したがって、一月一日時点でどこにも住民登録されていなければ、住民税は支払わなくて済む。

竹中はここに目をつけ、住民登録を抹消しては再登録する操作を繰り返した。一月一日時点で住民登録が抹消されていれば、住民税を払わなくて済むからである。

小泉内閣の閣僚になってから、住民税不払いが脱税にあたるのではないかと国会でも追及された。アメリカでも生活していたから脱税とはいえないけれども、しかし、住民税回避のために住民登録の抹消と再登録を繰り返す手法はきわめて異例だ。

じつは竹中自身、かつてこれを節税の秘策として吹聴していた。もちろん「脱税疑惑」と騒がれる前だが、『週刊朝日』(二〇〇〇年五月二六日号)の対談で、作家の林真理子に堂々と勧めている。

竹中　私は、作家の方こそ、海外で過ごすべきだと思いますよ。税金が減りますよ。

林　どうしてですか？

竹中　地方税を支払わなくていいんです。地方税は台帳課税主義で、一月一日時点で住民台帳に載っている人がそこの場所で払う。もちろん海外に生活の基盤があることが前提ですが、一月一日にどこの住民票台帳にも載っていなければ、払う必要ありません。

シンクタンクの活動はビジネスとしては最初から順調だったわけだけれども、政界進出への足場づくりにおいても竹中の行動は貪欲だった。これにはもっぱら国際研究奨学財団を活用した。フジタ未来経営研究所よりもスタッフが充実していたし、資金も豊富だったからだ。

国際研究奨学財団が発足すると、さっそく政策提言を政界に売り込んでいる。「インテレクチュアル・キャビネット」というニュースレターを作成し、現職閣僚や国会議員に送り届けた。政策課題をわかりやすく解説した小冊子だ。知事や官僚、有識者などにも配付して好評を博したという。

国際研究奨学財団で竹中は、実際に、「インテレクチュアル・キャビネット」と称して「知の内閣」なるものを組閣していた。首相に選んだのは日本経済研究センター会長の香西泰、竹中自身は副首相のポジションにおさまった。閣僚には、博士号取得で世話になった本間正明・阪大教授、大蔵省時代に上司だった吉田和男などが顔をそろえた。学者を束ねる作業は、大蔵省財金研時代に長富のもとで徹底的に鍛え抜かれたからお手のものである。

国際研究奨学財団ではテレビ媒体も利用し、竹中自身が司会をつとめる政策提言番組「政策ビジョン21」をケーブルテレビ「日経CNBC」などで放映した。

もっとも財団設立当初は財団の活動にそれほど入れ込んでいたわけでもなかった。鈴木によると、はじめのうちは財団の理事をつとめていることさえ部外者にはあまり表明したがらなかったという。理由をたずねると、「やっぱり、Sだからでしょう」と鈴木は含み笑いしながら答えた。「S」とは笹川のことだ。故笹川良一は裏社会に通じた政商としてマスコミに取り上げられることが多かったから、そうしたダーティーなイメージを嫌ったのだろう。別の財団元職員もこんな話をしていた。

「竹中さんは東京財団の肩書と、慶應義塾大学教授の肩書をうまく使いわけていた。東京財団でやっていたことを書くときでも、慶大教授の肩書で発表していました。東京財団の名前は出さないことが多かった」

官房機密費

一九九〇年代後半、日本経済はまだバブル経済の後遺症から抜け出せないでいた。それどころか不良債権問題はついに大手金融機関をなぎ倒していくことになるが、金融行政の失敗は経済官僚とりわけ大蔵省の信用を失墜させた。官僚不信を決定づけたのが接待汚職事件だ。

橋本政権（九六年一月〜九八年七月）から小渕政権（九八年七月〜二〇〇〇年四月）にかけて竹中は政界への働きかけを強めていく。金融危機は深まり、大蔵省の信用は地に堕《お》ちていた。大蔵省が権力中枢から後退したのと入れ替わるように、竹中に活躍の場が与えられるのである。

九七（平成九）年一一月、三洋証券が会社更生法を申請して破綻したあと、北海道拓殖銀行が大手銀行として初めて経営破綻した。さらに、山一證券が自主廃業を決定して破綻する。金融危機を回避するため政府は九八年三月末、大手銀行二一行に総額約一兆八〇〇〇億円の公的資金を投入した。

金融システムの安定をはからなければならないこの時期、大蔵省に司直の手が入った。大蔵省本庁舎に東京地検特捜部の検事たちが乗り込んだのは九八年一月二六日。金融検査部の金融証券検査官室長と同課の課長補佐が収賄容疑で逮捕された。大手銀行の検査担当者から高額の接待を受け、見返りに検査日を洩らした疑いである。ふたりの逮捕直後、特捜部の聴取が予定されていた銀行局の金融取引管理官が自殺している。

事件の責任をとって三塚《みつづか》博大蔵大臣が辞職、大蔵事務次官の小村《こむら》武も辞任した。しかし三月に入ると、今度は証券局総務課の課長補佐が逮捕される。野村證券などに便宜をはかり、見返りに繰り返し接待を受けたという収賄容疑だった。

接待汚職で厳しい批判を受けた大蔵省は四月末、一一二人にもおよぶ職員を処分した。金融危機を担当していた銀行局担当審議官の杉井孝は停職処分、証券局長の長野《ながの》厖士《あつし》らも減給処分となった。ふたりの大蔵省有力幹部は結局、そろって大蔵省を去ることになる。

金融危機の只中で、大蔵省は完全に機能不全に陥った。竹中が政権中枢に接近するのはこの時期である。九八年五月、慶應義塾塾長の鳥居泰彦らとともに官邸を訪れ、橋本龍太郎首相と面談している。慶大は橋本の母校である。

竹中は橋本に、経済回復の具体的シナリオをつくるよう提言した。すると、官房副長官の額賀《ぬかが》福志郎からその日のうちに電話があった。額賀とは以前より顔見知りである。

額賀の電話を受けたあと、竹中は額賀官房副長官のアドバイザー組織なるものをさっそく立ち上げる。座長には日本経済研究センター会長の香西泰を起用し、東大教授の伊藤元重、京大教授の吉田和男、政策研究大学院大学助教授の大田弘子などをメンバーとしてそろえた。事務局は長いつきあいのニッセイ基礎研究所。得意の「専門家チームを組織して政治に乗り込む」やり方を採用したのである。

額賀官房副長官の私的な勉強会という位置付けだったが、作成した経済回復シナリオは橋本首相に手渡す段取りになっていた。ところが七月の参議院選挙で自民党が惨敗し、責任をとる形で橋本が首相を辞任してしまった。

だがそのすぐあと、もっと大きな舞台が用意される。九八年七月に誕生した小渕恵三内閣の目玉人事のひとつが作家堺屋太一の経済企画庁長官就任だった。堺屋が竹中に電話してきたのは八月上旬のことだった。

「小渕内閣の新しい試みとして、経済戦略会議を創設することはご存じだと思います。ぜひそのメンバーとなって、会議を引っ張っていってほしいんです」

小渕首相直属の経済戦略会議は公的機関の位置付けを与えられていた。国家行政組織法第八条の規定に基づくことから「八条機関」とも呼ばれるが、これは証券取引等監視委員会などと同格である。

竹中が公式の首相ブレーンになるのは四七歳のときである。堺屋から委員就任依頼を受けた際の心境を次のように記している。

「私自身、政策を勉強した立場から見て、とくにアメリカの強力な政策システムと比較して、日本の経済政策のあり方に対しては、いつも切歯扼腕の思いでいた。その意味で、こうした機会が与えられることに対しては、基本的に前向きでありたいと思った」

経済戦略会議の議長にはアサヒビール会長の樋口廣太郎が就任した。委員は一〇人で、六人の財界人と四人の経済学者で構成されていた。

財界人は樋口のほかにトヨタ自動車社長の奥田碩《ひろし》、JR西日本会長の井手正敬《まさたか》、イトーヨーカ堂社長の鈴木敏文、森ビル社長の森稔《みのる》、アートコーポレーション社長の寺田千代乃。経済学者は竹中に加えて一橋大学教授の中谷巌《いわお》、東大教授の伊藤元重、東大助教授の竹内佐和子。

「前川レポートを上回る報告書を書きたい」と樋口議長は意気込んだが、実際、「健全で創造的な競争社会の構築」を掲げた経済戦略会議のレポートは徹底的な規制緩和を説いた前川レポートの精神を引き継ぐものだった（「前川レポート」は、中曾根康弘首相の私的諮問機関「国際協調のための経済構造調整研究会〈座長・前川春雄元日銀総裁〉」が一九八六年四月にまとめた提言。当時、米国のレーガン政権は日本の巨額の経常黒字を問題視し、内需の拡大や市場開放を日本に迫っていた）。

経済戦略会議委員の中谷は、細川護熙《もりひろ》首相の私的諮問機関「経済改革研究会」通称

「平岩研究会」が「平岩レポート」をまとめたときの主要メンバーでもあり、経済戦略会議の報告書は「前川レポート」（八六年）、「平岩レポート」（九三年）の小さな政府、規制緩和の路線を踏襲する代表的な提言書となる。

三宅純一は経済戦略会議の事務局長だった。日銀出身で日銀時代は検査局長、金融研究所長などを歴任、その後住友銀行系列の日本総合研究所副理事長をつとめた。

三宅が竹中の言葉に驚くことになるのは、経済戦略会議が中間報告を発表し、最終答申の作成に向けて走りはじめた九八年秋のことだった。

経済戦略会議の会合が終わったあと、「ちょっとお話があるんです」と竹中が声をかけてきた。ほかの委員がいる前では話しにくかったらしく、総理府が入る庁舎にある事務局室までひとりでやってきた。ふたりきりになると唐突に、

「三宅さん、官房機密費を使ってアメリカに出張したいんです」

と切り出した。

三宅は驚いた。日銀勤務時代も官房機密費など使ったことはないし実態もよく知らない。しかしそんなことより、学者の口から官房機密費などという言葉が出てくることが不思議でならなかった。

「官房機密費をいったい何に使うつもりなんですか」

「ペンシルベニア大学のウォートンスクールにいいモデルがあるんですよ。そのモデルを使って分析がしたいんです」

竹中は「三〇〇万円」という金額まで口にしたという。「経済回復シナリオ」の作成の際、ペンシルベニア大の分析モデルを使いたいということだった。三宅は日銀時代に部下をウォートンスクールに留学させた経験もあったが、官房機密費を使ってまで出張する必要があるとはとても思えなかった。

「竹中先生、官房機密費がどんなものかわかってそんなことをいってるんですか。個人的にアメリカに行くというのなら止めませんけど、公務で行くから官房機密費を使わせてくれなんていう話を官邸につなぐことはできませんよ。官邸だってそんな話は認めないと思います」

怒気を含んだような返事を聞くと、「しまった」という顔をして竹中はそれなり話を引っ込めてしまった。

経済戦略会議で活動しているさなかに、竹中は何度も海外出張をしている。アメリカでは旧知のIIE所長フレッド・バーグステンなどと会い、意見交換をしていた。経済戦略会議では、正式会合前に経済学者の委員だけが集まって「準備会合」を開いていた。二回目の会合前の準備会合場所は赤坂プリンスホテルだった。中谷が事務局長の三宅とも連絡をとり、議論のたたき台をつくってきていた。三宅の証言。

「竹中さんは一時間ぐらい遅れてきた。すでに中谷さんがスケルトンを配って話をしていたのですが、遅れてきた竹中さんが、司法改革も必要です、教育改革も入れないといけない、といろいろ注文をつける。私は、そんなに議論を広げたら答申ができなくなりますよといったんですけれども……」

結局、中谷が仲裁し、竹中の意見はたたき台につけ加えられることになった。経済戦略会議の最終報告書は、「事後チェック型社会に相応しい司法制度の改革」として司法制度の大改革を求めている。「創造的な人材を育成する教育改革」のなかでは義務教育課程にも学校選択制を導入することが盛り込まれた。竹中が主張した「教育バウチャー」の考え方が取り入れられたのである。

小渕内閣の経済戦略会議に参加したことで、竹中は新しいビジネスチャンスをつかむことにも成功している。経済戦略会議の委員としていっしょに活動した企業人と親交を深め、活動領域を広げたのである。

森ビルを経営するオーナー社長の森稔と親しくなった竹中は、森ビルが運営する

「アカデミーヒルズ」の理事長に就任する。「六本木の知の拠点」と称する、シンクタンク的な組織である。森社長はこのころ、「アークヒルズクラブ」という会員制クラブも設立している。森喜朗や小泉純一郎などの政治家もしばしば利用した。政界と関係が深い森社長はのちに、小泉内閣の総合規制改革会議に参加し、「アーバンニューディール政策」なるものを提唱する。同じく小泉内閣時代、マネー資本主義の象徴ともなった「六本木ヒルズ」を森ビルが開業させるけれども、「六本木ヒルズ」上棟式には小泉首相とともに竹中大臣も列席していた。経済戦略会議は、森社長との長いつきあいの起点となったわけである。

一方、経済戦略会議議長だった樋口廣太郎とも竹中は親交を深め、アサヒビールの社外取締役にも就任している。もっとも、社外取締役に就任する前からアサヒビールとは関係をもっていたようだ。経済戦略会議の事務局長をしていた三宅によると、経済戦略会議の議長に就任した樋口アサヒビール会長が、竹中を副議長にするよう要請してきたことがあるという。三宅が理由を問うと、「おれのところの顧問だから」と樋口は答えた。結局、三宅が反対したために「竹中副議長」は実現しなかった。いずれにしても、企業人との出会いをたちまちビジネスチャンスに変える手腕は、すでにこのころ確立されていたのである。

IT戦略会議は官邸攻略の足場

〈国際研究奨学財団〉が〈東京財団〉と改称されたあと、九九年一〇月に竹中は理事から理事長へと昇格した。経済戦略会議での活動を終えたころから、東京財団を使って政界に攻勢をかけるようになる。

総理官邸を攻略する足がかりとなったのは、政府が設置したIT戦略会議だった。竹中はIT戦略会議の委員に選ばれて首相に近づく足場を築くのだが、じつは、この会議はそもそも竹中の提言がきっかけでできた組織だった。

『日本経済新聞』の連載コラムで「『IT戦略会議』を設置せよ」と竹中が訴えると、すぐに小渕首相から反応があった。

「たいへん興味をもっている。ぜひ秘書官と議論を詰めてほしい」と小渕が電話をかけてきたのである。

首相在任中の二〇〇〇年四月に小渕は脳梗塞で倒れ急逝したが、急遽あとを継いだ森喜朗首相のもとでIT戦略会議は実現した。ソニー会長の出井伸之を議長とする会議に竹中も委員として加わった。

本来はIT戦略を議論する集まりだったが、竹中ら委員は経済政策に関する議論もするようになる。

森は首相就任時から密室談合で選ばれたと激しい非難を浴びていた。低い支持率に悩まされていた森は、経済政策でも独自色を打ち出せないままだった。森内閣の迷走は竹中に官邸に食い込むチャンスを与えたのである。

このころ竹中は、東京財団の潤沢な資金を使い、海外の要人を招いてシンポジウムを開催するなど派手な活動を繰り広げていた。小渕首相が脳梗塞で緊急入院し急遽、森政権が発足した直後には、「プレ・サミット」という国際シンポジウムを開催している。

この年の夏に先進八ヵ国首脳会議「九州・沖縄サミット」が日本を議長国に九州・沖縄で開催されることが決まっていた。東京財団は「九州・沖縄サミット」への提言をまとめるという触れ込みで三日間にわたる大イベントを打った。

竹中はＩＩＥ所長のフレッド・バーグステンとともに「プレ・サミット」議長をつとめ、八ヵ国から豪華ゲストを招いた。アメリカからは元国務長官のヘンリー・キッシンジャー、元連邦準備制度理事会（ＦＲＢ）議長のポール・ボルカー、元国務次官のロバート・ゼーリックなどが参加した。

シンポジウム終了後、竹中が豪華ゲストを引き連れて首相官邸を訪れ、首相に就任したばかりの森に提言書を直接手渡している。

東京財団の活動は「プレ・サミット」のような大きなイベントにとどまらなかった。親交が深い学者などを責任者に登用し、竹中は巨額の予算を計上した大型研究プロジェクトを次々打ち出していく。「政策危機の実証検証プロジェクト」「財政制度改革プロジェクト」「政策情報プラットフォームプロジェクト」「日本における立法機能プロジェクト」など数え切れないほどのプロジェクトを立ち上げていった。活動範囲を海外にまで広げながら、大蔵省財政金融研究所で培ったオルガナイザーとしての本領を発揮しだすのである。

ところが一方で、竹中の方針は東京財団内に摩擦を引き起こすことにもなった。東京財団会長の日下公人《きみんど》が竹中理事長に不信感を抱くようになったのである。

日下は日本長期信用銀行出身のエコノミストで若いころから論壇で活躍してきた。東京財団では組織の意思決定は理事会が行うが、組織上は会長は理事長の上位にある。竹中と対立した理由を日下は次のように語った。

「はじめはやわらかく言えば竹中さんはわかってくれると思っていたんですよ。ところが言っても聞いてくれないから、権力をふるった。権力というのは予算をつけないということです。基準をきちんとクリアーしないとお金はつけませんよ、と」

竹中と日下の対立が決定的になったのは「インターネット国際会議」の開催をめぐってだった。

政府が立ち上げたＩＴ戦略会議のメンバーだった竹中は、東京財団理事長としても「九州・沖縄サミット」へ向け、ＩＴ関連の大イベントを準備していた。「サミットへの政策的インプットをはかる」との趣旨で企画されたのが「インターネット国際会議」だった。

海外からはアマゾン・ドットコム設立者のジェフリー・ベゾス、シスコシステムズ社長のジョン・チェンバースなどが参加、日本からもソフトバンク社長の孫正義、楽天社長の三木谷浩史などが参加する豪華企画である。

竹中は研究部長の鈴木崇弘を伴って日下会長のもとを訪れ、企画書を見せながらプロジェクトの概要を説明した。巨額の資金を要する企画だったため、日下は竹中に注文をつけた。

「ＩＴ革命ＩＴ革命というけれども、どうしてＩＴ革命がそんなに重要なんですか。日本にとってＩＴ革命の何がいいのか、そのことを一行でもいいですから趣意書に書いてください」

「はい、わかりました。書いてもってきます」

竹中はそう応じたが、企画書の締め切り間際になっても趣意書を提出しなかった。ぎりぎりになって会長室にひとりで飛び込んできたのは鈴木だった。

「申し訳ありません。昨日、夜遅くまで竹中さんと相談していたんですけど、どうしても趣意書は書けませんでした。企画を通していただけるようお願いに参りました」

「だけど竹中さんはあのとき、書き直した趣意書をもってくるといったじゃないですか」

日下は鈴木には胸のうちを率直に伝えた。

「IT革命IT革命と騒いでいるけど、アメリカに乗せられているだけで日本のためにはならないんじゃないの」

当時、アメリカはIT関連企業の株価が異常な高値をつけるインターネットバブルに沸いていた。結果的に見れば、インターネット国際会議の翌年にアメリカのITバブルは弾けたわけで日下の心配は杞憂《きゆう》ともいえなかった。

「でも、もうインターネット国際会議の出席者の飛行機のチケットは買ってしまったんですよ。ホテルも手配してあります。なんとかこの企画を通していただけませんかか」

鈴木の粘り腰に結局、日下のほうが折れた。日下が当時を振り返って語る。

「一度は通しましたけど、二度も三度もそんなわけにはいかないでしょう。シンクタンクをやるなら、やる人に信念というものがないとだめだと思う。信念がない人の言論なんて誰も信頼しないですよ」

政治に働きかけることに集中していた竹中とはまったく考え方があわなかったのである。もっとも、東京財団の大黒柱ともいえる鈴木は竹中のほうを支持していた。アメリカのシンクタンクを目指すということで竹中とは意見が一致していたからだ。

鈴木は日米間のシンクタンクの交流で生まれる「国際的な政策コミュニティ」について、次のように話している。

「国際的な政策コミュニティでは、頭がいいだけでなくて、見せ方、スピーチとか表情、チャーミングであるかどうか、そういうことが大事。安全保障政策にしろ経済政策にしろ、国際的コミュニティといってもインナーサークルなんです。インナーサークルに入れるかどうかは、国際会議でおもしろいことをいって目をかけられるとかそういうことが重要になる。肩書とかじゃなくて、おもしろい話ができれば気に入られる。竹中さんは気に入られていたと思います」

総理大臣の振り付け役

東京財団内では日下会長との軋轢《あつれき》が生じていたものの、二〇〇〇年夏には首相官邸への食い込みは成功を収めつつあった。

七月に大手百貨店そごうの倒産で再び経済不安が高まるなか、森首相は八月、政策ブレーン集団「タスクフォース」を設置することにした。IT戦略会議委員として官邸に出入りしていた竹中はここでも主要メンバーになる。

東京財団にいた鈴木によると、「タスクフォース」構想は、有効な経済政策を打ち出せないでいる森政権を心配したウシオ電機会長の牛尾治朗が竹中にもちかけた話なのだという。

官邸からは森首相のほかに中川秀直官房長官、安倍晋三官房副長官、堺屋太一経済企画庁長官。民間人は竹中のほか樋口廣太郎・アサヒビール名誉会長、牛尾治朗・ウシオ電機会長、宮内義彦・オリックス会長などがメンバーとなった。

森首相の私的な勉強会という位置付けだったが、運営の主導権は竹中が掌握した。事務局を東京財団に置いたからだ。

「事務局を握ると情報の入り方がぜんぜん違う。最初は官僚にも教えないでやっていたけどさすがにそれはまずいということになって、途中からはオブザーバーとして官僚も入れました」

東京財団で「タスクフォース」事務局を任された鈴木はそう語っている。

「タスクフォース」の会合は、土曜日や日曜日に、赤坂プリンスホテルやキャピトル東急に部屋をとって行われた。夏から年末にかけては毎週一回、森首相が顔を出すこともあった。政権中枢を担う政治家たちを前に、竹中は精力的に政策を提言していった。

鈴木によると、とくに官房長官の中川は反応が早く、翌週には政策論議に反映されていることもしばしばあったという。

「たとえば、日本と韓国を結ぶ日韓シャトル便。実際に運航するのはあとの話ですが、あの会合で誰かが発言すると、すぐに中川官房長官がやりましょうといって決まった。竹中さんはタスクフォースをやるなかで政権にかかわれば政策提言は実現するんだと実感していたと思います。ただ、官房長官が福田康夫さんに代わってからは官僚重視になって、中川さんのときのようにはいきませんでしたけど」

ＩＴ戦略会議、「タスクフォース」での活動で首相ブレーンの足場を固めた竹中は、やがて森のスピーチライター役まで引き受けるようになる。九月の森首相の所信表明演説の草案づくりに携わったのである。

振り付けはおもしろいように成功していく。一二月には首相官邸で「日本新生」と銘打った公開での政策会議を開いた。東京都内のホテルで開催した会議には森首相のほか福田官房長官、安倍官房副長官も出席した。

議長をつとめるのはもちろん竹中である。ゲストにはプリンストン大学のアラン・ブラインダー教授など海外の著名な学者も招いた。会議の講演で、森首相は竹中の振り付けどおり、「サプライサイド政策」を高々と掲げることになる。

「技術の開発や人間能力の向上、新しいシステムの普及と制度・慣習の改革など、供給力強化の政策、つまりサプライサイド政策が必要であります。ここでいうサプライサイド政策とは、一時的な需要拡大の政策を超えて、一国の経済が持っている本来の成長力を高める政策です」

森がこの講演を行う直前に、竹中は月刊誌『中央公論』(二〇〇〇年一二月号)で同じ趣旨の論文を発表していた。「日本経済新世紀の〝決断〟戦略的サプライ・サイド政策のススメ」という論文で、サプライサイド政策を柱とする政策提言をわざわざ森の名前を冠した「モリノミックス」と命名し、日本がとるべき政策としてぶちあげている。

月刊誌でサプライサイド政策をとるよう提言しておいて、その直後に首相の森にサプライサイド政策を採用する決意を語らせたわけだ。念が入っているのは、森首相が決意表明したあと、『日本経済新聞』紙上で「先の日本新生会議で、森首相は明示的な『サプライサイド政策』への転換を示唆した」（一二月二五日付「羅針盤」）と竹中自身が経済学者の立場で解説していることだ。もちろん自分が振り付け役であることなどおくびにも出していない。

公開の会議とメディアを使い、政権の政策転換を既成事実にしてしまおうという戦略である。鈴木によると、官邸内に内外の有識者を集めて政策論議を行う「日本新生政策会議」には公開する「表」の会合とは別に、非公開の「裏」会合もあったという。

森内閣の内閣官房参与をつとめていた中村慶一郎は、竹中が森に食い込んでいく様子をそばで見ていた。中村は『読売新聞』の記者出身で、三木武夫首相の秘書官をつとめたこともある。中村の証言。

「竹中さんは直接ではなくて、中川秀直さんを通して森首相に話をもってくるんです。中川さんは官房長官を辞めたあとも仲介役をしていた。それを森さんの演説とかにはめ込むわけです。作業過程を少し知っているからわかるんだけど、竹中がずるいのは中川を利用するところだな。中川がいえば役人は文句をいえないからね」

首相補佐官だった中村によると、竹中が森首相に振り付けた「サプライサイド政策」は必ずしも森の考えに沿うものではなかったという。

「竹中さんがもってきたものを拒否はしていないけれども、無理やり分類すれば森さんのもともとの考え方はケインズ的な政策。ただ、権力者というのは誰が政策案をもってきたかなんていう手の内は見られたくないんですよ。中川秀直を通じた竹中平蔵からのラインで結局、財務省の財政再建路線のほうに切り替えられていって、小泉政権誕生につながっていくんです」

中村には、竹中がふたつの野心を抱いているように見えた。「政治への進出」と「経済学界の覇権」。ケインズ型の財政政策を否定することで、レーガン政権を支えたようなタイプの経済学、アメリカ型社会の価値観を持ち込もうとしているように見えた、と中村は語っている。

首相として竹中をブレーンにした森喜朗だったけれども、じつはその後、小泉が自民党総裁に就任して組閣準備を進めていた際、竹中を閣僚としては起用しないよう小泉にアドバイスしていた。

〝外圧〟の民営化

日米構造協議以降、アメリカの「外圧」はシステムとして整備された。日米構造協議でＵＳＴＲ次席代表としてアメリカ側交渉責任者だったリン・ウィリアムズによれば、アメリカ側の交渉担当者たちは「構造協議」を一度きりで終わらせず、長期間にわたって「構造改革」要求を継続していく意志をもっていたという。ウィリアムズらが構想した、日本に対する構造改革要求の継続は、クリントン政権のもとで実現した。クリントン大統領と宮澤喜一首相の合意を受け、日米両政府は一九九四年から毎年改革要求を交換するようになる。アメリカは日本に対する構造改革要求を制度化したのである。これ以降、「年次改革要望書」が毎年手渡されることになった。制度改正や規制緩和の具体的な要求を並べたてて圧力をかける手法が定着していった。

アメリカは日本国内の「改革勢力」と積極的に手を結ぶことで構造改革を促す戦略をとっていたのだが、一九九〇年代になると、日本国内の「改革勢力」に大きな変化が訪れる。経済界の変貌である。

バブル崩壊後、低迷する経済に急激な円高が追い打ちをかけた。経済のグローバリゼーションが進むなかで危機感を抱いた日本企業は自ら変わりはじめた。九〇年代半ば以降、非正規雇用の拡充など労働市場の規制緩和を始めさまざまな分野で規制改革が本格化していく。アメリカの「外圧」と連携する勢力に、日本の企業が大挙して加勢する状況が生まれたのである。

アメリカの対日政策関係者はこうした変化を機敏にとらえた。アメリカの著名なシンクタンクである〈外交問題評議会〉（CFR）は、「対日経済政策の新しい指針」というレポートを二〇〇〇年一〇月に発表している。翌年一月に発足するブッシュ（子）新政権への提言である。

CFRに設けられた日本研究タスクフォースの議長は、クリントン政権で経済諮問委員会（CEA）委員長をつとめた経済学者のローラ・タイソン。元駐日大使のマイケル・アマコストや元財務副長官のロジャー・アルトマンといった元政府高官や、ヒュー・パトリックやエズラ・ヴォーゲルといった日本専門家、学界、実業界からも精鋭を集めた研究チームが日本を解析し処方箋を書いた。

レポートは、日本で進行中の変化はアメリカ政府、アメリカ企業に大きなチャンスを与えると指摘している。これまではアメリカ政府が日米交渉で圧力をかけることで日本の構造改革を促してきたけれども、これからはアメリカ政府よりむしろアメリカ企業が日本を改革する主役になる——レポートには次のように書かれている。

「日本が海外からの資本の流れに門戸を開き続けるにつれて、あるいは開き続けるとすれば、アメリカ政府による二国間交渉よりもむしろアメリカ企業が、日本における事業活動を通じて、構造的な変革を進めるトリガーとなるだろう」

アメリカ企業が日本企業を買収したり日本企業と合弁で会社を設立して拠点を設け、日本国内で活発にビジネス活動を展開していくことが、日本社会の構造改革を推し進めることにもつながるという考えだ。このころ、竹中と懇意のフレッド・バーグステンは「対日直接投資は、一種ｇａｉａｔｓｕ《ガイアツ》の民営化(privatization)である」と表現したというが、「外圧の民営化」とは言い得て妙である。

「対日経済政策の新しい指針」では、日本国内の「改革勢力」に対する期待も語られている。

「アメリカの政策決定者と財界のリーダーは、日本の政治、経済の指導者たちとのあいだでより協力的でフレンドリーな関係を育めるように、日本で起きつつある経済的変化をうまく利用する必要がある。日本国内の改革支持勢力が力を得てゆくにつれて、彼らは、日本市場を開放することを目的に海外の企業が行使してきたこれまでの『外圧』にとって代わる役目を果たすようになるだろう」

日本研究タスクフォースの議長をつとめたローラ・タイソンは、ＮＨＫの取材に答えてこう話している。

「自動車交渉を経て、日本のメーカーはアメリカでの現地生産を拡大するなど、グローバル化を進めてきました。日本でグローバル企業の存在感が増すにつれて、日本内部で改革を望む人々と我々の考え方が一致するようになってきたのです。以来、日本の保守的な勢力に対抗して、改革派を励まし、支援していくことが我々の役割となりました」

日本研究タスクフォースがこのような認識を深めた背景には、日本企業のグローバル化に加えて、アメリカ企業による日本進出が進んでいたこともあった。契機となったのは、九〇年代後半に起きた日本の金融危機だ。

レポートには、日本の金融危機を契機にメリルリンチ証券やシティグループなどの金融グループが日本に進出した事例があげられている。特筆しているのは、破綻して国有化された日本長期信用銀行をアメリカの投資ファンド、リップルウッド・ホールディングスが買収したことだ。「数年前には思いもよらなかった変化を遂げていることを鮮やかに示している」と表現している。日本の金融部門で進行中の改革に焦点を絞れという提言もされているけれども、これはアメリカで進行中の金融経済の肥大化を反映した視点でもあった。

政界への工作

アメリカの大統領がビル・クリントンからジョージ・ブッシュ（子）へと引き継がれた二〇〇一（平成一三）年一月、竹中は「ダボス会議」に出席していた。世界各国から政治家や経済人が集まる「ワールド・エコノミック・フォーラム」は、スイスのダボスで開かれることから「ダボス会議」と呼ばれている。各国の首脳や世界的企業の経営者が出席するので華やかな会議だが、一方で、急速に進む経済グローバル化に批判的な市民団体や環境問題に取り組む団体が会議にあわせて抗議デモを行うといったことも起きるようになっていた。ダボス会議そのものが「グローバリゼーション」の象徴なのである。

毎年一月に開催されるダボス会議に日本の首相が出席したのは二〇〇一年の森首相が初めてだった。仕掛けたのは竹中で、ダボス会議用の森の講演原稿づくりまで手伝っていた。

このダボス会議には、当時野党の民主党党首だった鳩山由紀夫も出席していた。鳩山はダボス滞在中、宿泊先ホテルのレストランを貸しきりで押さえていた。多数の要人が集まるのでいつでも面談ができるよう場所を確保しておいたのである。鳩山が竹中と話し合ったのもこのレストランだった。竹中はこういって話を切り出した。

「民主党の代表として政策をつくるときにはブレーンが必要になるんじゃないですか。鳩山さん、ブレーン集団をつくりましょうよ」

竹中がブレーンになり、ブレーン集団のメンバーも手配する。鳩山にはそう説明した。政府に対案をつきつけるぐらいの能力をもったブレーンの必要性を痛感していた鳩山に異論はなかった。

「竹中さん、ぜひお願いしますよ」

勧めに応じ、鳩山は竹中の責任のもとでブレーン集団を立ち上げることに同意したのである。

スイスから帰国した竹中は、東京財団の鈴木に、民主党の鳩山のブレーン集団を組織することになったと伝えた。東京財団を事務局にするつもりだったからだ。話を聞いて鈴木は内心驚き、竹中に念を押した。

「竹中さん、ほんとうにいいんですか」

竹中はすでに森首相のブレーンだ。鳩山由紀夫は森政権と対峙する最大野党の党首である。鳩山ブレーンを竹中の手で組織するということは、政権側と野党側、竹中が両方の知恵袋になることを意味する。そんなことがありえるのだろうか。

本来両立するはずがないふたつの立場を兼ねるという言い分に、鈴木は当初は違和感をもった。しかし竹中の説得を受けて結局は了承することになった。「日本をよくするために、いい政策が生まれるのならサポートしよう」――これがふたりの結論だったという。

それにしても、構成メンバーはどうするか。鳩山ブレーンを森首相ブレーンと同じ人物が兼務するのはさすがにまずい。竹中は鳩山ブレーンにはこれまでいっしょにやってきた吉田和男、大田弘子のほか、東大教授の北岡伸一などを選んだ。財界からは日本アイ・ビー・エム会長の北城恪太郎《きたしろかくたろう》などを入れた。

しかし竹中があえて森首相のブレーンと兼務させた経済人がひとりだけいる。オリックス会長の宮内義彦だ。

宮内はすでに九〇年代前半から規制緩和を主張する代表的論客として政府の諮問機関にもかかわっていた。小泉政権が発足すると総合規制改革会議の議長として、経済財政政策担当大臣の竹中を後押しし、「構造改革」を推し進めるエンジンの役割を果たすことになる。

この時期に竹中がすでにこうした構想を固めていたことは注目に値する。というのも、森政権が崩壊の危機に瀕していたからだ。決定打となったのはこの年の二月に起きた「えひめ丸」事件だった。

ハワイ沖で日本の高校生が乗った練習船「えひめ丸」がアメリカ海軍の原子力潜水艦と衝突、日本人九人が死亡した大事故だ。森は事故当時ゴルフをしていた。連絡を受けたあともプレーを続けていたことが判明し、激しい批判にさらされる。もともと低空飛行を続けていた内閣支持率はさらに急降下した。

えひめ丸事件後、森は出身派閥会長をつとめる小泉純一郎に密かに辞意を伝えていた。森が首相退任の腹を固めたちょうどそのころ、竹中は小泉に急接近している。東京財団にいた鈴木の証言。

「森政権の支持率が下がってきて、竹中さんは小泉さんと会っていました。小泉さんに、『総裁選挙に出るのなら、政策を本にまとめたほうがいいですよ』と竹中さんは提案した。そうしたら小泉さんから振られたようで、結局竹中さんが本にまとめた」

この本は『「強い日本」の創り方』という書名でＰＨＰ研究所から出版されている。政策を本にまとめるだけでなく、竹中は小泉のために、アメリカ大使館近くのオフィスビルの一室で、政策に関する集中講義まで行っていた。

竹中が小泉に用意した講師陣は、吉田和男・京大教授、島田晴雄・慶大教授、八代尚宏・日本経済研究センター理事長、北岡伸一・東大教授などである。主催者である竹中が小泉の横に座り、講師を呼び込む形で講義を重ねた。ブレーン集団をもたない小泉純一郎を囲い込むような政策勉強会だった。「基礎的財政収支の目標設定」「一内閣一閣僚の原則」など、竹中主催の集中講義で提案された政策の一部はその後、実際に小泉内閣に採用されている。

そうして迎えた自民党総裁選挙で、小泉は橋本龍太郎、麻生太郎を退け圧勝した。二〇〇一年四月二六日、小泉純一郎新内閣が誕生する。経済財政政策担当大臣に民間人として起用されたのが、「政策集中講義」を小泉に施した竹中平蔵だった。

森政権末期、竹中は森首相のブレーンの立場を確保しながら、次期首相候補の小泉に接近し、一方では、最大野党の党首である鳩山とコンタクトをとっていた。政局がどう転んでも、政権中枢とのパイプを維持できる態勢を整えていた。小泉政権発足とともに入閣した竹中は、小泉の「サプライズ人事」で突然登場してきた「学者大臣」という受けとめ方をされたけれども、実態は違っていたのである。

永田町の個人事務所に鳩山を訪ね、小泉政権誕生直前の話を聞いた。応接室のソファに深く腰を下ろしていた鳩山が身を乗り出したのは、ダボス会議の話を出したときだった。森首相の演説原稿には竹中がかかわっていたが、とそれとなく水を向けると、

「えっ、そうなの？」

鳩山は大きな目をさらに見開いた。知らなかったというのである。このあと再び驚いたのは東京財団の話をしたときだ。森首相ブレーンの事務局が東京財団だったことも鳩山は知らなかったという。

「えっ、こちらも東京財団でしたよ。へえ、向こうでもやってたんだな。竹中さんたちは両方を牛耳ろうとしていたのかな。われわれには、野党がしっかりしないと日本の政治はよくなりません、といってたんだけどね」

民主党を応援してくれていると考えていたのかと問うと、

「雰囲気としてはね。先方から近づいてきたから」

と鳩山は答えた。ブレーンの初会合は小泉政権発足の翌日か翌々日だったという。

会合当日、竹中は鳩山に電話をかけてきて、

「申し訳ありません。入閣してしまったので勉強会には出られなくなりました」

と弁明した。この電話以降、竹中とは没交渉になったと鳩山は語った。

「竹中さんは自分の考えを実現してくれるなら手段は選ばない、と思っていたんでしょうね。でも、私が知っているある知識人の方はかつて自民党から入閣の誘いがあったようだけど、自分の考えは自民党では育ちえないということで断っていた。竹中さんはよくいえば柔軟だけど、悪くいえば節操がない」

当時、民主党の代表室次長として鳩山を支えていた元衆議院議員の島聡《しまさとし》が意外な話をした。

「私は政調副会長もしていたのでたまたま知っているのですが、竹中さんはほかの民主党の複数の有力議員にも声をかけて接触していましたよ。非常にアンビシャスな方で、政界に関与したいと考えていたんだと思います。たくさんリスクヘッジをしていたから、当然自民党のほうでもやっていたと思う」

結局、鳩山の勉強会は竹中が抜けたままスタートするのだが、「ガバナンス研究会」と名づけられた鳩山ブレーンの中心に座ったのはオリックス会長の宮内義彦だった。

森政権末期、政局がどちらに転がろうとも、経済政策は竹中の手に落ちるよう細工されていたことになる。小泉政権の誕生前夜、竹中には願ってもない追い風が吹いていた。外交問題評議会（ＣＦＲ）がブッシュ政権への提言のなかで指摘していたように、アメリカの「外圧」に同調する日本国内の「改革派」がにわかに勢力を伸ばしつつあった。

かつては霞が関官僚が政治を抑え込む手段として「外圧」をしばしば利用してきた。ところが、「小泉改革政権」では政権そのものが「外圧」と一体化していくことになる。政権発足後の二〇〇一年九月一一日、ニューヨーク・マンハッタンの世界貿易センタービルで大規模テロが起こったことも、竹中にとってはむしろ「僥倖」となった。アフガニスタン、イラクへの報復戦争へと突き進むブッシュを小泉が全面支援したことで、日米関係がかつてないほど緊密さを増し、「外圧」と「改革政権」も共振の度を深めることになったからだ。ＣＦＲが的確に指摘したように、この「改革政権」の本質はグローバル企業を支える政治体制でもあり、ウォール街の投資銀行が「改革勢力」として登場してくる背景ともなったのである。

第5章　アメリカの友人

トライアンギュレーション

ジョンズ・ホプキンス大学〈高等国際問題研究大学院〉（SAIS）は、首都ワシントンDCの街中にある。ホワイトハウスまで歩いて一〇分とかからない。ケント・カルダー教授はSAISの〈エドウィン・O・ライシャワー東アジア研究所〉の所長である。

カルダーは、戦後の日米交流史にその名を残すエドウィン・ライシャワーの薫陶を受けた日本研究者だ。ライシャワーは晩年、自分の後継者としてカルダーの名をあげていたという。

けれども、カルダーに取材をしたいと考えたのは彼が日本研究の第一人者であるという理由からだけではなかった。二〇〇一（平成一三）年四月に小泉純一郎内閣が発足したとき、カルダーは特別補佐官として在日アメリカ大使館に勤務するアメリカ政府職員だった。彼はまた、小泉内閣発足とともに経済財政政策担当大臣に就任した竹中平蔵と特別親しい関係にあった。竹中が二〇代だったころから交流があり、カルダー自身、「親友」と呼ぶ仲である。

一九四八（昭和二三）年にユタ州で生まれたカルダーは、ハーバード大学政治学部で政治学を学んだ。ライシャワー教授のもとで日本の政治経済を研究し、七九年に博士号を取得した。博士課程では日本の財政投融資を研究対象に選び、日本で取材をするなかで、日本開発銀行にいた竹中と知り合い親交を結ぶようになった。竹中は三歳下のほぼ同世代だ。

カルダーは一九八三年から二〇〇三年までプリンストン大学に在籍しているが、その間、〈ワシントン戦略国際問題研究所〉（CSIS）日本部長などを歴任し、日本社会をさまざまな角度から研究してきた。『自民党長期政権の研究　危機と補助金』『戦略的資本主義　日本型経済システムの本質』『米軍再編の政治学　駐留米軍と海外基地のゆくえ』など、彼の著作は日本でも翻訳出版されている。若き日の竹中が見込んだとおり、アメリカ屈指のジャパン・ウォッチャーとなったのである。

「日本語で話すとIQが二〇ぐらい低くなるのですが……」

研究室の会議室にスーツ姿であらわれたカルダーは、流暢《りゅうちょう》な日本語で冗談をいいながら席についた。トレードマークの口髭のイメージとは対照的な、やわらかな声質である。講演を終えたばかりで少し疲れているようだったが、質問に注意深く耳を傾けながら答えた。

「ヘイゾウさんは私の大事なソース（取材源）だったんです」

そういってカルダーは竹中との出会いを語りはじめた。初めて会ったのは、博士論文を仕上げるために日本で取材しているときだったという。

博士論文のテーマは「政治と市場　日本における資金配分のダイナミックス」。まさに日本の「構造改革」のターゲットとして取り上げられることになる財政投融資制度を扱った論文だ。その後、研究をさらに深めて、『戦略的資本主義』（日本では一九九四年出版）を発表している。日本語版の解説を書いたのは親友の竹中である。

カルダーは、日本開発銀行（開銀）を取材していて竹中と接触するようになった。開銀は、日本の財政投融資のシステムの出口部分を担う政府系金融機関だった。初めは取材源のひとりにすぎなかったけれども、博士論文を仕上げたあと、定期的に東京に来るようになってからもコーヒーを飲みながら話すような関係を続け、竹中と次第に親しくなっていった。

一九八〇年代はじめ、ふたりはハーバード大学の国際問題研究所で再び顔を合わせる。カルダーは日米関係プログラムの事務局長、片や竹中は開銀から派遣されてきた客員研究員だった。「レーガン大統領のアメリカ」は研究面にとどまらない影響を与えることになる。

日本の財政投融資制度や自民党政権の力学を深く研究してきたケント・カルダーと、レーガン政権に刺激を受けて経済学者の道を歩みはじめた竹中平蔵。出会って二〇年後の東京で、ふたりは発足まもない小泉内閣の看板政策「構造改革」に、ともに取り組もうとしていた。

カルダーは、対日政策を担当するアメリカ政府の要職にあった。九七年から在日アメリカ大使館に大使特別補佐官として赴任し、ウォルター・モンデール、トーマス・フォーリー、ハワード・ベーカーの三代にわたる大使に仕えていた。

二〇〇一年夏に大使館での勤務を終えてアメリカに帰国するのだが、四月に発足した小泉政権滑り出しの時期、カルダーはブッシュ政権内で対日政策にかかわっていた。カルダーの証言。

「小泉さんにはこういうブレーンがいます、クレディビリティがあります、と積極的に主張しました。ぼくはヘイゾウさんの親友ですから」

ベーカー大使やブッシュ政権高官に対して、小泉政権における「竹中大臣」の重要性を強くアピールしただけではなかった。ベーカー大使に上げる情報すら竹中に伝えることもあったという。

少しいたずらっぽく笑いながら、カルダーがこんなエピソードを披露した。

「ベーカー大使のために用意した自分のメモ……まあ、『マル秘』のないところですが……ヘイゾウさんにまわしたりしましてね。（ブッシュ政権に提供する）小泉さんについてのトーキング・ポインツを」

カルダーは、ブッシュ政権内では積極的に竹中大臣を評価する一方で、竹中に対しては、ブッシュ政権が小泉純一郎をどう見ているのかなどの情報を伝えていた。もちろん二〇年来のつきあいで人間性を熟知していたからこそ、重要情報を提供してまで大臣となった竹中を支えたわけである。

願ってもない特別な情報ルートを得た竹中は、「学者大臣」と軽んじる声があるなかで、入閣直後から存在感を示すようになる。

小泉首相が初めての所信表明演説で「構造改革」の断行を宣言する直前、五月三日から五日までの三日間、竹中は一泊三日の強行軍でアメリカを訪問している。

ブッシュ大統領の経済諮問委員会（CEA）委員長に就任する直前のグレン・ハバード、経済担当の大統領補佐官ローレンス・リンゼー、通商代表部（USTR）代表のロバート・ゼーリック——ブッシュ政権の経済政策を担うキーパーソンたちと精力的に会談をこなした。竹中はブッシュ政権高官たちに、まもなく小泉が行う予定の初めての所信表明演説の内容を先取りして伝えた。

「リンゼー氏とはお互いに電話番号を交換して、電話でフランクに話せる態勢ができた」

竹中はそういって、記者たちに訪米の成果を語った。実際、ハバードとはマクロ経済に関する定期的な対話を行うことで合意した。早々とブッシュ政権とダイレクトにつながるルートを開拓することに成功したのである。

六月には小泉首相とブッシュ大統領の初会談が行われるが、この日米首脳会談に先立ち、在日アメリカ大使館のカルダーは竹中にブッシュ政権内の資料を提供して、ブリーフィングまで行った。

ホワイトハウスはどのような問題に関心をもっているのか。ブッシュ大統領は対日政策で何を重視しているのか——親友のもたらす情報によって、竹中は事前に深く理解することができた。

カルダーはワシントンに飛んで、ポール・オニール財務長官など政府高官たちにも長時間のブリーフィングを行っていた。つまり、入閣わずか二ヵ月の竹中大臣が、ブッシュ政権高官とまったく同じ情報ソースを共有していたわけである。

首相になったばかりの小泉は大臣経験こそあったものの、重要な経済や外交の政策決定にかかわった経験はなく、アメリカの政財界に有力なパイプがあるわけでもなかった。

「小泉政権のなかでヘイゾウさんの力が伸びたというか、上がってきたのは……アメリカとの関係が大事だと思いますよ」

カルダーは、竹中平蔵、小泉純一郎、ブッシュ政権の三者を「トライアンギュレーション」という英語で結んでみせた。「三角測量法」――解釈するに、こういう意味らしい。

小泉政権においてなぜ竹中があれほどまで大きな力をもつことができるようになったのか。その謎は、「竹中―小泉―ブッシュ政権」という三者の関係のなかでとらえなければ理解できないのではないか。

「小泉―ブッシュ政権」関係を見るときには「竹中」を、「竹中―ブッシュ政権」関係を見るときには「小泉」を、そして、「竹中―小泉」関係を読み解くためには「ブッシュ政権」の存在を挿入して考えなければならない。三者関係のなかで初めて両者の関係も立体的な全体像として立ち上がる。

五年半におよぶ閣僚時代、竹中は首相の小泉に徹底した姿勢で忠誠を尽くした。それは彼自身、自分の依って立つ場所を、つまりはこの三者の関係を深く自覚していたからでもあるだろう。

ハゲタカとネオコン

「ブッシュ政権が発足して、マイケル・グリーン氏が国家安全保障会議（NSC）のアジア上級部長に任命されたとき、大統領補佐官のコンドリーザ・ライス氏が彼に電話をして、日本の不良債権問題に取り組むよう指示しました。グリーン氏の専門は経済ではなく、安全保障であるにもかかわらず、です。理由は、国力をつけている中国を国際社会の一員に招き入れたいが、この過程を成功させるためには、中国と対峙できる強い日本が必要だと考えたからです。ライスのような政治分析専門の人がこうした意見を述べたことは注目に値します」

ニューヨーク在住の経済ジャーナリスト、リチャード・カッツは、ブッシュ政権の対日政策をこう解説した。カッツは『腐りゆく日本というシステム』などを著していて日米関係に詳しい。外交問題評議会（CFR）がブッシュ政権に提言した「対日経済政策の新しい指針」をまとめた日本研究タスクフォースのメンバーでもある。

カッツによれば、ブッシュ政権は発足当初から、日本の不良債権問題をアジア地域の安全保障問題としてとらえ重要視していたという。アメリカ大使館にいたケント・カルダーも、

「安全保障の理屈は最初からあったと思います。長期的に見て、もしも日本の経済がこのまま伸び悩んだら……中国がだんだん伸びているから、日本も活発に成長してほしいと考えていた」

と述べている。

だが同時に、日本の不良債権問題を、アメリカの金融機関などが千載一遇のビジネスチャンスととらえていたことも事実である。

一九九〇年代後半に起きたアジア金融危機の際、韓国で投資会社カーライルが不良債権ビジネスで巨額の利益をあげ、日本では破綻した日本長期信用銀行を投資ファンドのリップルウッド・ホールディングスが驚くほどの安値で買収することに成功した。

小泉政権発足の時期、ウォール街は日本の不良債権ビジネスに一攫千金の夢を見ていたのである。カルダーの証言。

「ＡＥＩのデイビッド・アッシャーさんなんかが、日本の不良債権は危ない危ない、

と発言していた。彼ばかりではなくて何人かが強く主張していました。あとは銀行……AIGとかゴールドマン・サックスとか」

たしかにブッシュ政権は当初から、日本の不良債権問題を最重視していた。

小泉政権発足まもない六月、慶應義塾大学教授の島田晴雄が小泉首相の特使として訪米している。ローレンス・リンゼー大統領補佐官などと会談した島田は、帰国後、小泉にこう進言したという。

「外資をハゲタカ呼ばわりする人もいますが、腐った資本が積もって動かないなら、活力を導入すべきです。サッカーの日本代表の監督にフランス人のフィリップ・トルシエ氏が就任し、チームを蘇生させているのと同じです」

カルダーが言及した「AEIのデイビッド・アッシャー」はエコノミストで、AEIというのはアメリカの大手シンクタンク、〈アメリカン・エンタープライズ研究所〉のことだ。

AEIは、「ブッシュ政権を支えるシンクタンク」として一躍脚光を浴びる存在となっていた。二〇〇一年一月にブッシュ政権が発足すると、「リボルビング・ドア」のシステムによって、多数のAEI関係者が政府高官として乗り込んでいったからである。

なかでも大物は、副大統領に就任したディック・チェイニーだ。副大統領に指名されるまでＡＥＩの理事をつとめていた。妻のリン・チェイニーも現職のＡＥＩ研究員だった。ほかにも財務長官のポール・オニール、国防政策諮問委員会委員長のリチャード・パールなどがいた。

竹中のカウンターパートもＡＥＩ関係者で占められていた。ＣＥＡ委員長のグレン・ハバードはＡＥＩで「税政策プログラム」のディレクターをしていた。経済担当の大統領補佐官ローレンス・リンゼーもＡＥＩ出身である。

「アメリカン・エンタープライズ（アメリカ企業）」という名称どおり、ＡＥＩはビジネス界のシンクタンクとして一九四三年に設立された。「ネオコンサバティブ」あるいは「ネオコン」と呼ばれる保守主義者たちのシンクタンクという顔をあわせもっている。国防政策諮問委員会委員長となったリチャード・パールは「ネオコン」の中心的メンバーだった。

クリントン政権時代にウィリアム・クリストルとロバート・ケーガンが設立した〈アメリカ新世紀プロジェクト〉（ＰＮＡＣ）はネオコンのシンクタンクといわれたが、ＰＮＡＣはＡＥＩのビルに事務所を構え、人的にもつながりが深かった。「ネオコン」の始祖アーヴィング・クリストルはＡＥＩに所属していた。

ある意味で、ＡＥＩはブッシュ政権の特徴をそのまま映し出す鏡のような存在で、とりわけ安全保障政策と経済政策がどのような思想のもとに結びついているのか見るうえで見逃すことができないシンクタンクだった。

柳澤大臣との対決

二〇〇一年九月一一日、アメリカン航空機が世界貿易センタービルのノースタワーに体当たりするように激突し、タワーが崩落した。その直後、今度はサウスタワーにユナイテッド航空機が突っ込み、国防総省にもアメリカン航空機が突入していった。

ニューヨーク同時多発テロの直後の二五日、ワシントンのホワイトハウスで小泉首相はブッシュ大統領と会談した。

タリバン政権を擁するアフガニスタンに対する報復戦争を準備するブッシュに、小泉はさっそく支援を申し出た。米軍の後方支援に自衛隊を派遣する考えを示し、そのための新しい法律をできるだけ早く整備することを約したのである。

「日本はアメリカをテロリズムとの戦いで支援していく」

そう宣言し、小泉はブッシュ大統領に、

「私はあなたとともにいる（I stand by you）」

と連帯の意志を示した。

九・一一テロはブッシュ・小泉の信頼関係を確立させた。それはまた、史上まれにみる日米両政府の蜜月関係を導いていく。

小泉が「テロとの戦い」で連帯する意志をブッシュに伝えた同日、東京であるシンポジウムが開かれていた。主催者はＡＥＩである。経済産業省との共催だった。「不良資産処理による日本経済再生のシナリオ」と銘打った会合は、不良債権ビジネスにかかわる人々の耳目を集めた。シンポジウム参加予定者のリストに、「竹中平蔵経済財政政策担当大臣」「グレン・ハバードＣＥＡ委員長」の名前が並んでいたからだ。

パネリストも豪華だった。アメリカ側からは、整理信託公社（ＲＴＣ）議長をつとめた経験をもつウィリアム・シードマンのほか、ロバート・ダガー、リチャード・ギトリンなど不良債権ビジネス界の著名人が顔をそろえていた。

同時多発テロのためにハバードは欠席したけれども、かわりに「日本の再生に関する見解」と題する論文を寄せている。一方の竹中は予定どおり講演した。

「私たちは法的な枠組みを持っているので、必要があれば注入する。必要かどうかの実体的な判断は金融当局が果敢に行うべきだ」

不良債権ビジネスの関係者たちを前にして竹中は、「必要なら迷わず銀行に公的資金を投入すべき」という持論を披露した。金融担当大臣でもない閣僚が、小泉内閣の方針転換を示唆する踏み込んだ発言をしたのである。そんな竹中に呼応するように、ハバードは論文で「公的資金の投入の必要性」を訴えている。

「アメリカの経験からいえば、不良債権を抱えた銀行を動かすにはテコが必要で、規制当局は現状を看過せず、状況にあわせた迅速な行動をとることが重要といえる」

竹中とハバードが連携して対峙していた相手は、金融担当大臣の柳澤伯夫《はくお》だった。柳澤は、「銀行に公的資金を投入することは必要ない」という立場を鮮明にしていた。

大蔵省出身の柳澤は金融庁の前身の金融監督庁で初代金融再生委員長をつとめたエキスパートだった。金融再生委員長として日本債券信用銀行の破綻処理にあたり、九九年三月には大手銀行一五行に七兆五〇〇〇億円もの公的資金を投入した。小泉はこのときの金融危機への対応を評価し、柳澤を金融担当大臣に抜擢したのだった。

柳澤は、小泉政権で金融担当大臣に就任してからは、「不良債権問題は、銀行に公的資金を投入しなければならないほど深刻ではない」という認識を示すようになっていた。九〇年代末の金融危機とは状況が違うと判断したわけだ。

一方、経済財政政策担当大臣の竹中は柳澤の領域を侵してまでしばしば不良債権問題に言及し、公的資金投入の必要性を示唆した。「閣内不一致」となりかねない危険を冒してまで、公的資金問題に前のめりになっていたのである。そして、ブッシュ大統領を補佐するハバードは竹中を強く支持していた。

大統領のブッシュ自身も、小泉に明確なメッセージを送っている。

二〇〇二年二月に東京で開催される日米首脳会談を控え、ブッシュは一月一七日付で小泉あてに親書をしたためた。もちろん公表を前提としない書簡である。書簡のなかでブッシュは小泉に、不良債権問題に対する考えを赤裸々に伝えていた。

（ワシントン郊外の大統領山荘で昨年六月末に会談した）キャンプデービッドで、首相は私に語ってくれた。友人からの助言は『外圧』とは思わない、と。これは友人としての助言として受け取ってほしいが、首相には、銀行の不良債権や企業の不稼働資産の問題の解決に向けて、邁進を続けてもらいたい。

日本政府が銀行検査を強化するなどの措置をとってきたことは喜ばしい。しかしながら、銀行の不良債権や企業の不稼働資産が、早期に市場に売却されていないことに、強い懸念を感じる。

私は、日本が不良債権を処分し、（塩漬けになっている）資金や企業の不稼働資産を解き放ち、最も効果的に資金を活用できる人たちの手にゆだねて、機能を回復させることが必要だと信じている。もし迅速に行動すれば、市場やアメリカの友人、世界中の人々に対して、日本が本当に構造改革や景気回復への道筋をたどろうとしているという合図《シグナル》になるだろう。

「親書」のなかでブッシュ大統領は、銀行が不良債権を早期に市場で売却することが「構造改革」の試金石になる、と告げている。ずいぶん具体的な話である。銀行に融資先の問題企業を整理させる、あるいは、経営難の銀行そのものを再編淘汰する。そのために、公的資金投入を辞さない強い姿勢を示せるかどうか――その決断を小泉に迫ったわけだ。

具体的な焦点は、公的資金投入に慎重な柳澤金融担当大臣の扱いだった。翻意させるか、あるいは更迭するのか。その判断を小泉は迫られることになった。

ブッシュ政権が引きずり下ろした金融担当大臣

「柳澤氏のアイデアを支持していませんでした。金融庁に電話をして、彼とは直接話をしましたよ。柳澤氏の（不良債権処理の）計画を私個人が支持していたかどうかが問題なのではありません。ブッシュ政権が、日本にとってよくない政策だと考えていたのです」

コロンビア大学ビジネススクールの学長室で、グレン・ハバードは学者らしい論理明快な話し方で私の質問に即答した。早朝のインタビューにもかかわらず、仕立てのいいスーツを着て、プレゼンテーションでもするように簡潔明瞭な答えを返してくる。

二〇〇三年二月までブッシュ政権でCEA委員長をつとめたあと、ハバードはコロンビア大学に戻りビジネススクールの学長《ディーン》に就任した。CEA委員長だったとき、彼は頻繁に日本の問題に言及し、ブッシュ政権における対日スポークスマンの役回りを演じていた。小泉政権におけるハバードのカウンターパートは竹中である。

竹中経済財政政策担当大臣と柳澤金融担当大臣のあいだで繰り広げられた公的資金をめぐる対立についてたずねると、ハバードは、柳澤をまったく評価していなかったと断言した。そして、そうした判断はCEA委員長個人のものではなく、「ブッシュ政権の総意」だったと強調した。

膠着《こうちゃく》状態に陥ったかに見えた「柳澤 対 竹中」の公的資金論争に決着がついたのは二〇〇二年九月だった。

九月半ば、ハバードは東京に飛び、竹中と緊急会談を行った。この会談は特別な意味をもっていた。ほぼ同じ時期、ニューヨークでブッシュと小泉が日米首脳会談を行っていたからだ。

小泉は、ブッシュとの会談直後に北朝鮮を訪問する計画を密かに練っていた。実際に、五日後の九月一七日に「電撃訪朝」する。日米首脳会談では、訪朝計画をブッシュに知らせるとともに、ブッシュが進めるイラク先制攻撃についても意見交換しなければならず、経済問題を話し合うような余裕はなかった。

そこで日米首脳会談と同じ時期、経済問題について竹中とハバードが東京で会談したのである。ふたりは何を話し合っていたのか。ハバードに直接、質問をぶつけてみた。

「経済問題について竹中氏と話し合ったことは間違いないです。でも、会談内容の詳細については明かせません。ブッシュ大統領から経済問題について話し合ってくるように指令を受けていたことは確かです」

ハバードは、竹中との話し合いがブッシュ・小泉会談を代替する重要な意味をもっていたことは認めたものの、その内容についてはコメントしなかった。

ハバードが竹中と会談した二週間後、小泉は内閣改造に踏み切った。金融担当大臣の柳澤を更迭し、経済財政政策担当大臣の竹中に金融担当大臣を兼務させたのである。政界では「竹中は閣内から去る」との予想もあっただけに、電撃的な人事だった。竹中は金融担当大臣に就任するとすぐに民間人だけの特命チームを結成し、瞬く間に不良債権処理策をまとめあげた。

金融担当大臣に着任した九月三〇日から、「金融再生プログラム」、通称「竹中プラン」が発表された一〇月三〇日まで、金融界をパニック状態に陥れた一ヵ月間の動きを検証してみる。

「竹中プラン」が引き起こした金融界パニック

「総理の意思をしっかりと踏まえて、これまでの構造改革の政策をより早く、より大きなスケールで、かつよりわかりやすく国民に示すということを進めていきたいというふうに思っております」

金融担当大臣就任会見で、竹中は強いメッセージを込めて語った。銀行への公的資金投入を意図していることはそれまでの言動からほぼ明らかだった。

だが、一口に「公的資金投入」といっても事はそう簡単には運ばない。銀行といえども私企業であり、巨額の税金をつぎ込むとなれば、政治問題となることは免れないはずだ。だが、竹中は計略を練っていた。

「特命チームをつくってやりたい、と竹中さんから言われたのです。以前から個人的に知っているので直接竹中さんから依頼を受けました。集まった日は台風だったんじゃないかな」

慶大教授の池尾和人《かずひと》は少しためらいがちに話しはじめた。あまり思い出したくない出来事だったのかもしれない。

一〇月一日の夜九時、赤坂の全日空ホテルの会議室で極秘裏に会合が開かれていた。主催したのは前日に金融担当大臣に就任したばかりの竹中である。

竹中が招いたのは池尾のほかに、日本経済研究センター会長の香西泰、元日銀マンで金融コンサルタントの木村剛、京大教授の吉田和男、日本公認会計士協会会長の奥山章雄。

「不良債権問題の解決を抜本的に促進したい」

そう決意を語る竹中に、池尾はたずねた。

「リソースを増強する用意はあるのですか？」

大胆な不良債権処理を強行すれば、大銀行が破綻して国家の管理下に置かれる非常事態が起きる可能性も高い。実際、九〇年代後半には、日本長期信用銀行や日本債券信用銀行が国有化され、そのあと売却されている。

そうした事態まで視野に入れるなら、金融庁の体制を強化しなければ、対応できない。「リソースの増強」というのは、金融庁職員の増員や資金を手当てする具体的計画はもっているのかという意味だった。

「必要であれば、小泉総理に頼みます。現状では予定していない」

竹中の返答を聞いて、池尾は、

「それであれば、私は辞めます」

と宣言した。竹中に向かって、特命チームに参加するつもりがないことを伝えたのである。池尾が当時の心境を語った。

「それなら柳澤前大臣がやった以上のことはできないと考えた。竹中さんは『政治的にどう打ち出すかを考えているので』という言い方だった。私は、そういうものを経済政策だとは思わないので、それであれば辞めますと言ったのです」

当初から、「政治的」効果を最優先すると竹中が言明していた事実は重要である。「経済政策として正しいかどうかと、政治的に意味があるかどうかというのは別の問題」と池尾は説明したけれども、逆にいえば、経済政策としての妥当性よりも政治的目的の遂行を優先させる形で、竹中は不良債権処理を断行する腹だったのである。

公的資金投入に後ろ向きだった金融庁の官僚には任せず、しかも政治家からも隔離された場所で、大手銀行に公的資金を投入するシナリオを作成する。「民間人による特命チーム」はそのための政治的装置だった。

全日空ホテルでの秘密会合から二日後、特命チームは「金融分野緊急対応戦略プロジェクトチーム」（以下「金融プロジェクトチーム」）という名称で正式に始動した。

池尾を除いた四人に、直前まで日本銀行の審議委員をつとめていた中原伸之が新たに加わった。元東燃社長の中原をメンバーに加えるよう指示したのは小泉だった。五人の金融プロジェクトチームのメンバーたちは金融庁顧問に就任した。

銀行を震撼させることになる「竹中プラン」の策定メンバーをあらためて点検してみると、中原は小泉の推薦、香西と吉田は竹中とつきあいのあるいわゆる竹中人脈。したがって、重要な役割を担うべく選ばれたと考えられるのは金融コンサルタントの木村と日本公認会計士協会会長の奥山。事実、ふたりはきわめて重要な役回りを演じることになるのだが、まずは木村の人物像から紹介しておこう。

一九六二（昭和三七）年生まれの木村は当時四〇歳。金融プロジェクトチームの最年少だが、銀行破綻もいとわない急進的処理策を支持していると見られていて、マスメディアからもっとも注目されていた。木村がチームに参加すると報じられただけで、銀行の株価が急落したほどである。

木村は東京大学経済学部を卒業後、日本銀行に勤務した。営業局や国際局で活躍し、ニューヨーク事務所にも駐在した。国際決済銀行（ＢＩＳ）の規制に関する委員会などに日本代表として参加し、国際交渉の舞台も経験している。日銀では、のちに日銀総裁となる福井俊彦からも評価されていた。

エリート日銀マンの木村が日銀を退職するのは、北海道拓殖銀行や山一證券などが相次いで倒産した金融危機のさなかだった。世界的な会計事務所ＫＰＭＧグループに入社し、同社の一〇〇パーセント出資で日本にＫＰＭＧフィナンシャル・サービス・コンサルティングを設立した。当時ＫＰＭＧジャパンの幹部だった細野祐二の証言。

「ＫＰＭＧがヘッドハンティングしたんですよ。ＫＰＭＧは金融に強いというのが看板なのですが、日本だけは金融界が排他的で金融機関をクライアントにしようとしてもだめだった。本部からカナダ人とか、優秀な人材を送り込んだりしたけどそれでもだめ。そこで本丸の優秀な人間をとろうということになり、採用されたのが木村剛だった」

『竹中プランのすべて　金融再生プログラムの真実』（アスキー・コミュニケーションズ）で、木村は金融プロジェクトチーム入りしたときの心境を記している。

「私は、以前より、柳澤伯夫・前金融担当大臣と、不作為と嘘に塗られた金融行政を徹底的に批判し続けており、物議をかもした『三〇社問題』などでハードランディング派として分類されている。その私が、プロジェクトチームに入ったら、どういうことが起きるかは見えていた。『木村はハゲタカ外資の手先だ』『木村は、日本の銀行を外資にたたき売ろうとしている』など、私に関して考えられ得るありとあらゆる誹謗中傷の記事が百花繚乱の様相を示すことは、竹中大臣から打診があったときに十分に予測できた。しかし、悩みに悩み抜いた末に、私は、竹中平蔵――一個の『男』という意味で、敬称は省略させていただく――を支えることを決意した」


竹中と木村の橋渡し役となったのは衆議院議員の伊藤達也だった。伊藤は、金融庁の竹中大臣のもとで副大臣をつとめていた。不良債権処理では、竹中を支えることでキーパーソンとなり、竹中のあとを継いで金融担当大臣に就任する。

松下政経塾出身の伊藤は通産政務次官や自民党の経済産業部会長などを経験してきた。伊藤によれば、木村とは各界の同世代が集まる場で出会い、日銀勤務時代から顔見知りだったという。

伊藤は自民党で経済産業部会長をしていた二〇〇一年六月、部会に講師として木村を招いている。その後、政務次官として仕えた平沼赳夫《たけお》経済産業大臣に仲介を依頼し、木村を小泉首相に紹介した。

総理官邸で平沼同席のもと、木村は小泉に、不良債権問題の解決策について持説を開陳した。伊藤の証言。

「木村さんには実務的な話をしていただいた。小泉さんとはやりとりがありましたが内容は大口債務者の話。それから、銀行の資本が傷《いた》んでいるということ。繰り延べ税金資産でかさ上げされた資本になっているということも話した。繰り延べ税金資産の問題は、私のほうからも小泉さんにしています」

繰り延べ税金資産問題

「繰り延べ税金資産」問題は、銀行側にとっては文字どおり死活問題だった。のちに木村たち金融プロジェクトチームが「竹中プラン」を策定する過程でも、議論の的となったのはこの問題だった。

繰り延べ税金資産とは、概略次のようなものである。

銀行は、融資している企業が倒産すれば、貸出金の回収ができなくなる。そうした場合に備えて、銀行は引当金を積んでいる。融資先が倒産した場合は、引当金を取り崩して未回収分を補う。日本の税制では、リスクを回避するために引当金を積んだ際、課税される。そのため、引当金を積むことを有税償却と呼ぶ。

引当金に課税された税金は、実際に融資先が倒産してしまった場合（引当金を取り崩した場合）、あるいは、逆に経営が回復して問題企業でなくなった場合（引当金が必要でなくなった場合）、銀行に返還されることになる。

銀行は、引当金に課税された税金分はいずれ還付されるものと考えて、同額を「繰り延べ税金資産」として資産に計上している。そして、この繰り延べ税金資産は「税効果資本」としてそのまま資本に組み入れられる。

つまり、実際に還付されるかどうかわからない税金をあてにして、手元にある資本とみなして計上されている。それが「税効果資本」というわけだ。

「繰り延べ税金資産」（＝「税効果資本」）がなぜ銀行経営に大きな影響を及ぼすのかといえば、自己資本比率に関係してくるからだ。自己資本比率は銀行の健全度をはかる基準だが、計算する際、自己資本のなかに「税効果資本」も入っている。還付されるかどうかわからない税金分が「税効果資本」だから、その金額は当然少ないほうが好ましい。

一方で、銀行が積極的に不良債権処理を進めれば、引当金は増える。すると当然、繰り延べ税金資産も増える。小泉内閣発足以前に、政府が銀行に不良債権処理を強く促して引当金の積み増しを求めた経緯があり、金融庁もその結果としての繰り延べ税金資産の増加は容認していたのだった。

ところが、木村は首相の小泉にそうした経緯を省いて、「銀行の資本が繰り延べ税金資産でかさ上げされている」と直訴した。自己資本に占める繰り延べ税金資産（＝税効果資本）が多くなっていて、銀行の自己資本比率は実際の健全度をあらわしているとはいえない、と解説したのである。

早くから「繰り延べ税金資産問題」を指摘していた木村は、柳澤大臣率いる金融庁を厳しく批判していた。

木村の説明を聞いたあと、小泉は再び木村を官邸に招いた。今度は、金融庁の森昭治長官を同席させた。木村と森長官を、目の前で対決させたのだ。首相の前で、民間会社のコンサルタントが金融庁長官と議論を戦わせるなど前代未聞である。物おじせず持論を主張した木村は勇名をはせるようになった。

木村を小泉に紹介した伊藤は、経済財政政策担当大臣の竹中のもとへも足を運んでいた。伊藤の証言。

「自民党の経済産業部会長になってから、竹中さんのところへは何回も行きました。そうするうちに、竹中さんとのあいだで不良債権問題に対する問題意識が重なっていった」

そして、金融担当副大臣に就任して竹中大臣を補佐するようになる。伊藤は金融プロジェクトチームの事務局長の役割を引き受け、一方、木村はチームの中心メンバーとなったのである。

金融プロジェクトチームというブラックボックス

「少なくとも、ぼくが大蔵行政で見てきたなかではあのようなやり方は見たことはない。メンバーも降ってわいてきたような決まり方で……めずらしいですよね」

当時金融庁監督局長だった五味廣文は、金融プロジェクトチームの印象をそう語った。

五味はもともと旧大蔵省のキャリア官僚だった。大蔵省から金融の検査・監督部門が独立して金融監督庁が設立された際、ノー・リターン・ルールのもとで大蔵省から移籍した。大蔵省には戻れないものの、初めから金融監督庁の幹部候補だった。実際、五味はのちに金融庁長官を長くつとめ、「事後チェック型行政」のシンボル的な役人ともいわれるようになる。

金融監督庁設立準備室にいたとき、古巣の大蔵省で過剰接待問題が起こっている。大蔵省の権威を失墜させた大事件だ。五味はこの事件を機に、「透明性」を金融行政の柱とすることを強く意識するようになったという。

いわば「改革派」の官僚となった五味でさえ、金融担当大臣の竹中のやり方には戸惑うことも多かったという。五味の証言。

「シナリオがあるとか、たたき台を用意してというものではなかった。驚きましたけどね。こういうやり方もあるんだなあと。ずいぶん思い切ったことを言うなという場面はありましたよ。これでどうやってまとめるのかなあと思ったけど、役人が原案を書いたりしたわけではない」

金融プロジェクトチームが「竹中プラン」策定に向けて話し合う会合には、金融庁から五味監督局長ら局長のほかに高木祥吉長官も同席したけれども、竹中大臣は金融庁幹部をあくまで「オブザーバー」として扱った。つまり、竹中大臣や金融プロジェクトチームのメンバーから求められた場合は発言が許されるが、基本的には議論を聞いているだけの立場だ。実際、メンバーのひとりは会議の様子を次のように説明した。

「竹中大臣がしゃべらないから、長官や局長たちも発言できない。だいたい竹中大臣や伊藤副大臣は最後にしゃべりますから」

金融プロジェクトチームのメンバーたちに話を聞くと、会合に対する銘々の感想はかなり違っていた。同じ対象について語っているとは思えないほどだった。事実、会合での話し合いは、議論がひとつの結論に収斂《しゅうれん》していくようなものではなかった。

ところが、最終的にまとまった「竹中プラン」を読むと、文章は綿密な政策指針になっている。その理由について、副大臣だった伊藤が打ち明け話をした。

「竹中さんが金融担当大臣になる以前から、私は不良債権問題を憂慮して独自に勉強会をしていた。だから、金融プロジェクトチームの事務局長になったときには、自分の頭のなかに六つくらいの不良債権処理の具体案ができていました。竹中さんはわれわれの勉強会でつくったひな型をよく利用してくれました」

伊藤によれば、木村との議論も参考にはしたが、勉強会には木村とは別の「実務に精通した専門家」が入っていたという。伊藤は「名前はいえませんが」と断りながら、「会計の知識ももっている人物だ」と説明した。

竹中は、『構造改革の真実　竹中平蔵大臣日誌』（日本経済新聞社）でこんな事実を明かしている。

一〇月一一日金曜日の夜。私は、密かに集まったチームのメンバーと相談しながら、赤坂プリンスホテルの一室で、公表すべき政策の大枠を確定させた。改造から一カ月以内に基本政策をまとめることになっていたが、発表までの困難なプロセスを考えると、中身の骨格はできるだけ早く固めておく必要があった。だからこそ就任直後からフル回転し、一二日目の段階で大枠を決定することができたのである。これは、チームのメンバーたちのすさまじい意欲と献身、そして例の戦略合宿以降計画的に積み重ねてきた準備作業の成果だった。もちろんこのことは、参加したごく少人数以外は知らないことだった。

「例の戦略合宿」というのは、竹中が金融担当大臣に就任する直前の九月下旬、大臣補佐官の岸博幸と大臣秘書官の真柄《まがら》昭宏を伴って、泊まり込みで不良債権処理に関する作戦会議を開いたことを指している。

『大臣日誌』に場所は書かれていないが、千葉県の勝浦にある竹中の別荘を使っていた。

ここで注目すべきは、「一〇月一一日にはプランの大枠が確定していた」という記述だ。「竹中プラン」が発表されたのは一〇月三〇日だから、二週間以上も前である。金融プロジェクトチームの会合はまだ四回しか開かれていない。最初は顔合わせ程度だったから、実質的には三回だけである。

三回の話し合いだけで「竹中プラン」の大枠を決めるのはとうてい無理だ。伊藤たちの勉強会での「ひな型」を使ったとしても、そんな短期間で大枠を決めることができるのだろうか。

別の証言もある。中央大学教授の野村修也の話だ。当時野村は商法の専門家として金融庁の検査局にアドバイスする立場で、金融庁の非常勤職員だった。野村はのちに、金融プロジェクトチームを引き継いだ金融問題タスクフォースのメンバーとなる。野村の証言。

「私はそのころ金融庁側にいました。金融庁は『これは無理です』とか言って、金融プロジェクトチームに球を打ち返していた。しかし一方で、『これを機会に、これを入れてしまえ』と金融庁のほうから入れてしまうものもあった。三分の一ぐらいは金融庁のほうからくっつけたように思う。おそらく竹中さんサイドで詰めていたものがすでにあって、それがまだ生煮えの状態でプロジェクトチームが結成され、走りだしたのではないかと思います」

関係者たちの証言をつきあわせていくと、「竹中プラン」が金融プロジェクトチームの五人の民間人メンバーだけで策定されたわけではないことは明らかである。

竹中の目的に沿うように、外部の者を含めてさまざまなところからアイデアが流れ込んできている。金融プロジェクトチームはまさにブラックボックスであり、竹中の狙いを表にさらさないための政治的装置だったのである。

そういう事情があるからだろう、竹中は金融プロジェクトチームの会合の議事録を意図的に作成させなかった。議事の内容についても「公開しない」ことを繰り返し強調していた。

「委員の方々に聞いても、おそらく委員の方々もノーコメントといわざるをえませんので、取材の方はそのような立場でひとつご理解を」

金融プロジェクトチーム結成直後の記者会見で、竹中はわざわざ記者に注意を促している。記者とのあいだで次のようなやりとりもあった。

——議論を公開しないということですが、これまでオープンな議論を大臣は大事にされてきたと思うのですけれども、議論を公開しない理由をもう少し説明していただけますか。

「基本的にはこれは金融庁の内部の問題だということですね」

――議事録の公開の問題ですが、時間が経ってから公開するお考えもないのでしょうか。

「私はやはり適切ではないと思います」

情報公開を拒む竹中大臣の態度は頑なだった。確信犯的に、金融プロジェクトチームの活動をあとから検証できないような措置をとっていたのである。

「大きすぎて潰せないとは思わない」

竹中が金融担当大臣に就任して民間人チームを指揮して不良債権処理策を策定しているあいだ、銀行側は懸念を深めていった。

マスメディアから洩れてくる金融プロジェクトチームのシナリオはおおよそ次のようなものだった。

まず二〇〇三年三月期の決算で厳しい自己査定を迫って銀行に引当金の積み増しを求める。引当金が増えて「繰り延べ税金資産」が大幅に増える二〇〇四年三月期決算を狙って、「繰り延べ税金資産（税効果資本）」を資本に組み入れる際、制限を加える。シナリオどおりいけば、次年度の決算で確実に破綻に追い込まれる銀行も出てくる。自己資本比率が劇的に低下するからだ。

国際業務をしている銀行は、規定により八パーセント以上の自己資本比率が必要となる。外資系証券会社が「竹中プラン」の議論が実行された場合どうなるか試算したところ、衝撃的な結果が出た。金融プロジェクトチーム案どおりに繰り延べ税金資産の算入制限が課されると、東京三菱、みずほ、ＵＦＪ、三井住友の四行すべてが八パーセント割れとなり、ＵＦＪと三井住友にいたっては四パーセント台まで落ち込むというのだ。

竹中にこのまま突っ走られると、国際業務から撤退しなければならなくなる。それどころか、破綻に追い込まれる事態に陥るかもしれない。大手銀行は企画担当役員が中心になって、巻き返しをはかる。政界へのロビー活動を強化していったのである。

一〇月二二日の参議院本会議。自民党参議院幹事長の青木幹雄が登壇し、混乱を深める金融行政を質した。自民党最大派閥橋本派の重鎮である青木は、首相の小泉に問いかけた。

「その対策内容がいまだ不透明で、市場が過敏になっているときに、『大きすぎて潰せないとは思わない』とかいう担当大臣の発言が報道されて、市場の不安が膨らみ、株価が急落したり、政策の内容、規模などをめぐる閣僚の見解がさまざまで、政府が総力をあげて強力なデフレ対策を打ち出すという期待感がしぼみかけている状況であります」

与党の有力議員が政府を厳しく批判した。批判の矛先が首相の小泉ではなく、金融担当大臣の竹中に向けられているのは明白だった。青木がこう続けたからだ。

「閣僚のみなさんも自分の発言について、その影響を考え、十分配慮すべきであると私は考えております」

竹中は雑誌インタビューで物議をかもしていた。『ニューズウィーク日本版』（二〇〇二年一〇月一六日号）の記事である。

——金融機関の統廃合の結果、四つのメガバンクが残った。巨大すぎてつぶせないのでは？

「巨大銀行にはそれなりの利点がある。事業規模が大きいため、財務基盤を強化できる。だが、『大きすぎて潰せない』とは思わない。そういう発想がコーポレートガバナンスを危うくし、モラルハザードを引き起こす」

大銀行破綻もありうるとの竹中大臣の発言に市場は色めきたった。騒動を受けて竹中は弁明にやっきになったが、投資家たちは疑心暗鬼になっていた。大臣失言が輪をかける格好で低調な株価がさらに急落した。

竹中が金融担当大臣に就任して以降、株価はまさにつるべ落としの勢いで値を下げ、銀行経営に追い撃ちをかけた。銀行が保有する大量の株式の評価が急落して、銀行の自己資本がさらに低下する悪循環に陥っていた。

参議院、衆議院で本会議が開かれたこの日の夕方、与党の自民党は国会内で急遽幹部が集まり「八役懇談会」を開いた。担当大臣の竹中を呼び、不良債権処理策の中間報告の内容を事前聴取するためである。竹中は、金融プロジェクトチームの「中間報告」をこの日、発表する段取りで動いていた。

山崎拓幹事長、堀内光雄総務会長、麻生太郎政調会長、青木参議院幹事長たちが居並ぶなかで、竹中は説明した。資料の提出はいっさいせず、口頭のみの簡単な説明だった。

「アメリカの弱肉強食の手法を持ち込むやり方はとうていのめない」「これを発表すれば、株価がたいへんなことになる」――自民党の役員たちから厳しい批判が相次いで、話し合いは平行線のまま長引いた。

「小泉総理の了解を得ています」

「総理の意向」を持ち出して竹中が幕引きをはかろうとした。

「これをもって了承したものということにしてもらいたい」

強引に議論を打ち切ろうとする竹中を、参議院幹事長の青木が一喝した。

「じゃあ、あんた、党には相談しなくていいのかね。選挙もあるのに、あんたがそのまま報告を公表して株価がもし一〇〇〇円下がったら、あんた責任とれるんかね」

「なかなか世渡りが一流だな。打たれ強いというのかあれだけ叩かれても、内心はどうか知らんが、竹中はシャーシャーとしていたな。あれはうまいから、『そうです、先生のおっしゃるとおりです』とかいう。そのときだけはね」

虎ノ門の事務所で、相沢英之が懐かしそうに振り返った。すでに政界を引退しているが、当時は自民党の税制調査会長、デフレ対策特命委員長の要職にあった。

『大臣日誌』で竹中は書いている。

「麻生（政調）会長は、私の面会のつど必ず、自民党デフレ対策特命委員長の相沢英之氏の同席を求めた。金融の技術的な問題は、もっぱら相沢氏とすることになった」

相沢は、大蔵事務次官を経て政治家に転身した。金融庁の前身の金融監督庁時代、金融再生委員長をつとめたこともある。相沢は、政界における金融界の仕切り役的存在だった。竹中が金融担当大臣に就任してから「竹中プラン」をとりまとめるまでのあいだ、相沢は自民党あるいは銀行界の窓口役として、竹中と交渉を重ねた。竹中と談判する際には、自民党政調会長の麻生が同席した。

相沢は、「竹中プラン」が発表される直前にも、麻生の個人事務所で深夜まで竹中とやりあった。相沢と麻生はいろいろと注文をつけたが、とりわけ繰り延べ税金資産問題では竹中に厳しい口調で変更を迫った。相沢の証言。

「深夜一二時近くまでやってましたよ。ふつうはビールの一杯でもということになるが、竹中は酒を飲まないからね。ぼくらは最後に缶ビールを飲んだ。彼は顔をこわばらせていたよ。とくに印象深いのは、繰り延べ税金資産の算入を資本全体の一〇分の一以下にしろ、と竹中が言い出したことだね。そんなことしたら、銀行はとんでもないことになる。それで麻生とぼくが竹中にいって、ギブアップさせたんですよ。もしあれをほっといたら、とんでもない混乱が起きたよ」

金融プロジェクトチームを発足させてから、竹中は自民党や公明党といった与党の政治家からも激しい批判の声を浴びた。だが、批判勢力はそれだけではなかった。じつはこの時期、金融庁長官の高木祥吉が密かに相沢のもとを訪れていた。再び相沢の証言。

「高木君はこの事務所によく来てました。竹中がなにかいうと、私のところへ飛んできた」

高木は誰も伴わず、ひとりで虎ノ門の相沢事務所をしばしばたずねた。

「私どもは大臣にいえませんけど、相沢先生のほうからぜひ言ってください」

高木は、竹中に圧力をかけてほしいと相沢に頼み込んでいたのである。金融庁トップの長官が大臣を翻意させるため、与党の有力政治家を頼ったわけだ。

「相沢先生、先生にこういう話をしにきたということは絶対に竹中にはいわないでください」

陳情を繰り返しながら高木は、口止めの依頼も忘れなかった。

「私の名前が出ると、コレですから」

手で首を切るしぐさをとりながら、高木は相沢に懇願するようにいった。

スキャンダル露呈

メディアでは竹中個人に関するスキャンダル情報が流れるようにもなった。国会審議でも取り上げられたのが「マンション売却問題」だ。野党民主党の長妻昭から厳しく追及されている。

事実関係を先に記すと、次のような経緯である。

竹中は、中央区佃《つくだ》の高層マンションに自宅を含めて三つの物件を所有していた。売り出し価格から推定して、三件あわせて三億三〇〇〇万円を超えると報じられた。四七階の一一七平方メートルの物件は、竹中と妻の名義、三一階の七六平方メートルの部屋、二一階の四八平方メートルの部屋が「ヘイズリサーチセンター」名義となっていた。竹中は大臣就任前、有限会社ヘイズリサーチセンターの代表取締役をつとめていた。妻が共同代表で、娘も取締役に名を連ねていた。文字どおりファミリー企業だが、竹中が大臣に就任してからは妻がひとりで代表をつとめていた。

大きな問題になったのは、ヘイズリサーチセンター名義で所有していた三一階の不動産を大臣在任中の二〇〇一年一一月に売却したことが明らかになったからだ。大臣規範は、国務大臣は在任中不動産取引を自粛するよう求めている。竹中は大臣規範を犯していたことになる。

売却した不動産は、売り出し当初の価格が九九三〇万円の物件だったと報じられた。衆議院財務金融委員会で、民主党の長妻が竹中を質した。

「これは大臣、違反という認識で謝罪をするとか、なんらかの措置をとられるおつもりはございますか」

「これは私とは独立した人格の法人でありますので、そこが、かつて役員をやっていた会社がどのような取引をしたかというのは、これはちょっと私としては関知のしない問題であるというふうに思っております」

竹中の答弁は歯切れが悪かった。以前自分が代表をつとめ、いまも妻が代表なのだから、「関知のしない問題」という弁明には説得力がない。だが、「マンション売却」には報じられない別の事情があった。当時竹中と関係していた人物によると、マンションを売却したのは、「事務所」を確保するための資金を捻出するためだったという。彼は次のように説明した。

「政治家が料亭を使うのと同じようなことです。集まるときは、役所のなかではだめ。夜に大臣室でやればいいと思うかもしれないが、大臣室には女性職員とかみんなが待機していて、大臣が帰らないと帰らない。それに役人や記者の目も光っているから、誰が大臣室に入ってくるか見られてしまう。かといって、会合費を役所に請求すると、誰とどこで会って、税込みいくらということまで事前に出せといわれる。結局、ホテルの部屋を借りることになるが、それよりは部屋を借りてしまったほうが安いということになるんです」

竹中は大臣として行動するなかで、絶対に情報が洩れない形で話し合いをするためには「場所」が必要だと気づいた。だが、秘密会合に使用する「場所」を確保するには資金がいる。そこで竹中はマンションを売却して資金をつくったのである。

竹中大臣の補佐官を当時つとめていた岸博幸がこの話を裏付ける証言をしている。

「情報が洩れないように外で会議をするための場所も要ります。平日の夜や週末に行動する場合、公用車は使えませんが、顔が売れている竹中さんがタクシーに乗るわけにもいきません。黒塗りハイヤーを含めたさまざまなセットアップのすべてが自腹だったため、下世話な話ですが、竹中さんは五年半で一億円以上は私財を投じました」

（『脱藩官僚、霞ヶ関に宣戦布告！』朝日新聞出版）

不動産の売却は、「構造改革」に賭ける竹中の執念が生んだスキャンダルでもあったのである。

自民党幹部たちの猛反発に遭い、竹中は金融プロジェクトチームの「中間報告」発表をとりやめざるをえなくなった。この機をとらえ、銀行側は攻勢に転じる。一〇月二五日夜遅く、東京丸の内の銀行協会で、大手銀行七行の首脳が顔をそろえて緊急記者会見を開いた。大勢の記者がつめかけるなか、頭取たちが口々に竹中批判をのべたてた。

「われわれは株主の負託を受けて経営している。行政の指導で責任をとるべきだというのは到底受け入れられない」（西川善文・三井住友銀行頭取）

「アメリカと税制や会計制度が違うので、導入するなら制度をあわせないといけない。竹中氏は繰り延べ税金資産をどの程度ご存じか」（三木繁光・三菱東京フィナンシャル・グループ社長）

「日本が法治国家かどうかが問われている。銀行の財務に対する攻撃で解決するというのは、法による支配という考えからも違和感がある」（高橋温《あつし》・住友信託銀行社長）

頭取たちが、銀行業界を監督する立場の金融担当大臣を正面切って批判する。まさに前代未聞の記者会見だった。

「竹中プラン」発表までに、竹中が銀行側と公式の形で会談したのはわずか三回。いずれの会談も形式的やりとりに終始した。頭取たちがあからさまな批判を口にするようになり、竹中も苛立った。

最後の会談で、みずほホールディングス社長の前田晃伸《てるのぶ》が、

「不良債権はいつの時代でも発生する。終結はありえない。政治と経済を混同しない

でいただきたい」

と不満をぶつけると、竹中は怒りを露に言い放った。

「小泉政権の政策に反対するんですか！　それならそうといってほしい。総理に伝えます」

竹中は銀行と激しく対立したまま、一〇月三〇日に「竹中プラン」を発表することになったのだった。

アメリカの強力な支持を盾に

金融担当大臣就任から「竹中プラン」発表までの一ヵ月間を検証すると、竹中はまるで四面楚歌だったように見える。だが、この間、一貫して強く彼を支持していた勢力があった。アメリカ政府である。

一〇月一一日、グレン・ハバードCEA委員長はホワイトハウスにわざわざ日本の特派員たちを集め、竹中が遂行しようとしている銀行行政を支持すると宣言した。国務省ではリチャード・バウチャー報道官が定例記者会見の冒頭で、「日本の構造改革を支持する」と発言した。財務省もジョン・テイラー財務次官を日本に急遽派遣することを発表、訪日したテイラー財務次官は実際に講演で竹中支持を表明することになる。

一方、銀行業界や与野党から集中砲火を浴びていた竹中は、ブッシュ政権から強い支持があることを誇示するかのように、ハバードらとの親密な関係を記者たちの前でことさら強調してみせている。

「ハバード委員長とは、経済情勢の意見交換ということで、比較的緊密にいろいろ電話連絡などをしております。内閣改造のあと、すぐにハバード委員長から連絡がありまして、おめでとう、たいへんだけれどもしっかりやってくれ、というようなことをいっていただきました。それと、ベーカー大使が一度こちらのほうにご訪問くださって、われわれとしてはこういう方針でしっかりやっていきたいというような現状のご報告等をいたしました」

竹中は、ブッシュ政権をあげて「竹中支持」が打ち出されたことにも触れた。

「アメリカのほうで、あの時点であいうふうにいろいろ記者会見されたのは、本当に日本のこの不良債権の問題というのが、日本のみならずやはり世界の経済にとって、いや、世界経済のみならず安全保障の問題にとっても非常に重要な問題であるという認識を意味していると思います。きわめて大きな責任をわれわれは負っているというふうに感じた次第であります」

竹中は、「安全保障の問題」まで持ち出して、対米関係への影響を懸念してみせたのである。

援護射撃するハバードは、ホワイトハウスで会見を開いただけでなく、『日本経済新聞』に「日本の銀行改革　新たな希望」と題する文章まで寄稿した。もちろん、竹中金融担当大臣を強く支持する内容だ。

ブッシュ政権は総力をあげて、あらゆる機会をとらえて、海の向こうから竹中を支えていたのである。

なぜブッシュ政権はそこまでして竹中を支持したのだろうか。ニューヨークのコロンビア大学で取材した際、ハバードに率直にたずねてみた。ハバードはまず、ブッシュ政権の基本姿勢から説きはじめた。

「ブッシュ政権はクリントン政権とは違った態度でほかの国と接しています。クリントン政権は他国にレクチャーして相手国に政策を教えるような態度をとっていましたが、日本の経済政策についても同じような態度でした。私はこうした姿勢は間違っていると感じていた。日本は世界で二番目の経済大国です。賢明な方がたくさんいる。エコノミストや政府高官などは何をしなくてはいけないか自分たちできちんとわかっています」

だろう。圧力を加えて日本の政策をコントロールしようとしたことなどない、と言いたいのだろう。ハバードは続けた。

「アメリカ政府がしなくてはいけないのは、彼らがやろうとしていることをサポートすることです。竹中氏の改革は、アメリカの政府高官が教えたものではなく、彼自身のアイデアです。彼を十分にサポートし、小泉政権を支持することが、世界が関心をもっている目的、つまり、日本経済の問題を解決することだと考えていました」

私は少し挑発的に質問してみた。

――竹中大臣がしばしばあなたの名前を出して、支持を受けていることを強調したりしていたことは知っていましたか。

「知っていました」

――竹中大臣には「政治的意図」があったと思うが、それでも積極的に協力する考えがあったのですか?

「『政治的意図』があったとしても驚かない。誰かのせいにするのは、政治においてはいい手段。とくに、相手が外国人なら選挙に出ることもありませんから。私は、助けになるのならなんでもしようと思っていました」

――日経新聞に「竹中支持」の記事を寄稿しましたが、これには日本で批判もありました。

「私は日本の政治家ではありません。私がブッシュ大統領から与えられた任務は、日本の改革のプロセスを支援すること。もちろん、日経新聞に寄稿することについては事前に竹中氏に相談し、援護射撃になるかどうか確認しました」

謎として残るのは、なぜ「竹中プラン」がまだ発表されてもいない段階で、ブッシュ政権の高官たちが竹中を支援したのか。

『大臣日誌』で竹中は、一〇月一一日には「竹中プラン」の大枠を確定していた、と明かしている。ハバードらブッシュ政権高官たちがいっせいに「竹中支持」を表明したのも同じ日だ。

私は、竹中プラン発表前にブッシュ政権が竹中支持を打ち出した事実を指摘したあとで、「事前にすでに『竹中プラン』の内容を知っていたと解釈していいですか」とハバードにたずねた。「はい」とだけ、彼は答えた。

ハバードに確認してわかったことは、竹中が日本の政府与党には徹底した情報管理で何も知らせない一方、ブッシュ政権にはいちはやく情報を流していた事実である。

郷里和歌山の原風景のなかでは、「銀行」はエスタブリッシュメントの象徴だった。竹中が子供時代の思い出話として語っている。

商店街がひとつのコミュニティーなんですが、向かい側の三和銀行・南和歌山支店だけは別世界だった。だって、テニスコートがあって、支店長の黒塗りの車が置いてあるんですよ。塀を乗り越えて、そこで遊んでいたら、運転手さんに見つかって逃げたこともありました。銀行の人たちが、慰安旅行で当時人気の寝台特急「あさかぜ」に乗ったと聞いて、「すごいなぁ、お金持ちだな」と。まさか自分が将来金融担当大臣になるなんて、夢にも思っていませんからね（笑）。（『週刊文春』二〇〇七年八月二日号）

銀行業界を敵にまわして戦う竹中の姿をそばで見ていた政界関係者がこんな感想をもらした。

「竹中さんは和歌山の小さな商店の次男坊として育った。慶應大学の教授でございます、というイメージとは違うところがあることが、つきあっているとだんだんわかってくる。彼は徹底した合理主義者と見られているけれども、実際には不合理なところがありますよ。『抵抗勢力』の人たちはそこを見誤ったと思う」

エスタブリッシュメントと正面対峙したとき、なにかの衝動に突き動かされているかのように、竹中は向かっていった。周囲のものを驚かすような一面を垣間見せたのである。

「竹中プラン」を発表した翌月、竹中は慶大三田キャンパスを訪れた。政府主催のタウンミーティングに出席するためだ。大臣就任前まで教鞭をとっていたなじみ深い場所である。タウンミーティングには二〇〇人ほどがつめかけ、会場は満杯となった。

満場の聴衆の前で、竹中は熱弁をふるった。

「自分のやっていることが正しいと、心から思っています。多くの批判があるが、揶《や》揄《ゆ》するものばかりで批判にもなっていない。私は小泉総理を信じているし、日本人も信じています」

拍手が沸き起こるなかで、竹中は話をこう締めくくった。

「明治維新のときも武士階級がなくなるまでには一〇年かかった。いま総理がやっていることは、当時の大久保利通がやったことと同じではないかと思います。われわれもがんばりますから、みなさんもがんばってください」

第6章　スケープゴート

三井住友銀行の大規模増資

二〇〇二（平成一四）年一〇月三〇日に公表された「竹中プラン」は、予想どおり銀行にとってはきわめて厳しい不良債権処理策だった。「二〇〇四年度までに不良債権を半減させる」と明確に打ち出して、不良債権処理を急ぐことを宣言した。金融担当大臣の竹中は、銀行に三年の猶予も与えず、「不良債権を半分に減らせ」と指示したわけだ。

銀行が破綻する非常事態に備えて、「公的資金の投入」の準備も整えた。預金保険法を根拠にした公的資金の投入はむずかしいとされていたけれども、「特別支援」というスキームを設けることで非常手段を発動しやすくした。

大騒動のなかでまとめあげた「竹中プラン」について、竹中は「五勝一分け」と自己評価を下していた。「公的資金の活用」のほかに、資産査定を強化すること、銀行によってまちまちだった資産査定基準を統一すること、銀行の自己査定と金融庁の検査の格差を公表すること、経営健全化計画のレビュー——この五項目は狙いどおり「竹中プラン」に盛り込むことができた。これが「五勝」の意味である。当初「引き分け」としたのは、銀行側がもっとも懸念する繰り延べ税金資産問題だ。当初もくろんだ繰り延べ税金資産の算入制限を、銀行界や与党の猛反発で明記できなかったからである。

だが、竹中は多くの仕掛けを施してもいた。「負け」ではなく、「引き分け」と表現したのはそのためだ。「算入上限についても速やかに検討する」という一項を潜り込ませる一方、繰り延べ税金資産の「合理性」について監査法人の公認会計士が厳しくチェックするよう求めている。「監査人による合理性のチェック」といわれても、よほどの専門家でなければ何を意味するのかよくわからない。けれども、これが銀行を破綻に導く隠し球だったのである。

自民党の税調会長兼デフレ対策特命委員長だった相沢英之は、「竹中プラン」作成の過程で、竹中と何度も激しいやりとりをした。最大の焦点だった「繰り延べ税金資産問題」では算入制限案をあきらめさせた。当初は交渉には勝ったものとばかり思い込んでいたが、その後の経緯を振り返ると、甘かったと認めざるをえなかった。相沢はこんな感想をもらした。

「いろいろ注文をつけて表現のあちこちを直したけども、結局、根本の趣旨は端々に生かされておって、『あぁ、これはちょっとやられたかな』というのもあった。ああいう形で書かれてしまうと、なかなか直せない。時間もないしね。完璧に直せたわけではなかったね」

「竹中プラン」公表後、銀行は大規模な増資計画の策定に追われることになった。自己資本比率を高めておかなければ、破綻に追い込まれ公的資金を投入されるはめに陥るからだ。

三井住友銀行が大胆な増資計画を発表するのは、年が明けた一月半ばのことである。アメリカの大手投資銀行ゴールドマン・サックスを引受先として、約一五〇〇億円の優先株を発行すると発表した。

翌月には、別の大規模な増資計画を発表する。再びゴールドマン・サックスが主役だった。ゴールドマン・サックスが作成した資金調達スキームに乗る形で、海外の投資家を引受先とする優先株の発行で三〇〇〇億円規模の増資をすると発表した。実際に三月一一日に発行された優先株は三四五〇億円にのぼった。

ゴールドマン・サックスが主導した二度の増資は、総額およそ五〇〇〇億円の巨額なものとなった。三井住友銀行が「竹中プラン」を乗り越えるために助けを求めた先が、「ウォール街の雄」だったわけだ。

しかし、二度の増資に疑問を投げかける市場関係者は少なくなかった。一回目の増資は、ゴールドマン・サックス側にきわめて有利なように見えた。長期金利が一パーセントを下回っているのに、優先株の配当利回りは四・五パーセントと高く、しかも二五年間の長期固定利回りだった。二回目の増資では、ゴールドマン・サックスが主幹事をつとめ、その手数料だけで一〇〇億円近くを稼いでいる。

あまりにゴールドマン・サックスに傾倒していることが嫌気されたのだろう、二回目の増資を発表した際、むしろ三井住友フィナンシャルグループの株は売られ、株価は急落した。

不可解な二度の増資からまもなくして、週刊誌にスクープ記事が掲載される。

「竹中平蔵・三井住友西川頭取・ゴールドマン・サックス会長 三者密談」

『週刊文春』二〇〇三年三月一三日号に掲載された「告発スクープ」と銘打たれた記事には、「金融庁機密情報漏洩疑惑　大臣の裏切りを許すな！」との見出しが躍っている。

記事は、金融担当大臣の竹中が増資直前の二〇〇二年一二月に、三井住友銀行の西川善文頭取、ゴールドマン・サックスのＣＥＯのヘンリー・ポールソン会長と密かに会談していた事実を暴露していた。

二〇〇二年一二月といえば、「竹中プラン」が発表されたばかりで、「どの銀行が破綻するのか」といった話が公然と語られていた時期だ。記事によると、極秘会談はポールソンが西川に「竹中大臣に会わせてほしい」ともちかけて実現したもので、「ポールソン会長は『三井住友は国有化しない』という言質を大臣本人からとりたかった」と「金融庁関係者」がその理由を語っている。

金融担当大臣の定例記者会見で、さっそくスクープ記事について記者から質問されると、竹中は曖昧《あいまい》な返答に終始した。

「事実としては、表敬ということでお目にかかったことはございますが、そこに書かれている点、とくに二点ですね。個別銀行の国有化うんぬんについて私が言及したというようなことはもちろんありませんし、あろうはずもありません。第二点として、接待、供応を受けて大臣規範違反だと、そのような事実はもちろんまったくありません。それが事実です」

――ちょっと確認したいんですけれども、ポールソン会長とお会いして、そのときに西川頭取は同席されてなかったということですね？

「いえいえ、西川さんのご紹介でお目にかかりました」

——三人で？

「詳細はこれからいろいろ、法廷に行く可能性もありますので、詳細はあれですけれども、基本的にポールソンさんと西川さんと私と、短い時間でしたですけれども、表敬でお目にかかったということです」

——だいたいいつごろですか？

「これは詳細、いつ、どこかということに関しては、とくに申し上げるべきことではないと思います」

ゴールドマン・サックスとの特異な契約

三井住友銀行は、「竹中プラン」発表前からゴールドマン・サックスを引受先とする増資計画を考えていた。二〇〇二年五月に、西川頭取がニューヨークでポールソンCEOと会談し、一五〇〇億円の増資引き受けを依頼していた。不良債権処理で自己資本比率が低下することを回避するための資本増強策である。

ゴールドマン・サックスは増資の要請には前向きで、九月までに増資計画の細部の詰めもほとんど終わっていた。ところが一〇月に入り、西川頭取は増資計画をいったん見合わせざるをえなくなる。金融担当大臣の柳澤が更迭され、竹中が新しい大臣に就任したからだ。

ゴールドマン・サックスも事態を静観するしかなかった。三井住友銀行が経営破綻することにでもなれば、巨額の出資は焦げついてそのまま巨額損失となってしまうからだ。

ゴールドマン・サックスのポールソンは一二月に東京を訪れる際、事前に三井住友銀行の西川頭取に注文を出していた。「竹中金融担当大臣を表敬訪問したい」と希望を伝えておいたのである。

西川は、ポールソンの希望を伝えるとともに、竹中大臣にポールソンとの会談をもちかけた。竹中は承諾した。会談には西川も同席するよう条件をつけた。

そして迎えた二〇〇二年一二月一一日、東京都内のホテルで、竹中大臣とポールソンCEO、西川頭取が面談した。ポールソンはゴールドマン・サックスのCOO（最高執行責任者）、ジョン・セインを伴っていたため、極秘会談の参加者は四人となった。

ポールソンとセインは、「ウォール街」を代表する人物である。ポールソンはこのあと、「リボルビング・ドア」を通ってブッシュ政権入りし、財務長官に就任することになる。一方、セインのほうは、ニューヨーク証券取引所のＣＥＯに転出し、さらにメリルリンチ証券のＣＥＯに就任する。「ガバメント・サックス」と揶揄されるほどアメリカ政府に多くの人材を供給しているゴールドマン・サックスだが、ふたりもまた、「ウォール街」の頂点をきわめた金融エリートだったのである。

一方、三井住友銀行頭取の西川善文は、日本の都市銀行の銀行員としては特異な道を歩んできた。一九三八（昭和一三）年生まれの西川は大阪大学法学部を卒業後、住友銀行に入行した。経営難に陥った大手商社安宅《あたか》産業の処理に手腕を発揮した西川は、不良債権処理部隊として設けられた「融資第三部」で次長、さらには部長をつとめ、「不良債権処理のプロフェッショナル」となった。住友銀行が関与した戦後最大の経済スキャンダル「イトマン事件」では、専務として事件のあと処理に奔走した。総会屋事件で金融界が騒然としていた九七年に頭取に就任している。

三井住友銀行グループが持ち株会社体制に移行し、グループ持ち株会社「三井住友フィナンシャルグループ」が誕生すると、西川は銀行頭取と持ち株会社の代表取締役を兼務するようになった。金融担当大臣の竹中とゴールドマン・サックスＣＥＯのポールソンを引き合わせたのは、西川が名実ともに三井住友グループの総帥となった直後のことだった。

二〇一一年に出版された『ザ・ラストバンカー　西川善文回顧録』（講談社）で、西川は竹中、ポールソン、セインとの会談をかなり詳しく語っている。「秘密会談」と批判されたことが気にかかっていたようだ。

同書で西川は、ポールソンとは長いつきあいで「昵懇《じっこん》」の仲だったと認めている。住友銀行とゴールドマン・サックスに資本関係があったことから、八〇年代後半に面識を得た。

西川によれば、竹中との会談に臨む前、ポールソンに対して、

「個別銀行のことは聞かないでもらいたい、日本の景気動向など一般論だけにしてほしい」

と念を押したという。「竹中プラン」で金融界の再編淘汰が始まろうという矢先、秘密裏の会談で金融担当大臣から重要情報を引き出せば、法に抵触しかねない。

回顧録では会談の詳細までは明らかにされていないものの、西川は会談の最後の場面を描いている。

会談が終わる間際、ジョン・セインが唐突に、竹中に向かって、

「三井住友銀行が日本の大手銀行のなかで相対的に信用度が高いのは、なぜなのでしょうか？」

とたずねた。すると竹中は、

「株式市場におけるSMBCの株価を見ればわかるでしょう」

と言葉を返した。

ゴールドマン・サックス最高幹部が金融担当大臣に確認したかったことは、三井住友銀行が公的資金投入の対象となるような危険をはらんでいるのか否かである。説明するまでもなく、巨額の出資を予定していたからだ。

こうした状況下だったことを考慮すれば、「三井住友銀行が、相対的に信用度が高いのはなぜか」というセインの問いかけ方が、いかに絶妙なものだったかがわかる。「相対的に」という言葉を用いて、メガバンクのなかでの三井住友銀行の位置付けを、金融担当大臣である竹中に確認しているわけだ。

一方、「株価を見ればわかる」という竹中の答え方も巧妙だった。当時の株価水準を参照すれば、三井住友銀行が「負け組」ではない、むしろ「勝ち組」であることは明らかだ。ふたりの会話は阿吽《あうん》の呼吸でかみ合っていたのである。

西川は、竹中の言葉を聞いて内心、「見事な答えだ」と感心していた。「出資しても大丈夫だ」というサインをたしかに送ったからだろう。

だが、この増資話は三井住友銀行の総意として推し進めたものではなかった。西川自身、回顧録のなかで副頭取から強く反対された経緯を書いている。

すでに触れたように、一回目の増資は、優先株の配当利回りが高く、ゴールドマン・サックスに有利な取引だった。けれども、二回目の三四五〇億円の増資は一回目以上に不自然なものだった。

じつは、一回目の増資の直前、三井住友銀行にJ・P・モルガンから「増資を引き受けたい」という申し出があった。条件はゴールドマン・サックスよりよかった。三井住友銀行副頭取の奥正之は、出資者がゴールドマン・サックスだけに偏ることを懸念し、J・P・モルガンの出資を受けるべきだと西川に異を唱えていた。判断を下すぎりぎりの時期、ゴールドマン・サックスとの打ち合わせのためにニューヨークにいた奥副頭取と、東京の西川頭取がテレビ会議で激しくやりあっている。

西川　何を言っているんだ。これだけの増資をまとめてやってくれるところがどこにあるんだ。何が問題なんだ。

奥　ですから、分散したほうがいいと申し上げているのです。

西川　分散して何の効果がある？　そうしたほうが、金額が増えるのか。

奥　金額の問題ではありません。J・P・モルガンがせっかく言ってきているのですから可能性を探るべきではないかと。

すでに東京は深夜一時をまわっていた。

「わかった。もうやめよう。やめて帰ろう。これ以上ここでこんな話をしていても仕方ない」

苛立った西川は席を立とうとした。

「待ってください。そういう話ではないんです」

引き留めようとする奥に、西川は語気荒く言い放った。

「だったら、どういう話なんだ！　馬鹿野郎！」

西川は銀行の最高責任者である。ここまで激しく叱責されれば、副頭取といえども引き下がらざるをえない。

たしかにできるだけ早く増資計画を決定しなければならない状況ではあったが、まったくの独断専行でゴールドマン・サックスに助けを求めた西川の行動には不可解さが残る。翻ってゴールドマン・サックスのほうは何を考えていたのだろうか。

チャールズ・エリスが著した『ゴールドマン・サックス』（日本経済新聞出版社）に、巨額出資の狙いが簡潔に説明されている。

「ゴールドマン・サックスは同行（筆者注　三井住友銀行）に大規模な投資を行い、これを受けて三井住友銀行はゴールドマン・サックス発行のCPにバックアップ保証をつけた。この革新的な取り決めで、ゴールドマン・サックスは、ウィリアム・ストリートという組織を通じて低コストで最大一〇億ドルの資金を貸し出すことができるようになった。ポールソンはいつでも引き出せるバランスシートを獲得した。この取り決めは、日本で投資銀行ビジネスを伸ばす大きな機会を提供することにもなった」

「革新的な取り決め」というのは、ゴールドマン・サックスと三井住友銀行が結んだ特異な契約のことである。

ゴールドマン・サックスは三井住友銀行に一五〇〇億円を出資する際、業務提携の契約も結ばせていた。提携する業務のためにゴールドマン・サックスが全額出資して設立したのが「ウィリアム・ストリート」で、ゴールドマン・サックスの取引先がコマーシャル・ペーパーなどを発行するときに信用保証する業務を担った。ウィリアム・ストリートの保証業務は、損失が出た場合、三井住友銀行が損失を穴埋めするという奇妙なスキームになっていた。

ゴールドマン・サックスは投資銀行なので、商業銀行のように企業に融資することができない。そこで、ゴールドマン・サックスに代わって三井住友銀行が、ゴールドマン・サックスの取引先企業に信用を供与する仕組みを構築したのである。三井住友側が用意する信用枠の上限は二一億二五〇〇万ドル（当時でおよそ二五〇〇億円）に設定された。ポールソンが「いつでも引き出せるバランスシートを獲得」できたのは、こうした仕掛けを施したからである。

しかし、三井住友銀行からすれば、増資による資本増強が相殺されかねない危ういスキームだ。「竹中プラン」に追い込まれ窮地に陥っていた西川頭取の足元を見透かし、ゴールドマン・サックスが契約をのませることに成功したのだ。

じつはのちに、金融庁が三井住友銀行とゴールドマン・サックスの関係に疑いの目を向け、金融検査で詳しく調査している。増資を決定的なものとした極秘会談には金融担当大臣の竹中がかかわっていたわけだけれども、竹中は金融庁の官僚を完全に蚊帳の外に置いていた。もちろん、ポールソン、西川との密談の場には金融庁幹部など同席させていない。

だが、銀行検査を担当する金融庁の現場は取引の不自然さに気づいていた。そして、調査の結果、驚くべき事実が判明する。金融検査に携わった金融庁関係者の証言。

「ゴールドマン・サックスが三井住友側に振り込んだ一五〇〇億円は、じつは数十分、数分単位でしかとどまっていなかった。要するに、すぐにゴールドマン・サックスにお金が戻ってしまっていたんです。金融庁も検査で確認している。『見せかけ増資』といわれても仕方がないおかしな取引です。金融庁も問題にしたのですが、最終的には、なぜか『法律の解釈において問題はなし』ということになってしまった」

ウォール街を日本に導入する

ここであらためて、二〇〇二年一二月一一日の極秘会談の意味を問うてみよう。

西川は、三井住友銀行の幹部からも反対の声があがるなかで、強引にゴールドマン・サックスによる増資を実現させていった。仮に、ポールソンが希望した会談を竹中が拒否していれば、ポールソンは五〇〇〇億円もの増資計画を決断することはむずかしくなったはずである。ゴールドマン・サックス最高幹部の会談申し入れを、金融担当大臣が受けるか受けないかがすでに大きな意味をもっている。

チャールズ・エリスが『ゴールドマン・サックス』で指摘しているように、巨額の出資は「革新的な取り決め」という特殊な仕掛けによってゴールドマン・サックスに潤沢な活動資金を提供することになった。同時に、三井住友銀行との資本提携によって、ゴールドマン・サックスは日本国内に盤石な活動拠点を築くことにも成功した。その後、三井住友銀行の影響力をバックに、ゴールドマン・サックスは日本国内で大きな取引を獲得していく。

結局、金融行政の最高責任者だった竹中が果たした役割は、ウォール街の雄であるゴールドマン・サックスを日本に呼び込むことだったのである。

『読売新聞』の主筆で政界に影響力をもつ渡邉恒雄が『文藝春秋』（二〇〇九年一月号）のインタビューで、金融担当大臣の竹中から聞いた話としてこんなエピソードを披露している。

「僕は竹中さんから直接聞いたことがあるんだが、彼は『日本の四つのメガバンクを二つにしたい』と明言した。僕が『どこを残すんですか？』と聞くと、『東京三菱と三井住友』だと言う。あの頃はまだ東京三菱とＵＦＪは統合してなかったんだが、『みずほとＵＦＪはいらない』というわけだ。どうして三井住友を残すのかというと、当時の西川善文頭取がゴールドマン・サックスから融資を受けて、外資導入の道を開いたからだと言う。『長銀をリップルウッドが乗っ取ったみたいに、あんなものを片っ端から入れるのか』と聞くと、『大丈夫です。今度はシティを連れてきます』

と言った」

ウォール街の金融資本を日本に導入する——それが竹中の金融改革シナリオだったのである。もっとも、それは奇抜な発想ともいえない。たとえば、第4章で紹介したように、アメリカの大手シンクタンク外交問題評議会のブッシュ政権への提言も、同じような趣旨から日本への「直接投資」の重要性を力説していた。

渡邉に、「負け組」になると竹中が予告したUFJ銀行。その持ち株会社であるUFJホールディングスの株を、モナコに籍を置く投資ファンド「ソブリン・アセット・マネジメント」が買い進めていた。不良債権処理のためにUFJ銀行が設立した子会社にはメリルリンチ証券が巨額出資をしていた。

竹中に「負け組」の烙印《らくいん》を押されたもう一方のみずほ銀行。自力での増資にこだわり、三〇〇〇以上の取引先に協力を求めて、一兆円を超える空前絶後の巨額増資を決行した。

日本のメガバンクはぎりぎりの線で踏みとどまって、なんとか「竹中プラン」の手から逃れようとしていた。しかし一方、逃げ遅れて明らかに取り残される銀行も出てきた。りそな銀行である。

メガバンクの死にものぐるいの抵抗にあった竹中は、やがてこの準大手銀行のほうへと関心を集中させていくことになる。

銀行が潰れるか監査法人が潰れるか

「竹中さんたちは、自分たちの手を汚さず不良債権処理の功績をあげようという戦略で動いていたはずです。おそらくふたつポイントがあって、ひとつはスケープゴートをつくる、ふたつ目は監査法人の手でやらせる、ということだったと思う」

大手銀行の企画部門、大手銀行を監査する監査法人の公認会計士、その双方と関係をもっていた政界関係者が、竹中が指揮していた金融行政の本質をこう表現した。

「スケープゴート」とは、公的資金が投入される銀行を指している。わかりやすくいえば、破綻させる銀行のことだ。

銀行を検査する側、金融検査のベテランが、当時の銀行検査の現場の様子を解説した。

「金融庁の検査には検査マニュアルがあり、マニュアルにないことは訴訟になりかねないのでやらないように現場を指導する。繰り延べ税金資産は、極論をいえば、計算の仕方次第でどうにでも操作できるところがあって、そんなもので銀行を潰すのは無理だというのが現場の考え方だった。銀行側と見解が違った場合、こちらが説明をして、銀行が納得してこちらの言い分を聞く形をとらないといけない。けれども実際は、破綻に追い込まれかねない銀行は言うことをきかないで抵抗する。しかし、銀行の決算を監査する段階で、監査法人が承認しなければ、銀行はアウト。だから、竹中大臣のやり方では、すべての負担が監査をする会計士のところにいくようになった」

金融プロジェクトチームメンバーの木村剛は、著書『竹中プランのすべて』（アスキー・コミュニケーションズ）で警告していた。

「すでに竹中大臣は、昨年（筆者注 二〇〇二年）一一月一二日、日本公認会計士協会に対して、正式に繰延税金資産に対する厳正な監査を要望しています。もしも、外部監査人が甘い監査をしたならば、万が一の場合のリスクは銀行経営者ではなく、外部監査人に向かうかもしれません」

木村の指摘に、監査法人の幹部たちは脅威をおぼえた。というのは当時の制度のもとでは、監査法人は一般事業会社とは異なり、パートナー（代表社員）に無限連帯責任を負う義務が課されていた。つまり、監査法人の幹部は、損害賠償訴訟で敗訴した場合、私財まですべて没収されかねないリスクを負っていた。

監査法人を監督しているのは金融庁だ。金融担当大臣の竹中からの要請は、監査法人にとってはきわめて重い意味をもっている。言い方をかえれば、監査法人をコントロールすることはそれほどむずかしいことではなかった。

「監査人はいま、塀の上を歩いているようなものです。右に落ちれば銀行が潰れ、左に落ちれば監査法人が潰れる」

二〇〇三年二月下旬、日本公認会計士協会の奥山章雄会長はあえて過激な表現を用いて注意を促した。熱心に聞いているのは、大手銀行の監査を担当する監査法人の公認会計士たちだ。

奥山は日本公認会計士協会会長として、すでに「会長通牒《つうちょう》」を出していた。「主要行の監査に対する監査人の厳正な対応について」と題する会長からの通知だ。「会長通牒」を発出すること自体きわめて異例なのだけれども、奥山は文書での通知だけでなく、わざわざ公認会計士たちを招集して警告を発したのだった。

奥山が「会長通牒」を出した直後、金融庁の伊藤達也副大臣が意味深な発言をしている。日本公認会計士協会会長の奥山を、「竹中プラン」の狙いを「一番よくご存じのひとり」と持ち上げたうえで、

「これはもう私がいうまでもなく、公認会計士の皆様方の役割、使命というものはきわめて大きなものがございますので、そういう意味からは繰り延べ税金資産の問題も

含めて、この決算にあたって監査人の方々がその使命、期待にこたえられるお仕事をしっかりされるということだというふうに、私のほうは思っております」

と述べた。

「竹中プラン」策定後、竹中たちは日本公認会計士協会に強く働きかけていた。会長の奥山は中央青山監査法人幹部の公認会計士だが、同時に、金融プロジェクトチームのメンバーでもあり、竹中指揮のもとで「竹中プラン」の作成に携わっていた。奥山の証言。

「会長通牒を出したあとに記者会見をやったんですけど、どういう意味をもつのか、マスコミもわかってなかったですね。私は銀行の監査人に、『バックアップするから、公認会計士協会に相談に来てください』といった。金融システムというのは、ひとつおかしくなると、別のところもおかしくなる。とても一監査法人では対応できない。少なくとも、公認会計士協会で対応しないといけないと考えた」

金融プロジェクトチームの一員に選ばれた奥山は、「竹中プラン」の作成に直接関与できる立場である。ところが一方で、竹中大臣やチームの核である木村が監査法人を「盾」として利用しようとしている。監査業界の責任者でもある奥山は両者の板ばさみとなり、次第に焦りを覚えるようになっていた。

「私は、銀行を破綻させるかどうかという『銀行政策』を決める立場ではありません。あくまでも、繰り延べ税金資産をいくら計上したらいいかという会計ルールについて考える立場でした」

奥山は会長の立場をそう振り返ったけれども、公認会計士の立場が矛盾に満ちたものであることは当時も十分理解していた。「竹中プラン」に従って監査を進めれば、銀行を破綻させるかどうか、その判断を下さなければならなくなる。

知らぬ間に、公認会計士は不良債権処理の最前線に駆り出されていた。警告を発するため、奥山が会長通牒を出してからわずか二ヵ月後、その矛盾が現実となる。りそな銀行を監査していた公認会計士が自ら命を絶ったのである。

ある公認会計士の死

りそな銀行は、大阪府に本店を構える大和銀行と埼玉県を本拠とするあさひ銀行が二〇〇三年三月一日に合併してできたばかりの銀行だった。決算は三月末締めなので、同年三月期決算が、りそな銀行として初めての決算となった。

合併直後という事情から、合併前の銀行を監査していた新日本監査法人と朝日監査法人が「共同監査」という形式でともに監査業務を担当することになった。

ところが、誕生して三ヵ月とたたない五月一七日に経営が破綻し、政府から約二兆円の公的資金を投入されて実質的に国有化された。「竹中プラン」発表からわずか半年あまりで、「公的資金投入」は実現したのである。

経営破綻の原因はやはり繰り延べ税金資産だった。合併する前、大和銀行、あさひ銀行はともに課税所得の五年分を繰り延べ税金資産として計上し、同額を自己資本に組み入れていた。

だが、竹中が金融担当大臣に就任してから、監査法人の態度は豹変する。前年と同じように課税所得五年分を見込んでいたところ、決算確定の直前に突然、監査法人の拒絶にあった。監査法人は、課税所得三年分しか認めなかったのである。

そのため、前年度決算で八パーセントを超えていた自己資本比率は一気に二パーセント台まで落ち込んだ。国内で活動する銀行に求められる最低水準四パーセントを大きく割り込んだ事態を受け、小泉内閣は間髪を入れず預金保険法一〇二条を発動、約二兆円の投入を決定した。

じつをいうと、竹中は大和銀行とあさひ銀行が合併したこと自体を疑問視していた。大臣として合併の認可を与える権限を握る竹中は、経営実態が悪いのではないかと疑っていた。

合併直前の大和銀行に金融庁が立ち入り検査に入った際、大臣に就任したばかりの竹中が驚くような行動をとっている。「大臣命令」を出して、金融庁の検査チームから大和銀行のラインシートを徴収したのだ。

ラインシートとは、融資先の実態を克明に記した機密資料である。金融庁が銀行に検査に入っているさなか、大臣がラインシートを自分のところまで持ってくるよう命令することなど前代未聞の話だ。

合併こそ認めたものの、竹中はすでにこのとき、公的資金投入の対象として、りそな銀行に狙いを定めていたのである。当時、竹中大臣の補佐官だった岸博幸がこれを裏付ける証言をしている。

「不良債権処理の過程でりそな銀行に公的資金を注入したのは2002年（筆者注二〇〇三年の誤り）の5月でしたが、じつはその約2カ月前の3月の段階で、公的資金を注入したほうがいいかと思えるときがありました。しかし、その段階では金融庁の官僚は公的資金の注入に慎重な立場でしたので、もしそこで実行する場合、竹中さんが事務方に強く命令する必要がありました。どうするか悩んだのですが、『今はまだタイミングではないなぁ』と何となく感じたこともあり、大臣と二人で相談して、『無理をするのはやめよう』という結論になりました。その後も注意深く情報を収集していると、5月になって周辺の状況が変化し始め、スムーズに公的資金注入が決定されたのです」(『ブレインの戦術』あさ出版)

竹中大臣を補佐していた岸は、「スムーズに公的資金注入が決定された」と回想しているけれども、この部分だけは事実と異なる。監査現場は「スムーズ」どころか修羅場と化し、自殺者まで出していた。さらにいえば、「状況が変化し始めた」のも、あるひとりの公認会計士の自殺が原因だったのである。

ついに銀行破綻の引き金を監査法人が引いた。どうして朝日監査法人は監査を投げ出してしまったのか。銀行破綻を暗示するかのように、担当者が自殺しているのはなぜなのか。しかも、こうした奇妙な事実はすべて銀行破綻後に判明している。関係者の証言を頼りに、その公認会計士が死を選ぶまでの道のりを追ってみた。

一九六四(昭和三九)年生まれの平田聡は慶應義塾大学商学部を卒業後、朝日監査法人の前身の朝日新和会計社に入社した。理論家肌の会計士として早くから頭角をあらわし、監査法人内では論客としてならしていた。同期入社の会計士が語る。

「彼とは同じ部門で働いていました。上司に、会計士としては非常に優秀だけど部下にすごく厳しい人がいて、みんな彼が苦手だった。だけど平田だけは、彼を相手に堂々と議論していた。すごく勉強熱心で、私が知る同期のなかではピカイチでした。金融監督庁に派遣されたとき、その厳しい上司が、『議論する相手がいなくなって寂しい』なんてこぼしていたほどですから」

大蔵省から金融の検査・監督部門が分離して金融監督庁が誕生した際、日本公認会計士協会が人事交流で送り込んだ五人のひとりに平田は選ばれた。じつはこのとき、のちに同協会の会長となる奥山が平田と接している。奥山の回想。

「金融監督庁のほうから公認会計士を五人派遣してほしいといってきたんです。彼は初代として行った。私は協会の副会長として送り出す側にいました。彼らを元気づけるために金融監督庁にも行ったし、ときどき激励会もした。誠実でまじめな会計士でした」

金融監督庁では、平田は検査局の検査官として金融検査に従事した。官僚たちとの仕事は新鮮だったようで、親しい友人にこんなエピソードを披露している。

「金融検査で、上司の前を歩いていって、あとで怒られたよ。あういうときは上司を先頭にして歩くものなんだって言われた」

二〇〇〇年八月に金融庁での勤務を終えると、再び朝日監査法人に戻り、銀行などの監査を担当するようになった。

平田は、新しい法律ができるとすぐに資料を取り寄せて読み込んだ。監査法人での仕事のかたわら、会計士を養成する専門学校で講師をつとめ、金融機関の職員などを対象にした講演会の講師も精力的に引き受けていた。

大蔵省から分離して金融監督庁が誕生し、さらに金融庁となる。ちょうどその時期に監督当局に勤務し、激動期の金融行政を体験した平田は、銀行の監査にかけては会計士業界の若手第一人者と目されるようにまでなっていた。そして平田は、経営が厳しいと見られていたりそな銀行の監査を手がけることになる。

一方、金融担当大臣として二〇〇二年一〇月末に「竹中プラン」を発表したあと、年が明けると竹中は公の場でも監査業界をけしかけるようになった。

「しっかりとしたバランスシートをつくるという責務を金融機関は負っているし、同時に、それを監査する監査法人も非常に大きな責任を負っているというふうに、私は思っております」（二〇〇三年一月三一日の大臣会見）

竹中の最大の協力者が、金融プロジェクトチームの木村剛だった。すでにこのころ竹中と木村は一心同体であると認識されるようになっていて、大手銀行の監査を担当する公認会計士たちは木村の発言に注目していた。「竹中の代弁者」とみなしていたからだ。

実際、木村は「竹中大臣の真意」を巧みな言葉で解説した。『日本経済新聞』のウエブサイトの連載コラムに、

「大手行特別検査、竹中大臣のターゲットは外部監査人？」

という意味深なタイトルの文章を発表している。

「すでに竹中大臣は昨年一一月一二日、公認会計士協会に対して、正式に繰り延べ税金資産に対する厳正な監査を要望しているから、これはかなり本気である。もしも、外部監査人が甘い監査をしたならば、万が一の場合のリスクは銀行経営者ではなく、外部監査人に向かうかもしれない。そして、外部監査人へと向かうリスクは、無限責任という監査法人の特性を通じて、監査法人に属するパートナー全員に及ぶかもしれない」

金融担当大臣の要請に従わないなら、「自己破産」というリスクが待ち受けている――監査法人幹部に対して、木村は鋭い警告を発した。恫喝するように文章を締めくくっている。

「ひょっとすると、竹中大臣が密かに照準をあわせているのは、メガバンクではなく、外部監査人なのかもしれない」

ずいぶん芝居がかった言い回しだともいえた。竹中に知恵を授けたのは、ほかならぬ木村だからだ。竹中は当時の木村の役割についてこんな回想をしている。

「不良債権処理をするときには、こういう通達を一本出すことによって、公認会計士のビヘイビアが変わる、などということを教えられました。例えば繰延税金資産の話など、あのときまでその意味づけや計算の仕方を踏まえて、日本で何人知っていたでしょうか。いろいろな批判をする人がいますが、木村剛氏の貢献というのは非常に大きかったのです」(『改革の哲学と戦略』日本経済新聞出版社)

「通達を一本出せば、公認会計士を動かすことができる」――まさにそんな細かいテクニックをすべて駆使して、竹中はりそな銀行を追い込んでいったわけである。

しかしながら、りそな銀行の監査を実際に担当していた平田のほうは、そんな竹中や木村に強い反感を覚えるようになっていた。監査の知識や技術を自分たちの目的を達成する道具としてしか見ていない。会計監査のプロフェッショナルからすれば、彼らの手法は職業倫理を逸脱しているとしか思えなかった。

平田は、りそな銀行の監査チームの現場責任者だった。正確にいえば、シニア・マネージャーである平田の上に、代表社員の森公高がいた。

金融庁がりそな銀行の特別検査に入ったのは、三月上旬から四月初めにかけてである。金融庁が朝日監査法人と意見交換した際、森がこんなセリフを口にした。

「全部平田に任せています。平田がきちんとやるから大丈夫です」

森の言葉を聞いて少し驚いた、とこの場にいた金融関係者が証言している。組織内の序列を重視する監査法人の代表社員が、「部下にすべてをゆだねている」と金融当局にあけすけに語ったことが奇異に感じられた。

たしかに、平田は金融監督庁検査局で銀行検査を経験しているし、懸案の繰り延べ税金資産については専門書を著すほど精通していた。若いながら銀行監査の第一人者で、むしろ上司である森をリードして監査を進めていたのである。

ところが、りそな銀行の監査が佳境を迎えていた四月二四日、平田は自宅マンションの一二階から飛び降りて自殺してしまう。スーツ姿のままで遺書はなかった。

朝日監査法人はパニック状態に陥り、結局、りそな銀行の監査を辞退してしまった。ひとり取り残された格好となった新日本監査法人は激しく動揺した。

金融庁から責任を問われるリスクを回避するためには、「竹中プラン」の意向を最大限尊重した行動をとらざるをえない。新日本監査法人は繰り延べ税金資産を厳しく制限させる方針に急転換した。自己資本比率は急落し、りそな銀行は破綻に追い込まれた。

この間、朝日監査法人や金融庁は平田の死を徹底的に隠蔽していた。マスメディアが報じるまで一ヵ月近くも隠し続けた。自殺の第一報はりそな銀行破綻とほぼ同時だった。

平田の死と銀行の破綻が関係していることは否定しようがなかった。検証するにあたり監査の焦点は何だったのか、少し専門的な話になるが要点をまとめておきたい。

梯子を外された会計士

日本公認会計士協会は、繰り延べ税金資産を算出する際の指針を作成していた。「監査委員会報告第六六号（繰延税金資産の回収可能性の判断に関する監査上の取扱い）」という文書がある。平田ら銀行を監査する公認会計士は、この「第六六号」を参照しながら、銀行が監査法人に提出する繰り延べ税金資産の金額が適正かどうか判断していた。

繰り延べ税金資産は、貸し倒れ引当金に課税される税金分を、将来還付されるという前提のもとで計上する資産だ。銀行決算が赤字になれば、そもそも税金は払わないわけだから、「税金が還付される」という前提は成り立たなくなる。つまり、繰り延べ税金資産は将来の収益状況にも左右されるわけだ。

「報告第六六号」は、監査の対象となる企業（銀行）を収益力に応じ、「一項」から「五項」まで五つに分類している。

もっとも収益力に乏しい銀行は「五項」に分類される。「決算が三期以上赤字続きで、今期も赤字が見込まれる」などの条件にあてはまる銀行だ。「五項」に分類されると、繰り延べ税金資産はいっさい認められない。

「四項」は、「重要な税務上の繰越欠損金が期末に存在し、翌期も発生が見込まれる」などの条件にあてはまる銀行だ。「四項」に分類されると、繰り延べ税金資産は「課税所得一年分」までしか認められない。

ただし、「四項」には例外規定が設けられていた。リストラや合併、あるいは、法令の改正などの「非経常的な特別の原因」がある場合には、「課税所得五年分」が認められる。この特別規定にあてはまる銀行は繰り延べ税金資産の額がまったく違ってくるため、「四項」と区別して「四項但し書き」という呼び方で分類された。

りそな銀行の監査の焦点は、五分類のうちどこに分類するかである。具体的には、「四項」「四項但し書き」「五項」の三つの選択肢があった。繰り延べ税金資産の認定額に置き換えれば、それぞれ「課税所得一年分」「課税所得五年分」「ゼロ（繰り延べ税金資産は全額認められない）」となる。

朝日監査法人の平田はどう見ていたのだろうか。

「課税所得五年分を認める。ただし、将来の課税所得を見積もる際には厳しく見ていく」

平田といっしょに監査をしていた新日本監査法人の公認会計士は、これが朝日監査法人の平田の考え方だったと証言している。つまり、「四項但し書き」と判断していたわけだ。

だが、奇妙な出来事が起こっていた。四月一六日のことである。

この日、平田は代表社員の森といっしょに大阪まで出張して、りそな銀行本店を訪れている。二〇〇三年三月期の決算の速報値を銀行側から受け取るためだ。

銀行から資料を受け取ったその日、森は新日本監査法人に、「繰り延べ税金資産はゼロにすべきではないか」という見解を述べたという。新日本監査法人の公認会計士が証言している。この会計士は、「平田氏がその場に同席していたかどうか記憶は定かでない」と述べているから、平田は同席していなかったのだろう。

森は、平田がいない席で、「『五項』に分類されるから、繰り延べ税金資産はいっさい認められない」と新日本監査法人に告げたわけである。

「奇妙」と表現したのは、森の見解が平田の考えと相容れない内容だからだ。すでに触れたように、監査は平田主導で進んでいた。森自身、金融庁に「全部平田に任せています」と明言していたほどである。

その平田を差し置いて、なぜ唐突に、「繰り延べ税金資産はいっさい認められない」などと言い出したのか。「りそな銀行は破綻させるべきだ」といったに等しい。

謎を解くカギは、朝日監査法人における森の立場にある。代表社員の森はりそな担当監査チームのトップであると同時に、朝日監査法人の経営上層部の一員でもある。つまり森は朝日監査法人を代表して、「朝日監査法人の経営判断として、繰り延べ税金資産はいっさい認めない」と、新日本監査法人側に伝えていたのである。

森を悩ませたのは、平田の存在だった。現場責任者として「四項但し書き」つまり「繰り延べ税金資産は課税所得五年分」を前提として、平田は精力的に監査を進めていた。

森は平田に全幅の信頼をおいて作業を任せきっていた手前、手のひらを返していきなり「いっさい認められない」などと言い出すことなどできない。理論家肌の平田は必ず判断理由を問いただすに違いない。平田以上の判断材料をもつわけではない森は答えに窮するはずだ。

そこで森は、りそな銀行から決算速報値を受け取る機会をとらえ、いかにも驚いた素振りを見せながら、「繰り延べ税金資産は認めるべきでないのではないか」と口にしたのだろう。三月期決算の監査だから、監査方針の大転換は四月一六日でも遅すぎたぐらいだ。ぎりぎりのタイミングだった。

朝日監査法人は四月二二日、りそな銀行を議題にした本部審査会を開いた。本部審査会は、監査チームだけでは判断がむずかしい場合などに開催される。監査をしている関与社員以外に、審査担当の社員たちが監査チームと議論する。本部審査会の結論が、朝日監査法人の最終判断となる。そして、この日の本部審査会で、平田の主張は退けられた。

本部審査会終了後、その日のうちに代表社員の森がりそな銀行の担当者に結果を伝えている。そのときの森の話をメモにまとめた文書が残っている。重要な部分を紹介しよう。

懸案の繰り延べ税金資産について、メモには次のように記されている。

「業務純益等安定収益がある点などを中心に『第四項但書』を推してはいるが、反証材料に乏しく、審査過程で税効果計上はいっさい認められないとの方向性を覆すのは、非常に困難な情勢」

森や平田ら監査チーム側は「四項但し書き」を主張しているけれども、本部審査会は「全額認めない」（「第五項」）という議論に傾いていて、形勢逆転はできそうにない。そう森はりそな銀行側に報告している。

すでに触れたように、六日前の四月一六日に、森は新日本監査法人に「五項」を主張していた。森の報告は不自然だ。正確にいえば、本部審査会で「四項但し書き」を強く主張したのは、平田だけだったはずである。

メモにはこんな記述もあった。

「『第四区分但書』を想定していないので、将来収益計画の評価迄はあまり踏み込んでいない」

「四項但し書き」、つまり、りそな銀行に課税所得五年分の繰り延べ税金資産を認めるかどうかという議論はほとんど検討もされなかった。森はりそな銀行側にそう伝えている。

この時点では、新日本監査法人はりそな銀行にこのような厳しい態度はとっていない。朝日監査法人が突然厳しい姿勢を示して、新日本監査法人と意見を一本化することはできるのか。「共同監査」が成立するのかという点について、森はこう述べている。

「朝日審査としては今回のスタンスは堅いので、撤回・妥協点を見出すのは困難だろう」

本部審査会は「明日以降も継続して審査・調整を行う予定」とメモには書かれているが、これまで見てきた内容からわかるように、りそな銀行への森の説明は、「繰り延べ税金資産はいっさい認めないという朝日監査法人の考えはすでに固まっており、今後も変更はありえない」というトーンで貫かれている。

森の話から浮かび上がるのは、梯子を外され孤立を深める平田の姿である。二日後に、彼は自殺している。

親友の藤原雅弘（仮名）は平田の自殺が信じられなかった。四月上旬に居酒屋で食事をした際には特段悩んでいる様子もなかった。

藤原は会計士の専門学校に通っていた学生時代に平田と知り合い、平田と同じ会社に就職した。その後、藤原は独立したので当時すでに朝日監査法人に属してはいなかった。

この日が最後の別れとなったわけだけれども、藤原はふたつのことを印象深く覚えている。ひとつは、「自殺は遺された者を悲しませる」と話していたこと。平田は、一年前に兄を亡くしていた。自殺だった。兄の死は両親をとても悲しませている。ぼくも悲しい。平田はそんな話をした。ただ深刻ぶった調子でもなく、ちらっと触れた程度だった。むしろ話の大部分は会計の専門的な話だった。公認会計士の藤原が聞いてもむずかしいと感じるほど専門的な話だったという。

律儀な平田らしく、いまりそな銀行の監査をしていることを親友の藤原にも知らせていなかった。藤原が理解に苦しむほどむずかしいと感じたのはそのためだろう。

「会計と税務のからむ話。不良債権処理に関係する話だったかな」と、おぼろげな記憶を掘り起こすように藤原は話した。りそな銀行を念頭におきながら、繰り延べ税金資産の話をしていたと考えて間違いないだろう。

藤原の証言は、自殺前の平田の関心の在りかを知るヒントを与えている。兄の死の悲しみ。りそな銀行、とりわけ繰り延べ税金資産をどう扱うべきか。長年の親友との酒席で、おそらく平田は胸のわだかまりを素直に話していたのである。

平田は職人気質の会計士だった。いくら上司でも会計理論上の誤りがあれば、果敢に議論を挑んだ。金融庁の検査局に勤務しているとき、平田は金融庁官僚の上司から、「金融庁の検査は議論をする場じゃないんだよ」とたしなめられたことがある。見解の違いをめぐって、検査対象の銀行の職員と熱く議論を戦わせていたからだ。

「繰り延べ税金資産の本質を知りつくしていただけに悩んでいた」

りそな銀行を監査している平田と接していた金融関係者はそう語っている。彼の見立てによれば、銀行を破綻させる切り札として会計テクニックが利用されていることに、平田は嫌悪感を抱いていた。

不満と不安が高じていただろうことは、密かに朝日監査法人を退社することまで考えていたことからもうかがえる。両親だけには独立を考えていることを明かしていた。大学教員の職に応募したいという具体的な話までしていた。

職場ではそんな素振りは見せず、連日の徹夜も辞さないでりそな銀行の監査に集中した。そして、平田の仕事は、もっとも重要な本部審査会の場で、完膚なきまでに否定される。その後の二日間の心模様は推測するしかない。

同僚が弔辞で話したエピソードが残っている。

自殺する日、平田は同僚の部下に、

「ぼくはもう講演を受けられない。代わりにやってくれ」

と話した。事態の深刻さを理解していなかった同僚が、

「ぼくはまだ未熟者ですから」

と返答すると、

「もう、無理だ」

と平田はつぶやいたという。

彼は自殺するその日も、りそな銀行の担当者に電話をかけている。自分の考えを補強するような資料があれば出してほしい、と依頼していたという。

常に自分の判断を拠り所に行動してきた公認会計士がなすすべもなく追い詰められ、焦燥を深めている様子がうかがえる。疲労が蓄積して体調も崩していた。四月初め、血尿が出ていると打ち明けたという話も伝わっている。混濁する心に頭をもたげる、ずっと気がかりだった兄の自殺——平田はむしろ死と親密になっていたのかもしれない。

暗躍する「金融庁顧問」

平田が死を選ぶまでの道行きを検証すると、ひとつの大きな謎にたどりついた。朝日監査法人の経営上層部はなぜ、「繰り延べ税金資産はいっさい認めない」というきわめて強硬な態度をとったのか。

平田以上にりそな銀行の決算内容を詳しく知る経営上層部はひとりもいない。何を根拠に銀行破綻を招くような決断を下したのだろうか。

当時朝日監査法人の理事長をつとめていた岩本繁は、りそな銀行破綻後、インタビューに答えてこんな発言をしている。

「われわれの判断について金融庁からのアプローチは何もない。金融庁は昨年暮れ、会計監査は銀行と監査法人の責任であるとのスタンスを明確にし、庁内でも介入をいっさいしないよう指示を出したと聞いている」(『金融財政事情』二〇〇三年一〇月一三日号)

朝日監査法人理事長が、「金融庁とはまったく話し合いをしなかった」と話している。

当時金融庁には、銀行問題を議論する重要な機関が設けられていた。金融担当大臣の竹中は、「金融プロジェクトチーム」を編成して「竹中プラン」を策定したあと、後継機関となる「金融問題タスクフォース」を結成して銀行問題を議論させていた。「金融プロジェクトチーム」と同じく民間人ばかり、竹中大臣直属のいわゆる「竹中チーム」。日本公認会計士協会の奥山会長は引き続きメンバーとなっていた。

朝日監査法人から相談はなかったのかと質問すると、「まったく接触はなかった」と奥山は答えた。新日本監査法人からは何度も相談をもちかけられ、バックアップしていたという。ところが、朝日監査法人はまったく音沙汰なしだったというのである。

不思議な話だ。金融庁とはいっさいコンタクトをとらず、「金融問題タスクフォース」で竹中大臣ときわめて近い位置にいた監査業界代表の奥山にも何の相談もしていない。朝日監査法人の経営上層部は何を根拠に態度を豹変させたのだろうか。平田率いる監査チームの判断を退けることができたのはなぜなのか。

謎を追いかけていくうち、ひとりの人物に行き当たった。木村剛である。りそな破綻劇における竹中大臣の最大の協力者。じつは木村は、朝日監査法人幹部と密かに通じていたのである。

平田が自殺する一ヵ月ほど前の話である。

二〇〇三年三月一七日、木村剛は日本橋三越本店近くの「松楽」という割烹料理屋で、落合伸治という金融業者と会っていた。

「木村さん、安田善次郎を知っていますか」

落合はそういって話を切り出した。芙蓉グループの創設者安田善次郎は木村と同郷の富山県出身である。

落合が気を利かせたのは、どうしたら銀行を手に入れることができるのか、それを木村に指南してもらおうと企んでいたからだ。木村とは初対面だった。

落合は三五歳ながら、「オレガ」という金融会社を経営していて、数年前から「銀行頭取」になる夢を抱くようになっていた。

奇妙な偶然だけれども、落合は、竹中平蔵が親交を深めていた日本マクドナルドの創業者藤田田に取り入ろうとした。一時は藤田をスポンサーに銀行を設立する計画も持ち上がったのだが、頓挫してしまう。実際のところ、金融業者が銀行の免許を取得するのは、過去の金融行政を見ても現実離れした話だった。

落合が再び「夢」に向かって動きだすきっかけは、竹中金融担当大臣の誕生だった。竹中大臣によって、銀行業への参入規制が緩和されたのだ。「竹中プラン」には、「銀行免許認可の迅速化」という一項がさりげなく盛り込まれていた。木村がさっそく、「竹中大臣の真意」を代弁して解説している。

「あまり注目されていないようですが、じつは、竹中大臣はものすごいことを書いているんですね。『銀行免許認可の迅速化』と明記しちゃったわけですから」

メディアは、「竹中プラン」の不良債権処理に関係する規定にばかり目を奪われていた。そのようななかで木村が、竹中大臣の方針で銀行免許がとりやすくなったと喧伝してまわったのである。著書『竹中プランのすべて』では、「銀行を興したい人はドンドン手を上げてくれればいいんです」ともいっている。金融当局側の立場で奨励したのは、木村自身が「竹中プラン」を策定したからである。

木村は講演でも「銀行設立の勧め」を説いてまわった。落合は東京青年会議所の例会で、木村の話を初めて聞いた。

「金融再生プログラムにいいことが書いてあります。銀行をつくりたかったらすぐにできると。東京JC（東京青年会議所）メンバーが二〇億円集めれば、すぐにつくれます」

木村の話は刺激的だった。落合はさっそく個別面談をとりつけるべく動きだした。その成果が、「松楽」での初顔合わせだったのである。

ふたりの出会いには仲介者がいた。亀岡義一という公認会計士で、「松楽」での会食にも同席している。じつは、亀岡は朝日監査法人の副理事長という要職にあった。落合が経営していた「オレガ」の関係者によると、亀岡は、落合が木村に会いたがっていることを知り、木村に落合を紹介したという。亀岡が木村と親しい関係にあったからだ。

木村と落合そして亀岡が会食した日は、りそな銀行が破綻するわずか二ヵ月前だ。この時期、亀岡ら朝日監査法人の幹部たちは、りそな銀行の監査にどう対応すればいいのか頭を悩ませていた。銀行を厳しく監査するよう、竹中大臣と木村のコンビに追い込みをかけられていたさなかだ。そんな時期、朝日監査法人ナンバー2の副理事長が、「監査法人の責任」をあおりたてていた木村剛本人と会っていたのである。

ＫＰＭＧジャパンの幹部で、ＫＰＭＧ内では木村を管理する立場だった細野祐二が興味深い証言をしている。

「朝日監査法人の岩本理事長や亀岡副理事長が、『おたくの木村さんが……』といって、しきりに木村剛の話を出していたんです。頻繁に連絡をとりあっている口ぶりでした。亀岡さんは木村さんと飲みにいったりもしていたようですね」

このころ、細野は朝日監査法人の幹部としばしば会っていた。というのは、細野が所属する新日本監査法人内のＫＰＭＧ系列の公認会計士たちが独立してあずさ監査法人を新たに設立し、そこへ朝日監査法人が合流するという合併話が進んでいたためだ。

合併交渉のなかで、朝日監査法人の岩本理事長や亀岡副理事長が木村と親しくつきあっていることを初めて知り、細野は奇異に感じていた。木村はＫＰＭＧフィナンシャルの社長ではあるけれども、上部組織ともいえるＫＰＭＧジャパンを代表するような立場ではない。それどころか、これよりまもなくして木村が経営するＫＰＭＧフィナンシャルはＫＰＭＧグループから離脱し、社名もＫＦｉに変更する。そうした事情もあって、朝日監査法人の経営トップたちと木村が結びついている理由が細野にはよくわからなかったのである。

けれども細野の疑問は、「りそな銀行の破綻」という補助線を引けば氷解する。結びつきを求めていたのはむしろ岩本理事長や亀岡副理事長のほうだった。

朝日監査法人の最大の懸案はりそな銀行問題だ。対応を誤れば、朝日監査法人が破綻しかねない大きなリスクにさらされていた。かといって、監査を厳しくすれば、銀行を潰しかねない。監査にどう対応すればいいのか――窮地に陥った彼らが意見をあおいだのが木村剛だった。いうまでもなく、竹中大臣の懐刀だからだ。

竹中大臣が当時、どのような「シナリオ」を頭に描いていたかはすでに触れた。竹中大臣の補佐官だった岸は、「三月の段階で、公的資金を注入したほうがいいかと思えるときがありました」と証言している。木村が朝日監査法人の亀岡副理事長と会食したのは三月一七日である。

朝日監査法人経営上層部は、金融プロジェクトチームの中心メンバーであり、なおかつ竹中大臣と直接結びついている木村剛の考えを受け入れ、りそな銀行には繰り延べ税金資産をいっさい認めるべきでないという経営判断を下したのである。

朝日監査法人の豹変に、りそな銀行は驚愕した。それはまた、監査現場を取り仕切っていた平田聡を死に追いやることにもなったのである。

一方、朝日監査法人の亀岡副理事長から落合を紹介された木村は、その後、銀行免許を取得するためのコンサルティングを請け負った。五月一四日、落合が経営する「オレガ」から、木村が経営するKPMGフィナンシャルにコンサルティング料として一億五〇〇万円が振り込まれた。りそな銀行破綻のわずか三日前の出来事である。

「竹中チーム」の一員である木村は当時、「金融庁顧問」の肩書をもっていた。つまり、銀行免許の認可権をもつ金融庁の現職顧問が、銀行免許のコンサルティングビジネスで稼いでいたわけだ。

木村が銀行の予備免許を申請するときに会見した際、金融担当大臣の竹中は、

「競争促進を通じて消費者の利便が高まれば、社会的なインパクトは大きい」

と木村を激励している。銀行免許の認可は金融担当大臣の専決事項だ。木村はもはや認可を得たも同然だった。事実、木村のコンサルティング業務は成功し、「日本振興銀行」を生み出した。

その後、木村は落合を追放して日本振興銀行の経営者となるが、この銀行は二〇一〇年に破綻する。木村自身も、金融庁の検査を妨害したとして逮捕され、一二年三

月、懲役一年執行猶予三年の有罪判決を受けることになる。

りそな銀行を破綻に導いた「裏会議」

平田の死後、りそな銀行をめぐる動きは急にあわただしくなった。

朝日監査法人は四月三〇日、りそな銀行に監査を辞退することを正式に伝えた。朝日監査法人は共同監査をしていた新日本監査法人に繰り延べ税金資産の全額否認を主張した末、監査業務を放り投げるようにしていなくなった。取り残された新日本監査法人は窮地に立たされた。

新日本監査法人は当初、課税所得五年分の繰り延べ税金資産を認める方針だった。自殺した平田と同じ考えだったのである。しかし、頼りの平田が自ら命を絶ち、朝日監査法人が唐突に監査を辞退したことで、監査現場は大混乱に陥った。連休に入ると、審査会に経営陣も加わり、新日本監査法人としてどのように対応すればいいかが協議された。そして五月五日、繰り延べ税金資産を課税所得の三年分まで減らす結論を出し、翌日りそな銀行に伝えた。

りそな銀行は強く反発した。新日本監査法人は課税所得三年分という結論を出してからも動揺していた。

「竹中平蔵と木村剛はやりすぎだ!」

「公認会計士協会はなにをやってるんだ!」

この時期、大手銀行を監査している公認会計士たちと会った政界関係者は、彼らが口々に憤りの言葉を吐くのを聞いている。

彼らは平田の自殺に衝撃を受けていた。同時に、監査法人が銀行破綻の引き金を引く役割を負わされている状況を許している公認会計士協会にも怒りを爆発させた。

一方、金融庁を指揮する竹中の動きは素早い。新日本監査法人が繰り延べ税金資産を課税所得三年分まで減額させる方針を決めた翌日にその情報をつかみ、すぐさま金融庁の幹部たちに公的資金投入の準備に入るよう指示を出している。

「今期の決算について自己資本割れの銀行はない、と与党幹部にはいってあるのですが……」

躊躇《ちゅうちょ》する金融庁幹部に向かって、竹中は、

「気にすることはない。いざとなれば私が全部説明する」

と発破をかけた。

決定的な役割を果たしたのが、先述の、竹中の私兵組織ともいえる金融問題タスクフォースの面々だった。「竹中プラン」の進捗状況を監視するという名目で結成された、民間人ばかりで構成された「竹中チーム」である。

金融プロジェクトチームから三人が横滑りでメンバーに入っていた。日本公認会計士協会会長の奥山、日本経済研究センター会長の香西、元日銀審議委員の中原。木村は与党や金融界からの反発があまりに強かったためメンバー入りできなかった。一方、新たなメンバーとして中央大学法学部教授の野村修也、マッキンゼー・アンド・カンパニーの川本裕子、弁護士の久保利《くぼり》英明の三人が「竹中チーム」に加わった。

りそな銀行の繰り延べ税金資産問題をめぐっては監査法人だけでなく、金融庁の内部も揺れ動いていた。五月一二日に開催された金融問題タスクフォースの会合はきわめて重要な意味をもつことになった。銀行が破綻するわずか五日前である。

金融問題タスクフォースのメンバーとして会合に参加した野村によれば、この日、最初からいつもと違うただならぬ雰囲気が漂っていたという。

「りそな銀行への対応で、金融庁側と奥山さんとが『裁量的余地があるので、（破綻させず）穏当に事態を収拾しましょう』と話をまとめてしまうのを阻止することが目的だったんです。奥山さんは、金融庁が、りそなの繰り延べ税金資産を五年分認めるといったら、その話に乗っていたのではないかと思う。繰り延べ税金資産の問題は金融庁のほうで判断してほしい、という考えがあったように思います」

野村には、日本公認会計士協会会長の奥山が金融庁からなんらかの「お墨付き」をとりつけたがっているように見えた。奥山に対抗する格好で、金融庁の介入を排除するために議論を積極的にリードしていったのが野村と川本だった。「繰り延べ税金資産を厳しく見るべきだといっていたのは私や川本さんです」と野村は証言した。りそな銀行の監査をしていた新日本監査法人は、日本公認会計士協会会長で金融問題タスクフォースのメンバーでもある奥山に、繰り延べ税金資産問題への対応を相談していた。銀行を破綻させるような結論を出す場合、事前に金融庁の意向を聞かなくてもいいのか。それを奥山にたずねていたのである。

新日本監査法人の懸念を受けて、奥山はこの五月一二日の会合で、「ほんとうにいいんですか」と何度も金融庁側に聞いている。繰り延べ税金資産をどれぐらい認めるかという程度の話で、監査法人がほんとうに銀行を破綻させる判断を下してもいいのか。あとで、監査法人の責任が問われるようなことにはならないのか。奥山はこの会合でそれをはっきり確認しておきたかったのである。

野村によると、金融問題タスクフォースでは、野村と川本が竹中大臣、竹中大臣の補佐官である岸博幸と裏で綿密に打ち合わせをしながら、実質的に会合を仕切っていた。ついさっきまで打ち合わせをしていたのに、正式な会合が始まると、久しぶりに会ったかのようにあいさつを交わしたりして、「裏会議」の存在がばれないようにカモフラージュしていたという。

五月一二日の会合でも、野村や川本は、金融庁内部でどのような動きがあるのか、あらかじめ把握していた。繰り延べ税金資産が課税所得三年分なら公的資金を投入する結果になること、課税所得五年分なら自己資本比率が四パーセントを上回って公的資金は投入できなくなること、そうしたすべての情報を事前に知っていたのである。

野村の証言。

「そもそも金融問題タスクフォースは、竹中さんが金融庁の役人を抑えて物事を決めるための舞台装置なのです。金融庁の幹部は聞き役で、私たちメンバーが一方的に意見をいう設定になっている」

結局、この日の会合では、議論の最後を竹中大臣が引き取り、

「金融庁は監査法人の判断にはいっさい介入しない」

と宣言して決着した。これ以後、金融庁の官僚たちは新日本監査法人やりそな銀行とやりとりすることがいっさいできなくなった。つまり、五月一二日の金融問題タスクフォースの会合をもって、りそな銀行の破綻が確定したのである。

五月一七日、竹中大臣からの報告を受けて小泉首相は初めて金融危機対応会議を招

集した。そして、日本政府はりそな銀行に約二兆円の公的資金を投入することを正式に決定した。

公的資金投入が決定した直後、記者会見した竹中は、りそな銀行を破綻に導いたのは金融庁ではなく、あくまで「監査法人の判断」によるものだとわざわざ強調してみせた。

「金融再生プログラムのなかで明記していますように、これは公認会計士協会の実務指針に則って、しっかりと企業がまず対応するのだと、その実務指針に則ってこれは監査を行うものだということであります。その決算ないしは監査に対して、とくに監査人の判断に対して我々はいっさい口をはさむ立場にはありません。独立した監査法人がプロフェッショナルとして独立した立場で判断をする」

自らの手は汚さず、監査法人を指嗾《しそう》して銀行を破綻させ、公的資金投入を実現する――その戦略を実現させた手際はほぼ完璧だった。

第7章　郵政民営化

金融庁落城

りそな銀行の破綻は、誰もがその解釈に悩んだ。政府が会計的な操作によって意図的に潰したことは明白だったけれども、一方で、政府が二兆円もの巨額支援をするのだという。あえて「金融危機」を招来しておいて、その危機を鎮圧するために税金を湯水のごとくつぎ込む意味はどこにあるのだろう。その意図をもっとも早く正確に汲み取ったのは、東京株式市場だった。

通常であれば、銀行が倒産すれば、銀行の株も紙くずとなる。ところが、金融担当大臣の竹中は、りそな銀行の株主責任を問わない処理方法を採用した。株主からすれば、「りそな破綻」ではなく、「りそな救済」だったのである。ペナルティーを科されず、政府から二兆円もの資金支援を受けることができたからだ。

竹中大臣率いる金融庁の不良債権処理の本質を理解した海外投資家たちは、いっせいに東京マーケットに資金を投入してきた。

「金融危機対応会議からしばらくして五月下旬から、株価は明らかに上昇に転じた。その後、株価は三年で二・一倍に上昇、銀行株は三・六倍に上昇することになる。公的資金の注入が市場のマインドを変えたことは明らかだった」

『大臣日誌』で、竹中は自画自賛している。たしかにマーケットは「銀行救済」を買い材料と判断した。竹中は海外でも高い評価を受けるようになった。夏に訪米した際、まるで凱旋将軍のようにアメリカ政府高官や金融関係者から歓待されている。りそな銀行を巧みに破綻処理させた竹中は、やがて金融庁という役所を制圧することにも成功する。

金融庁トップの高木祥吉長官は「竹中プラン」作成のさなか自民党の相沢英之のもとを密かに訪れ、竹中に圧力をかけるよう依頼していた（第5章参照）。竹中からすれば、当然、許すことのできない「守旧派」官僚だ。

そんな高木がスキャンダルに見舞われることになる。かつて高木が金融庁の監督局長だったとき、保険会社に圧力をかけていたことが明らかになり、国会で追及されたのである。

追及したのは野党民主党の大塚耕平だ。日銀出身で金融問題に通じている大塚は、高木と東京海上火災保険幹部との会話のやりとりを暴露した。

大塚が読み上げた会談記録のなかで、監督局長の高木は、経営難に陥った生命保険会社を救済合併するよう、東京海上火災保険の経営幹部に迫っていた。

救済合併話を白紙に戻そうとする東京海上火災保険側に、「破談は即破綻につながると考えてほしい」と高木局長は脅しをかけている。なおも難色を示して言葉を濁す東京海上火災幹部に対し、高木監督局長は言い放った。

「そんなことといったって、東京海上は支援しないわけだろう。ということは、A生命（筆者注　経営難の生命保険会社）はそれだけ悪いということだ。世間はそう見る。A生命はもたない」

A生命を見殺しにするのか。金融庁監督局長の高木はそういって圧力をかけていたわけである。

国会審議の場で大塚議員に秘密会談を暴露された高木長官は、窮地に陥る。会話内容まで詳細に読み上げられては、弁解しようもなかった。このころ、金融庁の長官室で、顔面蒼白になった高木が手を震わせている姿を目撃した部下もいる。

「高木さんは責任をとって長官を辞めるはずだった。ところがちょうどそのころ、民主党が参議院に竹中大臣の問責決議案を提出し、与党に否決された。この問責決議案のなかに、高木長官問題も入れてしまっていたんです。いかにも役所的発想ですが、問責決議案が否決されたのだから、高木長官も辞任しなくていい、ということになってしまったのです」

高木を追及していた民主党の大塚は、さらに説明を続けた。

「問責決議案が否決されていなかったら、竹中さんは高木長官を辞めさせていたかもしれない。しかし、竹中さんは問責決議案否決の政治的意味も考え、『高木には責任はなかった』という方向に舵を切った。竹中さんの賢いところだけど、逆転の発想で、これで高木長官に貸しがつくれると考えたんでしょう。それからですよ、高木が竹中の手下になるのは」

竹中は国会の場で高木長官を擁護しながら、一方で、金融庁のなかに「コンプライアンス対応室」を新たに立ち上げた。金融問題タスクフォースで竹中に協力してきた野村修也に、金融庁長官の高木の取り調べをさせている。中央大学法学部教授の野村は弁護士資格ももっていた。野村の証言。

「私が高木長官を呼びだし、調査しました。高木長官は私の前に座り、私の横にはメモとりをする弁護士が座る。かなり時間をかけ、『ほんとうはやったんではないですか』とか、詰問しました」

民主党の大塚が指摘したとおり、この騒動以降、高木長官はそれまでになく竹中大臣に協力的になった。屈服したのである。

竹中が金融担当大臣に就任してから、金融庁という国家組織は明らかに変質した。それを象徴するのが「金融処分庁」という新しい呼び名だ。国家権力を背景に大銀行を攻め立てるさまを、経済誌はこういって揶揄した。

たしかに、日陰の存在にすぎなかった検査局が、竹中が金融担当大臣に就任してから俄然勢力をもつようになった。大銀行はひとりの金融検査官の一挙手一投足に怯《おび》えるようになった。ピークに達したのは、金融庁がＵＦＪ銀行の幹部を刑事告発したときである。

竹中はＵＦＪ銀行を、りそな銀行同様、「負け組」とみなし、厳しい対応で追い詰めた。竹中大臣補佐官・秘書官をつとめていた岸博幸が赤裸々に書いている。

「信頼する人に対してボクは、まだ準備段階にも入っていない頃から『りそな銀行の内部はひどいことになっているので、公的資金注入の可能性も考えるべき』『ＵＦＪ銀行には問題が多い。徹底的に追及する』など、できるかどうか分からないことでも『絶対にやる』と公言していました」

事実、竹中は岸など側近チームを指揮しながら、ＵＦＪ銀行を攻め立てた。もっけの幸いは、金融庁の厳しい検査に動揺した銀行側が「資料隠し」をしたことだ。

「告発については行為がどのくらい悪質か、いかに検査に影響を与えたかなどを総合的に判断しなければなりませんが、それはそれとして検討します」

二〇〇四年六月一八日、竹中大臣は、「検査忌避」の疑いでUFJ銀行を刑事告発することをほのめかした。さらにこの機をとらえて、検査忌避や決算発表の不手際などを理由に、金融庁として四つもの業務改善命令を同時に出した。矢継ぎ早の処分命令を受け、UFJ銀行幹部は完全に腰砕けとなった。

だが、金融庁の攻撃はとどまるところを知らなかった。一〇月七日、金融庁検査局長名で東京地検特捜部に刑事告発したのである。

告発されたのは法人としてのUFJ銀行、さらには、元副頭取を含む三人の元銀行幹部たちだった。東京地検特捜部は、UFJ銀行東京本部や元幹部の自宅に家宅捜索に入った。そして一二月一日、元副頭取ら三人が銀行法違反容疑で逮捕される。容疑の内容は「検査忌避」である。

資料を隠したかどで大銀行幹部が逮捕されるのはまったく異例の事態だった。そもそも金融庁の検査は銀行経営をチェックするための行政行為で、犯罪摘発が目的ではない。銀行を際限なく攻め立てた竹中の姿勢が影響を及ぼしたことはいうまでもないけれども、ＵＦＪ銀行事件にはもうひとり隠れた主役がいた。検察である。

検察――もうひとりの主役

『朝日新聞』の司法記者、村山治が『市場検察』（文藝春秋）でこの間の検察の動きを克明に描いている。村山によれば、ＵＦＪ銀行の資料隠しが発覚してから、終始一貫して立件に積極的だったのが、検事総長の松尾邦弘だったという。

松尾検事総長は立件前から、「検査妨害事件」を摘発する方針を雄弁に語っていた。検察組織のトップが個別の事件について言及するなどきわめて異例だ。

一方、捜査を指揮する立場の東京地検次席検事の笠間治雄は摘発には乗り気でなかった。ＵＦＪ銀行の資料隠しにそれほどの悪質性があると思えなかったためである。次席検事の笠間は、

「検察が、メガバンクの不良債権処理と金融再編という政府の行政目的を達成するための走狗にされるのではないか」

と危惧していたという。

笠間とまったく反対の考えをもっていたのが検事総長の松尾だ。東京地検特捜部が

元副頭取以下三人を逮捕する方針を報告すると、松尾は納得しなかった。検査妨害当時の銀行頭取が逮捕予定者に入っていないのが不満だったのである。松尾検事総長は東京地検に対し、「頭取の関与」をあらためて捜査するよう要請した。

「しゃかりきにやる事件ですかね」

東京地検の笠間次席が疑問を口にしたという話が検察内部に広まった。司法記者たちのあいだでは、UFJ銀行頭取逮捕をめぐる「松尾検事総長 対 笠間次席」の争いが話題になったという。

結局、元頭取は逮捕を免れた。特捜検事がUFJ銀行の行員をいくら追及してみても、頭取関与の証拠は出てこなかったのである。東京地検特捜部は元副頭取以下の元幹部を逮捕したが、公判で事件の異様さがあらためて浮き彫りになる。

元副頭取らは、資料が入った段ボール箱を会議室に隠した行為で「検査妨害」に問われていた。ところが、裁判で検察は、段ボールのなかの資料がどのような内容だったのかに触れたがらなかった。何を隠していたのか、明確にならなかったのである。

UFJ銀行元幹部の弁護を担当した東京地検特捜部OBの弁護士に疑問をぶつけると、段ボール箱の件には触れず、こう切り捨てた。

「私が特捜部にいたときには、こんなひどい捜査はしたことがない。これは、実質的に、検察がつくりだしたような事件ですよ」

じつは、東京地検特捜部内部にも疑問の声はあった。司法記者の村山によれば、捜査の過程で、むしろ金融庁の検査官の行動を疑問視する見方すら出ていた。この金融検査官は厳しい検査をすることで金融界にその名をとどろかせていた。検事のなかには、金融庁の検査官が何者かにけしかけられていたのではないかと疑うものまでいたという。

UFJ銀行事件の不自然さを決定づけることになったのが、事件後の銀行決算だ。金融担当大臣の竹中はUFJ銀行に対して執拗に不良債権処理を迫り、黒字決算を認めなかった。このため、不良債権処理による損失額が当初見込みより五〇〇〇億円も増えてしまう。当初は黒字決算を予想していたのに、二〇〇四年三月期連結決算は四〇〇〇億円もの巨額赤字に転落したのである。UFJ銀行は自力再建をあきらめざるをえなくなり、結局、東京三菱銀行に吸収合併される形で消滅した。

UFJ銀行を監査した中央青山監査法人の公認会計士は、東京地検特捜部の調べに対し、

「引き当て率について、急に金融庁の方針が変わったため、積み増しを求めた。自分たちはUFJの黒字決算を承認するつもりだった」

と供述したという。りそな銀行の破綻と同様、やはりUFJ銀行事件でも、竹中大臣の圧力に屈し、監査法人が豹変していた。「監査」というカラクリがあったわけである。

事実、金融庁に迫られ積み増した引当金が不必要なものだったことが、のちに明らかになっている。引当金の繰り戻しで巨額の黒字を計上したのだ。四〇〇〇億円もの赤字を出してまで引当金を積み増す必要はなかったのである。

逮捕されたUFJ銀行元幹部の三人は執行猶予つき有罪判決を受け、控訴しなかった。元幹部のひとりを自宅にたずねると、インタフォン越しに弱々しい声が返ってきた。

「もう、事件のことはすべて忘れたいんですよ。ですから、取材はお断りします」

銀行幹部を刑事犯罪人に変えたUFJ銀行事件はいったい何を物語っているのだろうか。

『朝日新聞』の司法記者である村山は、『市場検察』で興味深い指摘をしている。小泉政権発足後に検事総長に就任した三人、原田明夫、松尾邦弘、但木《ただき》敬一の三代続く検事総長はいずれも、「革新派の法務官僚」だという。「市場化する社会」に対応した検察に改革していかなければならないという考えを強くもっていた。三人とも司法制度改革に熱心に取り組んでもいる。

ＵＦＪ銀行摘発に執念を見せた松尾は、市場化が進んで自由競争が促進されると、検察にも「事後チェック型」の役割が求められると考えていた。検察は金融庁や証券取引等監視委員会、公正取引委員会などと緊密に連携して、「市場経済の番犬」の役割を担う。それが松尾検事総長の描く検察像だった。

司法記者の村山は、彼らが「革新派法務官僚」となった淵源を探ると、一九八〇年代末の「日米構造協議」に行きつくと指摘している。但木敬一は当時法務省の大臣官房司法法制課長で、日米構造協議では、独占禁止法の強化を求めるアメリカ政府の官僚たちと直接渡り合った経験をもつ。松尾も、独禁法をアメリカ並み「国際基準」まで強化すべきというのが持論だった。村山は『市場検察』で次のように指摘している。

「松尾、但木が談合摘発に意欲を燃やすのは、彼らが、80年代末に始まった米国発のグローバリゼーションと日本政府に対する構造改革要求を、法務省の中堅幹部として体験し、国家レベルでの政策転換に実務家としてかかわったことと深い関係がある。その後、2人は、法務・検察にとって『百年に一度の大事業』である司法制度改革を手がけた。司法制度改革は、『国の形』『国のあり方』に深くかかわる問題だった。2人は、改革をめぐる政府・法務省の議論の中で、国のあり方として、事後監視・司法強化型のシステムを不可避と考えるにいたった。2人の中に形成された国家観・公益観は、検察ゾーンに戻っても生きていた。むしろ、検察という法執行の現場で、花開いたともいえる。2人には、米国型のグローバリゼーションに対応できる経済社会を整備しないと、日本は立ちゆかない——という強烈な思いがあった」

米国型のグローバリゼーションに対応できる経済社会を整備する——それは竹中が指揮をとる「構造改革」政策そのものだ。つまり、不良債権処理、金融改革という国家プロジェクトにおいて、検事総長の松尾邦弘は竹中の指揮下にあったわけである。

竹中大臣に共鳴して、UFJ銀行摘発に前のめりになる松尾検事総長に対し、先述したように捜査現場の指揮をとる笠間次席検事は、「検察が、メガバンクの不良債権処理と金融再編という政府の行政目的を達成するための走狗にされるのではないか」と危惧した。笠間の表現を借りるなら、「松尾検事総長は、竹中大臣の走狗となって、UFJ幹部を追い詰めた」ともいえるだろう。

「構造改革」を推し進める竹中のもとで、金融庁や検察といった国家組織は雪崩を打つように変質していた。一方、改革の時代の頂に立った竹中は次なる国家プロジェクトに取り組もうとしている。小泉純一郎が政治生命をかけて遂行しようとする、「郵政事業の民営化」が彼を待っていた。

反経世会＋親大蔵省＝郵政民営化

小泉純一郎が初めて衆議院選挙に挑んだのは一九六九（昭和四四）年、二七歳のときである。衆議院議員だった父・純也が急死したため、留学先のイギリスから帰国してあわただしく出馬した。選挙区は神奈川二区（当時）。小泉の育った横須賀市のほか鎌倉市や逗子市なども含まれていた。急ごしらえで選挙戦を戦ったが結局、僅差で及ばず落選した。

浪人の身となった小泉は父・純也が属していた自民党派閥「福田派」領袖の福田赳夫の秘書となり、福田宅に通う書生生活を送るようになる。

福田は大蔵省で主計局長までのぼりつめたが、一九四八（昭和二三）年、昭和電工による政府高官らへの贈収賄事件、いわゆる「昭電疑獄」で収賄容疑で逮捕されて大蔵省を去り（のちに無罪判決を受ける）、ほどなく、政治家へと転身した。小泉が秘書として福田邸に通いはじめた当時、佐藤栄作内閣で大蔵大臣をつとめていた。その後、外務大臣を歴任して実力をつけた福田は、総理の座をめぐって田中角栄と「角福戦争」と呼ばれる激しい戦いを繰り広げる。

小泉は福田のもとで秘書として三年あまり過ごしたあと、一九七二年の衆議院議員選挙で初当選を果たした。福田派閥に入り、衆議院では大蔵委員会に所属して政治活動をスタートさせる。

政治家の道を歩みはじめた小泉は大蔵省以外の役所にほとんど関心を示さなかった。大平内閣で大蔵政務次官に就任したあと、自民党内では大蔵省のカウンターパートである財政部会の部会長をつとめ、衆議院では大蔵常任委員長をつとめている。履歴からいえば、「大蔵族議員」なのである。

政治家として「郵政民営化」をライフワークとするようになった背景にも、大蔵省との関係がある。金融界を監督する大蔵省は、郵政事業を所管する郵政省とは郵便貯金をめぐり対立する関係にあった。

小泉が郵政問題を意識しはじめるのは大蔵省の政務次官をしていたころである。大蔵政務次官に就任した一九七九年は、大蔵省が大蔵省財政金融研究所の前身である財政金融研究室を省内に設けた年だ。しばらくすると、竹中平蔵が開銀から財政金融研究室に出向してくることになる。将来郵政民営化を手がけることになる小泉と竹中がともにこの時期、大蔵省と深くかかわり合っていたことは興味深い事実である。

当時の大蔵省が抱えていた課題は財政の再建だ。七〇年代半ばから国債発行残高が急激に増えたため、不況になると国債発行をいとわず公共事業を実施して景気を回復させるという、ケインズ的な政策を転換させるため、理論武装に入ろうとしていた。理論武装を担当したのが財政金融研究室、さらに研究室を拡充した財政金融研究所だった。経済学者としての竹中の母胎となった組織だ。このころから大蔵省は、「反ケインズ」諸学派が台頭してきたアメリカ経済学界とも緊密に連携するようになっていく。

財政再建を急ぎたい大蔵省は「間接税の導入」という大プロジェクトの達成に血道をあげた。大平内閣（一九七八年一二月～八〇年六月）で「一般消費税」、中曾根内閣（八二年一一月～八七年一一月）で「売上税」と看板をかけかえながら新税導入をはかろうとするが失敗し、竹下内閣（八七年一一月～八九年六月）でようやく「消費税」を実現させた。

政治家として成長期にあった小泉が大蔵官僚から吸収したのは「財政再建」という命題であり、財政再建の文脈のなかで語られる「財政投融資」問題にも関心を向けるようになる。

財政投融資は、郵便貯金や公的年金の積立金を、大蔵省理財局のもとにある資金運用部に全額預託し、大蔵省理財局がその資金を政府系金融機関や特殊法人などに貸し出すシステムだ。

郵便局が集めた郵便貯金などが、大蔵省を経由して、特殊法人などに貸し付けられて社会資本整備などに投入される。こうした公的金融のあり方は、高度経済成長が終焉して無駄な公共事業への監視が厳しくなるにつれ激しい批判にさらされるようになる。

小泉において、財政投融資への問題意識はやがて「郵政民営化」という政策テーマへ収斂していくけれども、それは大蔵省に埋め込まれた「財政再建思想」だけに基づくものではなかった。

自民党の加藤紘一は九〇年代はじめ、小泉、山崎拓と派閥横断のグループ「YKK」を結成した。初当選が小泉と同じで政治家としては同期生でもある加藤は、自民党の有力派閥「宏池会」のプリンスと呼ばれていた。加藤の証言。

「小泉さんは一年生のときからずっと大蔵委員会にいたから、大蔵省の役人の話ばかり聞いていた。でも、郵政民営化にこだわるようになったのは財政投融資改革という政策論というよりも、『反経世会』ですよ。『反経世会』と『親大蔵省』を足し合わせると『郵政民営化』という答えが出てくる」

田中角栄を領袖とするグループの流れをくむ自民党最大派閥「経世会」は、ロッキード事件で田中が失脚したあとも政権への絶大な影響力をもち続けた。竹下登や金丸信など有力議員たちが田中のもとを離れ、「創政会」を旗揚げして実質的に田中派を継承し、自民党総裁つまり首相選出の際は「キングメーカー」として君臨した。

経世会に担がれた海部内閣のもとで、小泉純一郎、加藤紘一、山崎拓が派閥の垣根を越えて「ＹＫＫ」トリオを結成したのも、経世会支配に対抗するためだった。とりわけ経世会の実力者として台頭してきた小沢一郎自民党幹事長への警戒心が三人を結束させた。

経世会は「族議員の牙城」という顔をもっていた。郵政族議員の集票組織ともいわれる全国特定郵便局長会を束ねたのは田中角栄である。その後、郵政族議員のとりまとめ役は竹下登や金丸信、小渕恵三、野中広務《ひろむ》と経世会実力者たちで占められた。公共工事と同じく、財政投融資という資金配分システムに基づく事業も政治との結びつきが強い。つまり、小泉が関心を寄せた財政投融資改革は、経世会の権力基盤を解体するという政治的テーマと背中合わせになっていたのである。

ジャーナリストの町田徹は『日本郵政』（日本経済新聞社）で、小泉が初選挙で落選した際、特定郵便局長たちの「造反」に遭う苦い経験をしたことが郵政民営化へのこだわりにつながっているのではないかとの見方を披露している。

小泉の祖父・又次郎は逓信大臣をつとめた「元祖郵政族」で、地元三浦半島の特定郵便局長網を築いた。こうした事情があるので、父・純也の弔い選挙であわただしく出馬した小泉も、当然地元の特定郵便局長たちから支持が得られるはずだった。ところが、地元の特定郵便局長たちは対立候補側に寝返り、小泉は落選してしまった。僅差で敗れたので、「造反」さえなければ当選していたはずだった。

小泉と「反経世会」で手を結んだ加藤によると、「郵政問題」における小泉の関心は、財政投融資改革という政策論より、たしかに「対郵政族議員」に向けられていたという。

「政策論で私と山崎拓が熱く議論を戦わせていても、小泉さんは話に加わろうとしないんですよ。話を振っても、たいてい一言か二言返ってくるだけ。政治家はあんまり政策の勉強をしてはいかん。勉強なんかすると、かえって政治家としてのメッセージが曖昧になる。それが小泉さんの考えでした。料理屋で私らふたりが議論していても、彼は構わずひとりでお酒を飲んでいましたよ」

小泉が「郵政民営化」論者として知られるようになるのは、宮澤内閣に郵政大臣として入閣したときである。就任まもない時期の記者懇談会で、「郵政事業はいずれ民営化される」という見解を示して騒がれたけれども、これは金融自由化の話題のなかで記者からの質問に答えたいわば突発的出来事だった。郵政大臣として民営化を具体的に頭に描いていたわけではない。

九五年九月に自民党総裁選挙に初めて挑んだ際、今度は明確に自ら取り組むべきテーマとして「郵政民営化」を掲げた。総裁選では橋本龍太郎に大差で敗れたものの、これ以後、「郵政民営化」が政治家小泉純一郎の一枚看板となる。

郵政マネーに目をつけたアメリカ

日本の郵政事業を俯瞰《ふかん》してとらえるためには、海外からどのように見えていたかを知ることが必要だ。アメリカの大手シンクタンク、戦略国際問題研究所（ＣＳＩＳ）が九二年末に作成した報告書がある。翌年一月のクリントン政権発足にタイミングをあわせて作成された政策提言である。

ＣＳＩＳの報告書はクリントン新政権への提言として、ブッシュ（父）前政権の対日政策の柱だった日米構造協議をやめ、政府だけでなく経済界、学界、労働界を巻き込んだより包括的な新しい協議機関を設置するよう求めている。日米構造協議を拡充した日米両政府による協議機関を設けて、対日要求をつきつけよというわけである。

そして、日米共同のプロジェクトとして職業訓練、老人医療、大量輸送機関などのインフラ整備を両国で協議することを提案した。なぜインフラ整備かというと、クリントンが民需主導型経済に転換するために重視していたからである。

注目すべきは、こうしたインフラ整備の財源として、日本の「郵便貯金」が活用できると指摘していることである。アメリカの国内政策に日本の郵便貯金を投入するという発想だ。

『週刊ポスト』(一九九三年一〇月一五日号)に、ジャーナリストの歳川《としかわ》隆雄が興味深い記事を寄稿している。細川首相、クリントン大統領の日米首脳会談が行われる一ヵ月ほど前、細川は首相官邸でケント・カルダーと会談していた。カルダーといえば、竹中の親友のアメリカ人である。

このカルダー氏が、四〇分とはいえ、日本語で細川首相と会談している。ここで、大いに気になるのが、カルダー氏の最新論文だ。米国誌『インターナショナル・エコノミスト』(一九九三年五・六月号)に「郵貯の活用が世界経済の活性化につながる」と、ドキッとする主張を展開している。いわく、「一九九三年三月現在で合計一七〇兆円という膨大な額をほこる郵便貯金の資金」は、「国内の景気刺激策に利用」できるばかりか、「対ロシア援助や発展途上国に対する援助、世界的な環境対策などに最も容易に投入できる資金源でもある」という。そして、郵貯が「日本の最後の切り札になるだろう」と結論付けているのだ。

東西冷戦が終焉した直後、アメリカではすでに日本の巨大な「郵政マネー」の活用方法がカルダーたちによって議論されていた。重要なことは、海外から見た場合、郵政事業は郵便配達事業などではないということだ。郵政事業とはあくまで郵便貯金と簡易保険という「郵政マネー」、すなわち「金融事業」なのだ。日本の郵政事業は、世界に類を見ないほど巨額の資金を抱えている。

「ゲリラ部隊」がつくった民営化案

首相にまでのぼりつめた小泉は、「郵政民営化」を「小泉構造改革の本丸」と位置付けることになる。旧経世会勢力を崩壊へ導く総仕上げでもあった。同時にこのとき初めて、「どのように民営化するのか」という具体的な処方箋を書かねばならなくなった。政争に重きをおいて政策を顧みようとしない小泉は、民営化を主張するようになっても具体案は依然空白のままにしていた。

この空白を埋めるべく登場するのが竹中平蔵である。郵便貯金と簡易保険あわせて三五〇兆円にのぼる「郵政マネー」——その行方が彼の手にゆだねられることになる。

「今後、国民的議論を行い、日本郵政公社の中期計画が終了したあとの二〇〇七年から、郵政事業の民営化を実現します。このため、来年秋ごろまでに民営化案をまとめ、二〇〇五年に改革法案を提出します」

小泉首相は二〇〇三年九月二六日の所信表明演説で、具体的なスケジュールを示した。そして同じ日の経済財政諮問会議で、郵政民営化の議論は経済財政諮問会議のなかで進めていく方針を明らかにしたうえで、

「郵政民営化のとりまとめにかかわる担当は、経済財政諮問会議を担当する竹中経済財政政策担当大臣にお願いしたい」

と小泉自ら宣言した。

段取りは竹中とのあいだで打ち合わせ済みだった。小泉は竹中から、民営化案づくりは日本郵政公社を監督する総務省には任せず、「総理直轄」で進めるべきだと繰り返し進言を受けていたのである。小泉が議長をつとめる経済財政諮問会議を活用せよ

ということだ。担当大臣は竹中なのだから、「民営化の制度設計を請け負いたい」という竹中の意思表示でもあった。小泉は全権を竹中にゆだねる判断を下し、民営化プロジェクトは動きだした。

当然、自民党内の郵政族を中心に民営化反対勢力が猛反発することが予想された。だが、総務省所管の日本郵政公社の民営化を、総務大臣ではなく、経済財政政策担当大臣で金融担当大臣も兼任する竹中が取り仕切るやり方に、反対派は機先を制されてしまった。なにしろ、経済財政諮問会議に出席できるのは閣僚と日銀総裁、議論を主導するのは竹中大臣のもとで結束する四人の「民間議員」なのである。

郵政公社は、正規雇用約二六万人、非正規雇用一二万人、経常収益二三兆円、保有資産三七〇兆円を有する。とてつもない規模の企業の民営化が、いよいよ政治日程に乗った。まさに世界最大規模の民営化である。これを実現することは、経済的に見て二一世紀型の日本の市場経済を作ることを意味していると、私は認識していた。とりわけ郵政は、貯金規模において世界最大の金融機関である。その民営化なくして、日本の金融市場活性化は絶対にありえなかった。（『大臣日誌』）

竹中が指摘するように、日本の「郵政民営化」は国家が経営している事業を民営化するプロジェクトとしては世界でも類を見ない巨大プロジェクトである。「日本の郵政民営化」が「世界最大規模の民営化」となる理由は、日本の郵政事業が「世界最大規模の金融機関」という顔をもつからにほかならない。

ブッシュ（子）政権はきわめて早い段階から敏感に反応した。小泉が所信表明演説で民営化スケジュールを示してからわずか一ヵ月後、一〇月二四日付で作成された日本政府に対する「年次改革要望書」のなかで、ブッシュ政権は次のように述べている。

「米国政府は、二〇〇七年四月の郵政民営化を目標に、小泉首相が竹中経済財政・金融担当大臣に簡保、郵貯を含む郵政三事業の民営化プランを、二〇〇四年秋までに作成するよう指示したことを特筆する」

小泉が「郵政民営化」の指揮を竹中にゆだねたことを「特筆」に値すると、米国政府が称賛している。ブッシュ政権はその意味するところを正確に把握していた。「簡保、郵貯を含む郵政三事業」（注　傍点は筆者）との表現に、興味の対象が垣間見えている。当初からアメリカ政府の関心は金融部門に注がれていたのである。

そして、民営化の設計者たる竹中の関心もやはり金融事業に向けられていく。すなわち、郵政事業から郵便貯金、簡易保険という金融事業を切り離して市場で売却すること――。「世界最大規模の民営化」を実行するにあたり、金融部門の売却に徹底して固執することになる。

竹中による民営化のもうひとつの特徴は、政策形成プロセスにあった。「郵便貯金、簡易保険の市場売却」を至上命題とする民営化案は、じつは、経済財政諮問会議の場で練り上げられていったものではなかった。

竹中には、経済財政諮問会議で具体案を議論する気など端《はな》からなかった。不良債権処理策「竹中プラン」を作成したときと同様、自らが選抜した少数グループだけで「裏会議」を何度も繰り返し、民営化案を練り上げるやり方を採用したのである。

選抜された少数グループは表舞台にはほとんど顔を出さなかった。情報が洩れることを極度に警戒した竹中が隠密行動をとらせたため、いつどこで話し合いが行われているのか、そもそもメンバーが誰なのかさえ部外者にはわからない。竹中自身、彼らを「ゲリラ部隊」と呼んでいた。

私と秘書官、そして郵政改革を担う志ある官僚、そして経済・財政の専門家——。常時集まる人数は一〇人弱だったが、世界最大の民営化に挑戦するゲリラ部隊は、基本方針の作成・決定のみならず、その後の郵政民営化全体を推進する主体となったのである。(『大臣日誌』)

「世界最大の民営化」の制度設計は、表向きは経済財政諮問会議で協議されて決められていったように装われていたが、実態は覆面部隊に担われていた。「ゲリラ部隊」内の議論の内容も「一〇人弱」というメンバーの名前も明らかにされていないけれども、もちろん大臣補佐官だった岸博幸と真柄昭宏はその一員である。竹中のいう「志ある官僚」のひとりが財務官僚の髙橋洋一だったことは髙橋本人が明かしている。髙橋は、小泉政権終了後に著した『さらば財務省!』(講談社)でこう述べている。

「私も、基本方針づくりにはもちろん参加した。岸さんらと四人ほどで、あるときは竹中さんの外部オフィスで、また、竹中さんから見てちょっと遠い人間を入れる必要があるときには、ホテルの一室で、集まって」

「竹中さんの外部オフィス」というのは、東京・赤坂のアメリカ大使館近くにあるアークヒルズエグゼクティブタワーのなかの事務所だ。密談を行う際に竹中が頻繁に使用していた場所である。

竹中を支えたのは、ふたりのキャリア官僚だった。大臣補佐官の岸は一橋大学経済学部卒業後、一九八六年に通産省に入省した。九〇年代半ばにニューヨークに赴任し、朝鮮半島エネルギー開発機構（ＫＥＤＯ）に出向する。日本とアメリカ、韓国が対北朝鮮交渉のために設立した国際機関である。ＫＥＤＯ出向時に岸は役人としての転機を迎える。上司にあたる事務局長がアメリカ国務省出身のアメリカ人で、組織第一主義の通産省との違いを痛感した。組織の論理を離れ個人で勝負する働き方を学んだという。

帰国後、森政権下で内閣官房ＩＴ担当室に出向した際、竹中と出会った。ＩＴ戦略会議の委員だった竹中と、ＩＴ戦略会議の活動を通じて交流を深めた。

構造改革に協力してほしいと声をかけられたのが縁で、竹中大臣の補佐官となり、竹中が金融担当大臣を兼務したときには岸も金融担当大臣補佐官を兼務した。文字通り、「竹中の側近」になったのである。

財務省の髙橋洋一のほうは政策づくりに特化していた。四歳上の竹中とは大蔵省の財政金融研究所で出会って以来、長いつきあいである。東京大学理学部数学科卒業後に経済学部に入りなおし、大蔵省に入ったという経歴をもつ。プリンストン大学留学中に「霞が関官僚」を客観的な立場から見る目を養ったという点で、岸と似たような体験をしている。アメリカの大学への留学経験がふたりに「脱官僚」の契機を与え、「竹中チーム」への参加を促したともいえる。

橋本政権が財政投融資制度改革をとりまとめた際、髙橋は大蔵省で財政投融資改革を担当していた。小泉政権の経済閣僚に就任した旧知の竹中から声をかけられ、政府系金融機関の改革などでアイデアを提供するようになるが、本格的な懐刀になるのは竹中が郵政民営化に取り組みだしてからだ。民営化案の作成過程について、髙橋が『さらば財務省!』のなかで触れている。

「もっとも、竹中さんが四分社化を採用したのは、私のアイデアだけを取り入れたからではない。郵政事業の分割に関しては、マッキンゼー社も案を練っていた。マッキンゼーは一足先に実施されたドイツの郵政民営化にコンサルタントとして参加したという経験があった。マッキンゼーで、郵政民営化を考えていたのは宇田左近さん(現・日本郵政専務執行役)である。宇田さんの考えがおもしろく、竹中さんの琴線に触れたようだった」

「四分社化」は郵政事業を郵便事業、郵便局、郵便貯金、簡易保険の四事業に分け、それぞれ独立した企業とする考え方だ。最大の狙いは郵便貯金、簡易保険の二企業を市場で売却し、政府出資のない完全な民営会社とすることである。

「マッキンゼー社も案を練っていた」と髙橋はさらっと書いているが、政府はマッキンゼーとコンサルティング契約を結んだという発表はしていない。マッキンゼーほどの国際的大手コンサルティング企業がコンサルティング料も受け取らずに、無料で世界最大の民営化プロジェクト案の作成を引き受けたのなら、それもまた不自然な話だ。

こうした「ゲリラ部隊」の秘密会合で練り上げられた民営化案を、経済財政諮問会議の場に投げ入れ、日本政府案に格上げさせる。

「諮問会議は、アイデアを出す場というよりは、作業部隊で作られた案をオーソライズする場だと割り切る必要があった」と竹中は回顧録で明かしている。「ゲリラ部隊」は最後まで表舞台には出てこず、議論はあくまで経済財政諮問会議で進行する体裁をとっていたのである。

「世界最大の民営化に挑戦するゲリラ部隊は、基本方針の作成・決定のみならず、その後の郵政民営化全体を推進する主体となった」と竹中は堂々と書いているが、「ゲリラ部隊」に民営化と利害関係のある人物がいたかどうかいまだにはっきりしない。つまり、「四分社化」がほんとうはどのような意図のもとに策定されたのか、「ゲリラ部隊」の実体がわからない以上探りようもない。竹中の徹底した秘密主義は、さまざまな臆測を呼ぶことになる。

「自民党は殺された！」

総務省は二〇〇三年四月に発足したばかりの日本郵政公社を所管していた。本来なら郵政民営化担当は総務大臣になるはずだが、竹中が小泉に「総理直轄」を進言した結果、経済財政諮問会議の担当大臣である竹中が総務大臣に代わって責任者となった。総務大臣の麻生太郎は、郵政事業を所管する大臣でありながら、主導権は竹中に握られているという微妙な立場に置かれた。

麻生が郵政民営化に反対していたというわけではない。総務大臣に就任する際、任命者の小泉からは強く言い含められていた。弱小派閥出身でポスト小泉の座をうかがう麻生にとって、小泉が政治生命をかけるとまで公言する郵政民営化に反対する選択肢は初めからなかった。小泉もそれを見越して総務大臣に起用したのである。

総務大臣に就任した際、麻生はさっそく郵政担当の総務省幹部を呼び、「ハラを割って話したい」と話を切り出した。

「小泉総理に郵政民営化をやってくれといわれている。やる気はあるのか」

本音を聞きだそうとする麻生に、総務省幹部も率直に答えた。

「やる気はあります。ただし、民営化後に事業が展開できるような民営化にする必要があります」

二〇〇三年九月の自民党総裁選挙で、小泉は郵政民営化に反対する亀井静香などを破って再選された。総務省幹部のあいだでは、郵政民営化に突き進む小泉政権への対応が密かに話し合われ、民営化に舵をとるという判断がすでに下されていた。

重要なのは民営化後の組織形態だが、総務省内部では「事業ごとの分社化は許容するにしても、郵便、郵便貯金、簡易保険の三事業を一体で経営する必要がある」と結論付けた。金融事業を引き離せば、郵便事業の経営が行き詰まることは目に見えていた。

大臣の麻生も「三事業一体経営」の主張を受け入れた。その結果、「金融事業の売却」を目指す竹中と激しく対立することになる。

政治の表舞台では、与党の自民党内でも「民営化に反対か賛成か」という対立構図ができあがっていたため、金融部門の扱いをめぐる暗闘にはスポットライトがあたっていなかった。しかし実際には、金融部門を売却するかどうかという隠れた争点は政府内で早い段階から浮上していた。最大の問題は初めから郵便貯金、簡易保険の取り扱いにあったわけである。

竹中にとって計算外だったのは、日本郵政公社の生田正治《いくたまさはる》総裁が金融部門の分離・売却に反対を唱えだしたことだ。

生田はかつて郵政民営化論者の急先鋒だった。商船三井社長をつとめていた生田は経済同友会の副代表幹事として郵政民営化論を強く主張していた。小泉はそんな生田を見込んで、日本郵政公社初代総裁に抜擢した。小泉が直々に総裁就任を要請して渋る生田を説き伏せた経緯があり、竹中にすれば、生田は当然支援者になってくれるはずだった。

ところが、日本郵政公社総裁となった生田は民営化のあり方をめぐる具体論に入った段階で、竹中と齟齬《そご》をきたすようになった。

二〇〇四年二月一七日の経済財政諮問会議に「臨時議員」として招かれた生田は、会議を取り仕切る竹中の前で、「三事業一体」の必要を説くことになる。

「じつは、地方まわりをすればするほど、島も含めましてだいたい二回ぐらい、多いところは三、四回全国をまわっているわけでありますが、地方の地域住民がユニバーサルサービス機能というのを強く望んでいるということを、いろんな集会をやりましてもたいへん強く訴えられますし、生活を見て、その必要性を自分でほんとうに肌で感じる、こういうことでございます」

生田がいう「ユニバーサルサービス」とは、郵便事業、郵便貯金、簡易保険がそろったサービス提供のことで、三事業一体の経営を意味している。いいかえれば、郵便事業から金融事業だけを切り出し、引き離すのは間違っているという指摘だ。

生田は竹中を前にして、利用者の声を代弁する形で金融事業の重要性を訴えかけた。

「いろんな各地での話し合いで出てくるのは、なんとか公社でやめないでくれ、万一、将来民営化になってもやめないでくれという話なんですが、そのときに、彼らのいうユニバーサルサービスというのは、中心は郵便のことじゃないということが、私の新しい発見でございます」

全国各地の郵便局に足繁く通って視察を重ねた生田は、郵便貯金と簡易保険が果たしている役割の重要性を認識するようになっていた。生田は雑誌にも登場して、郵政事業がもつ公共性を説いている。

「過疎地のことなんかこだわるなという方もいます。ATMや携帯を使えと言われても本当の田舎にはコンビニはありません。住民の利便性を守ろうという発想ではなく、そこに住みづらくなったら引っ越せばいいと。しかし、政府がこの国のカタチを変えようとしている改革に際して、利便性が劣化しそうな方々に対して、果たしてそ

れでいいのだろうかという疑問を感じるんです」（『財界』二〇〇四年二月一〇日号）

身内であるはずの生田からの反論は、竹中にとっては想定外だった。生田は四月七日に経済財政諮問会議に再び招かれた際も、竹中大臣に真正面から異議を唱えた。具体的な数字をあげて三事業一体経営の必要を訴えたのである。

二万五〇〇〇局近くある郵便局の運営コストは、実際はその六割を郵便貯金事業、一割を簡易保険事業でまかなっている。郵便事業が負担しているコストは全体のわずか三割に過ぎず、郵便貯金、簡易保険を引き離せば郵便局ネットワークは崩壊する。経営者の立場から生田はそう警告した。

現場を知る生田の主張は「総務省に取り込まれた」といって片付けるわけにもいかない説得力を備えていた。そもそも小泉に口説かれて郵政公社トップに座った生田は、「小泉による郵政民営化」に賛同する立場を一度も崩していない。

本来なら、郵政事業の現場をもっともよく知る生田の意見は民営化案を策定する際に有益な情報となるはずだ。だが、竹中には、過疎地の利用者の訴えを聞き、金融事業の分離に「疑問」を抱くまでになった生田の存在はやっかいなものと映った。

なぜ金融部門を売り払ってしまわなければならないのか——素朴な疑問に、竹中が用意した答えは「ひとつの事業の悪化が他事業に波及するリスクを遮断するため」といういかにも苦しい論理立てだった。そもそも生田は金融事業がいっしょでないと郵便事業は立ちゆかないと説明しているわけだから、話はまったくかみ合わない。

ただ生田は経済財政諮問会議の正式メンバーではなく、民営化案づくりに参加しているわけでもない。政治力のない生田は、やっかいではあるが竹中の敵というほど大きな存在ではなかった。

経済財政諮問会議の場で、直接対峙するのは総務大臣の麻生だけだ。民営化の基本方針をとりまとめる際、竹中は麻生と対立するテーマ、つまり、会社の組織形態を巧みに先送りしていた。

金融部門を売却するかどうかは、組織形態の議論で決まる。「三事業一体経営」を譲らない麻生総務大臣を、どこかの時点では切って捨てなければならない。タイミングを、竹中は慎重にはかっていた。

それは「郵政民営化の基本方針」を決定する直前の出来事だった。当時、総務副大臣として麻生大臣に仕えていた自民党の衆議院議員、山口俊一の証言。

「小泉総理のもとに関係閣僚が集められたときでした。竹中大臣が突如、『四分社化案』をボーンと出してきたんですよ。小泉さんには根回ししていたようだった。『四分社化案』を見せられたとき、郵貯と簡保を潰す気なんだと思いましたね。竹中の狙いは明らかに金融を切り離すことにあった。このとき以降ですよ、麻生さんが『竹中嫌い』になるのは」

麻生は三事業一体経営が可能な分社化案を用意していた。小泉にも報告していて、小泉の理解を得られたものと思い込んでいたのである。副大臣の山口が竹中に対する不信感を口にしても、「基本的なところではそれほど考えは違わない」ととりあわなかった。

ところが、小泉の目の前で、竹中から唐突に「四分社化案」なるものをつきつけられた。麻生は唖然とするほかなかった。

しかも、小泉は躊躇なく竹中の金融分離案を全面支持した。麻生案など一顧だにされなかった。竹中が小泉のもとに通い入念に打ち合わせていた舞台裏を知らない麻生は、道化役を演じる惨めな立場に陥ったのである。

竹中は、麻生と協調して民営化を進める素振りを装いながら、金融部門の売却を可能にする組織形態案は秘匿していた。欺くようなやり口に総務副大臣の山口は憤り、「私も副大臣を辞めますから、麻生さんも大臣を辞められたらどうですか」とまで訴えた。麻生は山口以上に衝撃を受けていた。

「竹中があんなやつだとは思わなかったよ」

はき捨てるようにいうのが精いっぱいだった。麻生は別の自民党議員にも、「そこには別人がいたんだ」と小泉の豹変ぶりをなじった。

金融部門売却の基本方針は、総務大臣の麻生を見事にだまし討ちして成立した。竹中は、麻生と同様に「三事業一体経営」を譲らない日本郵政公社の生田総裁への対策も怠らなかった。小泉を動かしたのである。首相直々の説得にあい、生田は簡単に折れた。

「四分社化案」は経済財政諮問会議で郵政民営化の基本方針として決定されたあと、ただちに閣議決定された。竹中が指揮する「ゲリラ部隊」が秘密裏に策定した「四分社化案」は、電光石火の早業で「日本政府案」へと変貌を遂げた。

欺かれたと憤ったのは麻生や山口だけではなかった。与党・自民党では、閣議決定事項は事前に自民党総務会で承認を得る慣例となっている。だが、「郵政民営化の基本方針」はこのプロセスも飛ばして閣議決定された。自民党の総務会長だった堀内光雄は『自民党は殺された！』（ワック）で書いている。

「この日（筆者注　「郵政民営化の基本方針」が閣議決定された日）、平成十六年九月十日は、私にとって永久に忘れることのできない日となった。昭和三十七年以来、四十二年間にわたって自民党が維持してきた、党内の幅広い意見を党内調整によって集約し、最終的に総務会で了承された法案を閣議決定するという党内手続きが完全に無視された日だからである。

この日、日本の議院内閣制制度の石垣の一角が崩れさった……」

堀内は、小泉が自民党の総務会を無視してまで閣議決定を急いだ背景に、訪米が迫っていた事情があったとしている。「小泉首相は党内で議論を尽くすことより、ブッシュ大統領へのお土産にすることを優先した」と批判しているのだが、実際、小泉は国連総会出席のために閣議決定の翌々日にアメリカへ発ち、九月二一日にブッシュ大統領と会談した。

日米首脳会談では、ブッシュのほうから会談予定になかった郵政民営化の話を持ち出してきたという。『日本経済新聞』が伝えている。

「『郵政民営化の進展ぶりはどうか』。二十一日の日米首脳会談でブッシュ米大統領が、会談の最後に郵政民営化の話題を突然、持ち出して日本側出席者らを驚かせた。小泉純一郎首相が『大きな反対はあるが、しっかりやる』と決意を述べると、大統領は『首相の強いリーダーシップに敬意を表したい』。大統領が郵政民営化への日本国内の反対論を見越して首相を励ました形だ」（二〇〇四年九月二二日付）

ブッシュに呼応する小泉

日米首脳会談の直後、ブッシュ政権は「日米規制改革および競争政策イニシアチブに基づく日本政府へのアメリカ政府要望書」（二〇月一四日付）を提出した。アメリカ政府が日本政府に毎年出してくる「年次改革要望書」だが、この年は「郵政民営化」への関心をわざわざ強調している。

「本年の要望書においてアメリカは、日本郵政公社の民営化計画が進んでいることを受け、勢いを増している日本における民営化の動きに特段の関心を寄せた。これに関して、日本経済に最大限の経済効果をもたらすためには、日本郵政公社の民営化は意欲的かつ市場原理に基づくべきだという原則がアメリカの提言の柱となっている」

各論になると、やはりブッシュ政権の関心は金融部門に集中しており、「郵便保険と郵便貯金」という項目を特別に立てて要求してきている。

Ⅱ-A．郵便保険と郵便貯金

日本郵政公社の民営化が、経済財政諮問会議の求める民間企業とのあいだの「イコールフッティング」を完全に達成し、また日本の保険および銀行分野に公正な競争をもたらすために、アメリカ政府は日本政府に以下の方策をとるよう求める。

II-A-1．民間企業と完全に同一の競争条件を整備する。それには次のものを含む。

II-A-1-a．郵便保険と郵便貯金事業に、民間企業と同様の法律、規制、納税条件、責任準備金条件、基準および規制監督を適用すること。

II-A-1-b．特に郵便保険と郵便貯金事業の政府保有株式の完全売却が完了するまでのあいだ、新規の郵便保険と郵便貯金商品に暗黙の政府保証があるかのような認識が国民に生じないよう、十分な方策をとる。

II-A-1-c．新規の郵便保険、郵便貯金および他の関連業務とのあいだの取引がアームスレングスであることを保証するため、完全な会計の透明性を含む適切な措置を実施する。また、日本郵政公社の金融事業と非金融事業のあいだの相互補助の可能性を排除する。

II-A-1-d．新規の郵便保険と郵便貯金が、その市場支配力を行使して競争を歪曲することが無いよう保証するため、独占禁止法の厳格な施行を含む適切な措置を実施する。

ブッシュ政権の要望は竹中が目指す民営化とまったく同じ方向を向いている。たとえば、「II－A－１－a．」は具体的には郵便貯金、簡易保険を営む会社を金融庁の監督下に置くことを求めたもので、総務省から金融庁に監督省庁を移管させることを最重視した竹中と同じ立場だ。「II－A－１－c．」の「金融事業と非金融事業のあいだの相互補助の可能性を排除」もまた、竹中にとって原則ともいえる最重要事項である。金融事業を完全に分離し、市場に売却することを正当化するための理屈なのである。

ブッシュ政権はそもそも経済財政諮問会議の「郵政民営化の基本方針」を高く評価しているわけだから、ブッシュ政権が要請する内容と竹中の望む民営化の姿が寸分たがわぬほど一致するのも当然といえば当然だった。

自民党は民営化問題を協議する場として、郵政合同部会を設けた。「郵政民営化の基本方針」が閣議決定されたあとの会合では、竹中への不満の声が続出した。「竹中大臣にたずねると、『経済財政諮問会議には、民営化の是非・意義は問われていない』とのお答えであった。つまり経済財政諮問会議は『どうして民営化するのか』については答えられないとのことであった。しかし、国民はどうして民営化するのかを知りたがっている」

「なぜ民営化が必要なのか」と問われた際、「経済財政諮問会議は民営化の是非や民営化の意義を話し合う場ではない」と竹中は説明した。大臣としての任務は「民営化を前提に」、その具体策づくりを進めることだと主張した。「なぜいま民営化か」という根本問題から巧みに身をかわしたわけである。

なぜいま郵政事業の民営化を急がなければならないのか。じつをいうと、竹中自身、ほかの政治課題をすべて押しのけてまで急がなければならない理由などないことを自覚していた。

竹中を支持していたジャーナリストの田原総一朗には率直に胸のうちを打ち明けている。『ジャーナリズムの陥し穴　明治から東日本大震災まで』（ちくま新書）で、田原が当時のやりとりを再現している。

電話をかけてきた竹中は、「田原さん、困ったことがある」と言う。「実は、小泉さんが郵政の民営化をやると。そして僕に担当大臣になれと言ってきたのです」。

私は「やればいいじゃないですか」と答えた。ところが竹中は、「実ははっきり言うと、今、郵政の民営化をする必要はないんです」と言う。

竹中の説明によると、小泉が郵政民営化を言い出したのは、宮澤内閣で郵政大臣を務めていた時だった（一九九三年）。当時は民営化をする理由、必然性があった。郵便貯金、簡易保険などで国民から金を集めるのだが、この金の多くが、財政投融資（財投）というものに使われていた。財投というのは特殊法人等の財投機関に資金を供給し、財投機関はそれを原資に事業を行い、返済するというもので、つまり官僚が使う金だった。その財投は、バブルがはじけ、伏魔殿とさえ言われていた。そこで小泉は郵政大臣になって、民営化を打ち出した。民営化して、財投に金が流れないようにしようとしたのだ。

ところが財投は、小泉が首相になった頃からきれいに整理されるようになっていた。あまり問題がなくなっていたのだ。だから、このタイミングでの民営化は、無駄を省くという構造改革の中での意味はあっても、実のところはそれほど意味がないということだった。

私は竹中に、「それを小泉さんに説明すればいいじゃないですか」と言った。すると竹中は、「それはダメです。言ったとしても、僕に辞めろと言って、別の人間を担当大臣にするだけです」と答えた。竹中にしてみれば、他の人間では絶対に成功しないという自信もあったに違いない。

竹中は、「一カ月時間をください。一カ月で、自分が郵政民営化の理屈、必然性を考えるので、一カ月後に話を聞いてください」と言った。

その一カ月後、私は竹中が用意した理屈を、一時間半かけて聞いた。たくさんのブレーンを集めて作ったのだと思う。竹中によれば、そうした人間を集めて会議するのも、ほとんど自腹だったらしい。

ところが、話を聞いても私には民営化の必然性がさっぱりわからなかった。それを正直に告げると、竹中はもう一カ月くれと言う。

するとまた一カ月後に連絡がある。今度は、私だけで話を聞いたのでは自信がないので、石原伸晃と一緒に行くことにした。そして話を聞いて、石原に聞くと、やはりさっぱりわからないと言う。

そんなことを繰り返しながら、竹中はどうにか理屈を作り、郵政民営化をスタートさせた。

「今、郵政の民営化をする必要はない」――内心で竹中はそう考えていたのである。

そもそも「郵政民営化」という政策の最大眼目は資金の流れを変えることにあった。つまり財政投融資制度の改革という文脈に位置付けられて初めて政策として重要な意味を帯びる。ところが、財政投融資制度の改革は小泉政権以前の橋本政権が行政改革の一環として取り組んでおり、制度改革はちょうど小泉政権発足と同時にスタートしていた。

それまで財政投融資制度では、郵便貯金や公的年金の積立金は大蔵省の資金運用部にいったん預けられたあと、政府系金融機関や特殊法人に貸し付けられていた。郵便貯金などは期限がくれば預託金利が上乗せされて返還される。国の信用で集められた資金が公的機関に貸し出される形なので、巨額資金が公的部門にとどまり、民間の経済活動に活かされないことが問題視されるようになった。

橋本政権の行政改革会議がまとめた中間報告では、郵政三事業について簡易保険は民営化、郵便貯金も民営化に向けて条件整備を進めるとしていた。しかし、郵政省や全国特定郵便局長会などをバックにした郵政族議員が押し返し、最終報告では郵政三事業そろって公社化されることで落ち着いた。郵政三事業は、郵政事業庁から日本郵政公社へと引き継がれることが決まったのである。

民営化は撤回されたものの、郵政事業で集めた資金が民間の経済活動に活かされるよう、資金運用部への預託義務は廃止されることが決まった。政府が全額出資する公社で郵政三事業は営むけれども、集めた資金は大蔵省に預けず市場で運用する。つまり、郵政事業の民営化はしなかったけれども、財政投融資制度の弊害といわれた「資金運用部への預託」はなくす。少なくとも制度面では、公的部門に資金が滞留する問題は解消に向かうことになったわけだ。

郵政サイド巻き返しの先頭に立ったのが旧経世会の野中広務だったことが端的に示すように、政治勢力としての「郵政族」は守りながら、資金の流れを「官から民」へ変える。それが民営化ではなく公社化に落ち着いた意味である。小泉は当時、橋本政権で厚生大臣をつとめていた。当初は持論の郵政民営化を強く主張したが、最終的には財政投融資制度改革とセットになった公社化に閣僚として賛成している。

そして、橋本政権による改革は小泉政権が発足した二〇〇一年四月から実行に移され、二〇〇三年四月には日本郵政公社が発足した。郵政資金は原則として市場で運用される方向にすでに舵が切られていたのである。

「今、郵政の民営化をする必要はないんです」と竹中が田原に吐露したのは、財政投融資制度が改められたばかりだったからだ。政策としての最大眼目は果たされていた。「郵政族」を解体する政争上の意味はあるにしても、政権あげてまで取り組む根拠は何かと問われれば、口ごもらざるをえない。理屈をひねり出す作業は容易ではなかったのである。

B層を狙え！

民営化の根拠が薄弱であるうえに、大手メディアの世論調査結果でも「郵政民営化」への関心はきわめて低い。危機感を抱いた竹中は派手な広報活動を繰り広げていく。まず目をつけたのがテレビである。

「郵政民営化TVキャラバン」なるものを自ら発案し、テレビに出演して民営化の必要性を説いてまわった。全国二七局の地方テレビ局で、郵政民営化を訴える竹中の姿がテレビに映し出された。政府広報事業を請け負っていたのは大手広告代理店の電通で、政府はこのテレビキャンペーンのために電通に約一億四一〇〇万円を支払っていた。

「郵政民営化は内閣の最重要課題なんだから遠慮する必要はまったくない。予算は私がとってくる」――竹中は政府内の会議で官僚たちをそう叱咤した。政府が法案も準備できていない時期から政府広報を大々的に打つのはきわめて異例だが、国会論戦が始まる前にすべての媒体に「郵政民営化」の政府広報が流されていた。

さながらメディアへの補助金交付のような大盤振る舞いだった。法案審議の開始（二〇〇五年五月下旬）より前のおもな広報は、政府資料などによると以下のとおりである。

新聞には、二〇〇四年一二月に一回、全国紙三紙に総額約二五〇〇万円を費やして広告記事を掲載。さらに翌年一月、全国紙五紙に全面広告を打ち、総額約一億七〇〇〇万円を支払っている。掲載料は『読売新聞』約三四〇〇万円(請け負い業者は、読売エージェンシー)、『朝日新聞』約二九〇〇万円(同、電通)、『毎日新聞』約一八〇〇万円(同、東急エージェンシー)、『日本経済新聞』約一四〇〇万円(同、博報堂)、『産経新聞』が約一〇〇〇万円(同、東急エージェンシー)となっている。

雑誌では二〇〇五年一月に発売された月刊誌『文藝春秋』と『日経ビジネス』にそれぞれ約五〇〇〇万円、ほかに週刊誌や月刊誌など三三誌にあわせて約五〇〇〇万円をかけ広報している。さらにラジオに約六〇〇〇万円、インターネット媒体にも約三三〇〇万円を投じている。電通が受注した「だから、いま民営化」というパンフレット製作には二〇〇〇万円が支払われている。

こうした政府広報以外にも、竹中は『郵政民営化「小さな政府」への試金石』という本をPHP研究所から出版している。

巨額の費用をかけた派手な広報活動はやがて物議をかもすようになる。なかでもとくに問題とされたのは「折り込み広告」。新聞に折り込まれるチラシ広告のことだ。

「郵政民営化ってそうだったんだ通信」

そんなタイトルのもと、テレビタレントのテリー伊藤と竹中が登場する。

「竹中さん、郵政民営化ってぼくにもよくわからんのよ、ちゃんと説明してよ」

とテリー伊藤がたずねると、

「喜んで（笑）。郵政民営化って、わたしたちの町と暮らしを元気にするためのもの」

と竹中が民営化の必要性をわかりやすく解説していく。

配布部数は約一五〇〇万部。約一億五六〇〇万円かけて製作されていた。

法案の内容も定かでないのに広報に前のめりになる竹中に与党内からも批判の声が出ていた。自民党は、折り込み広告の配布を自粛するよう竹中に待ったをかけた。しかし、竹中はチラシの内容を変更することもなく、予定より二週間遅らせただけで一五〇〇万枚の折り込みチラシを配布してしまった。

だが、より深刻な問題だったのは、郵政民営化を世論として浸透させるための広報戦略が暴露されたことだった。竹中と広告会社が癒着しているのではないかと追及される過程で、広告会社のスリードが作成していた「郵政民営化・合意形成コミュニケーション戦略（案）」と題された広報マーケティング戦略が白日のもとにさらされてしまったのである。

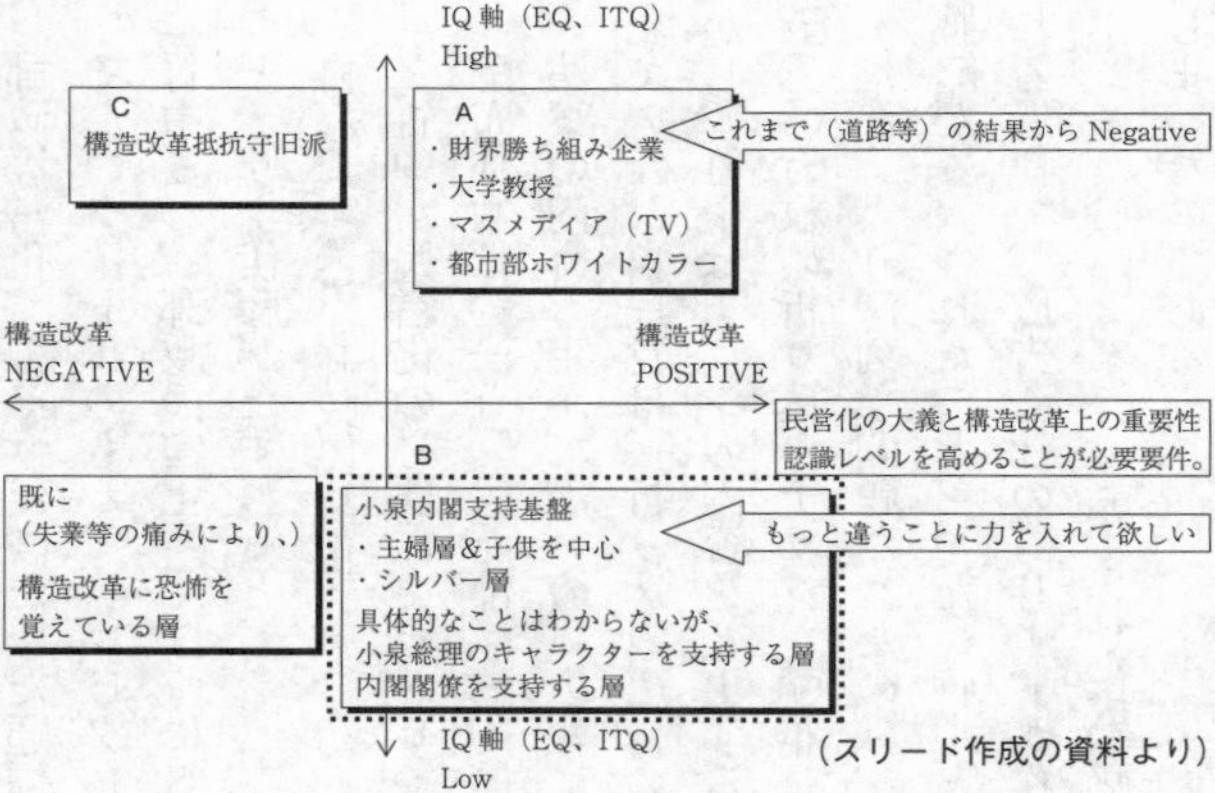

（スリード作成の資料より）

その内容はあまりに露骨なものだった。

縦軸にＩＱ（知能指数）、横軸には小泉政権の構造改革に賛成か反対か、垂直に交わる二本の線によって、国民が「階層分け」されていたのである。

「Ａ層」は、「ＩＱが高く、構造改革に賛成」。具体的には、「財界勝ち組み企業」「大学教授」「マスメディア（ＴＶ）」「都市部ホワイトカラー」だと書かれている。

「Ｂ層」は、「ＩＱが低く、構造改革に賛成」。具体的には、「主婦層＆子供を中心」「シルバー層」「具体的なことはわからないが、小泉総理のキャラクターを支持する層」「内閣閣僚を支持する層」。

「Ｃ層」は、「ＩＱが高く、構造改革に否定的」。このＣ層には「構造改革抵抗守旧派」

というレッテルが貼られている。

「構造改革に反対」で「IQが低い」に該当する層には、A層やB層のようなアルファベットさえ付されていない。まったく問題にならない人々と考えたのだろう。「既に（失業等の痛みにより）構造改革に恐怖を覚えている層」と解説されている。

そして、広報のターゲットにすべきは「IQが低く、構造改革に賛成」している「B層」であるとし、「B層にフォーカスした、徹底したラーニングプロモーションが必要と考える」と提案している。

郵政民営化の政策的意味など理解できない層をターゲットに、「民営化賛成」の意見をもつよう刷り込む広報活動を徹底的に展開していけばよい。そうあけすけに語っているわけだ。実際、金融部門の売却を最重視しているはずの竹中が、「郵政民営化って、わたしたちの町と暮らしを元気にするためのもの」とにっこり笑いながら説明する広報になっていた。

なぜ、いま民営化なのか

もとより政争に重心を置く小泉は、政策的意味合いを掘り下げて理解することはなかった。郵政民営化への認識は「大蔵族議員」として財政投融資を勉強した一九八〇年代のそれと大差なかった。小泉が政治的プロジェクトとして取り上げた郵政民営化に、経済政策としての意味を与えるのは竹中の仕事なのである。

「いま民営化する必要はない」と内心では考える竹中が、民営化の必要性を唱えるばかりか金融事業の売却が不可欠だと説いてまわる。「なぜ民営化なのか」という第一の問いより前に、「金融事業の売却が必要だ」という答えが用意されているものだから、議論が不得要領になることは避けられなかった。

実際、自民党の郵政合同部会では「なぜ、いま民営化なのか」という疑問が何度もぶり返し、議論は堂々巡りに陥った。

郵政族議員が民営化反対を主張するだけでなく、とりわけ政策通とされる元官僚の議員が懸念をもつようになっていた。大蔵省出身の参議院議員中川雅治は郵政合同部会で国債の問題を指摘している。

「国が五〇〇兆円、地方とあわせて七〇〇兆円、さらに特殊法人等の債務をあわせれば九〇〇兆円もの累積債務を抱えているのが日本の現実であって、これらを安定消化しなければ金利が暴騰して価格が暴落し、日本経済はパニックになる。こういうときに郵貯が民間に流れれば、民間が国債を買わざるをえず、それでは『官から民へ、民から官へ』で実態は結局同じ。仮に海外投資や株式などへ流れれば経済はパニックに

なる」（二〇〇五年三月三一日）
中川は郵政族議員ではないし、民営化に反対しているわけでもなかった。大蔵省で理財局長をつとめた中川は、じつは財政投融資制度の改革を手がけた責任者だった。
中川から見ると、郵政事業の金融部門は国債政策上からも重要である。郵便貯金と簡易保険をあわせた「郵政資金」は国債の最大の買い手だからだ。竹中が国債の問題を軽視することが不可解だったのだが、この論点は専門的すぎて議論が深まることはなかった。
外務省出身の城内《きうち》実は、外資による買収を懸念していた。
「『貯金・保険会社二社の株式売却には外資規制を設けるべき』とあるが、WTOルールにより（国）内外の差別が禁止されている。そのため、将来生まれる貯金会社、保険会社に対して外資規制は事実上できないため、買収される可能性がある」（同三月二九日）
竹中は、「アメリカなどの外資企業に対しては、議決権制限株式を発行するなどして防いでいける」と説明した。
これに反論したのが元大蔵官僚で金融行政に通じる小泉龍司だった。議決権を制限する株式に強制転換する条項を盛り込むことは形式的にはできるが、現実的には司法判断で過剰防衛として退けられるはずである。

「アメリカでは日本の郵政民営化をにらんで次々と一兆円規模の外資ファンドが生まれていることに対して、政府はまったく無防備。すぐに乗っ取られてしまう」

民営化の理由がコロコロ変わることも指摘された竹中は、「金融環境の変化はめまぐるしく、郵貯、簡保の経営を維持していくために民営化がどうしても必要」と返すのが精いっぱいだった。政策通の議員との論戦では防戦一方となり、むしろ竹中のほうが抽象論に終始せざるをえなかったのである。

暴かれた私信

だが時代は、そんな辛気臭い政策論を吹き飛ばすほど「改革」ムードに包まれていた。

竹中がまとめあげた民営化案が国会審議にかけられると、「郵政政局」は本格化する。二〇〇五年七月五日に衆議院本会議で可決されたあと、八月八日の参議院本会議では否決。首相の小泉は衆議院を解散するという奇策に打って出て総選挙で圧勝、郵政民営化案はたちまち国会で成立する。郵便貯金事業、簡易保険事業はそれぞれ分社化されたうえで、一〇年以内に市場で売却されることが決まった。

郵政選挙の前に、国会では論戦が繰り広げられていた。それは八月二日の参議院での審議で起こった出来事だった。質問に立ったのは民主党の櫻井充《みつる》である。

櫻井は、竹中が大臣として所管する郵政民営化準備室がアメリカ政府やアメリカ企業側と一八回も面談している事実を指摘したあと、竹中に向かって、「大臣は、アメリカの方とこういう問題について話し合ったことすらないんですか」と質した。

「郵政の問題につきまして、外国の方から直接要望を受けたことは一度もございません」

竹中はきっぱり否定した。大臣の答弁が終わるのを確認すると、櫻井はおもむろにひとつの資料を取り出して質問を続ける。

「それでは、ここにアメリカの通商代表、まあこの間まで、前ですね、ゼーリックさんから竹中大臣に宛てた手紙がございます。現在は国務副長官でございます。その方から竹中大臣に宛てた手紙の写しがございます」

ロバート・ゼーリックは、ブッシュ政権発足とともに通商代表部（USTR）の代表に就任し、この直前までUSTR代表の職にあった。USTR代表は郵政民営化問題では竹中のカウンターパートである。ゼーリックはブッシュ政権内で横滑りする形でこのときは国務副長官をつとめていた。

櫻井が手にしていたのは、ゼーリックが竹中に送った「私信」のコピーだった。ゼーリックが竹中の「友人」として書いた手紙。小泉政権が発足する前から、竹中はゼーリックと面識があった。第4章でも触れたように、森政権時代、東京財団理事長の竹中が九州・沖縄サミット前に「プレ・サミット」という大イベントを開催した際、ゼーリックをゲストとして招聘してもいる。

ゼーリックの手紙は、郵政民営化担当大臣に就任した竹中への祝辞だった。私信を入手した櫻井は、これが郵政民営化を阻止する決定打になると確信したという。

「通常ならこうした資料は質問する前に、委員会の理事会に提出するんです。でも、このときばかりは内容が洩れるのをおそれて出さなかったんです。だから、竹中さんもこんな質問をされるとはまったく知らなかった。手紙が本物かどうか確認してもらう必要があるので、大臣席まで歩いていって手紙を見せたんです。これは竹中さんへの手紙ですね。そういったら、彼はもう顔面蒼白になってましたね」

ゼーリックが竹中へとしたためた手紙の内容は、たしかに露骨なものだった。アメリカ政府の郵政民営化に対する要望が箇条書きで書き連ねてある。「野心的かつ市場志向的（market-oriented）な郵政民営化を達成しようとするあなたと、緊密に協力を続けていけることを楽しみにしております。この新しい挑戦に取り組む際、私が手助けできるようなことがあれば、どうぞ遠慮なくおっしゃってください」と締めくくられていた。

ゼーリックは最後に、「takenaka-san《タケナカサン》」という呼びかけで始まる手書きのメッセージまで添えている。

「あなたは困難な挑戦のなかで着実に歩みを進め、たいへんすばらしい仕事をされてきました。新たな任務を達成されることを願っております。あなたといっしょに仕事ができることを楽しみにしています」

ゼーリックは、ブッシュ政権でUSTR代表、国務省副長官をつとめたあと、二〇〇六年にゴールドマン・サックスに入る。副会長という要職だ。その後、世界銀行の総裁に就任している。

ブッシュの父親の政権時代にも、ゼーリックは国務次官をつとめていた。日米構造協議で取り決めた内容を「再活性化」するよう、日本政府に強く求めたアメリカ政府高官が彼だった。日本の「構造問題」に精通した人物なのである。

参議院の郵政民営化審議で櫻井がゼーリックの手紙を読み上げたとき、議場はにわかにどよめいた。ところが結果的には、櫻井が思ったほどの効果はなかった。大手メディアが黙殺に近い形で無視したからだ、と櫻井は口惜しそうに話した。

「ニュースで大きく取り上げられるはずだと思ったけど、テレビ局や大新聞の記者はほとんど取材にもこなかったんです」

竹中が告訴も辞さない強い態度に出たせいもあるのだろう。あとになって櫻井には、いくつか照会があったものの、影響力のある大メディアがほとんど取り上げなかったため、ゼーリックの手紙はそれ以上追及されることなく、うやむやのうちに葬られた。

不審を抱いた経団連会長

郵政民営化法案が成立したあと、二〇〇五年一〇月末の内閣改造で、竹中は郵政民営化担当大臣と総務大臣を兼務することになった。金融部門の完全売却をめぐって対立した総務大臣の麻生が更迭された格好だ。竹中は民営化の全権を掌握したわけだが、じつは、総務大臣に就任する前から密かに民営化郵政の経営者選びを始めていた。

一一月一一日、民営化されて誕生する日本郵政株式会社の初代の経営者の名前を、竹中は唐突に記者発表する。西川善文だった。

ゴールドマン・サックスのポールソンCEOとともに極秘会談した因縁をもつあの

西川である。すでに頭取を退き、三井住友銀行の特別顧問となっていた。

この人事には、郵政民営化に協力してきた関係者たちさえ驚いた。元総務大臣で自民党参議院幹事長として郵政民営化問題の論客だった片山虎之助のもとには、記者発表される直前、竹中から直接電話が入った。片山が海外出張していたためである。

「西川善文」という意外な名前を聞かされた片山は、

「竹中さん、その人事はあんたが決めたんですか」

と思わずたずねた。

「いえ、決めたのは小泉総理ですよ」

竹中は言下に否定した。片山はもちろんはぐらかされたと感じたけれども、それ以上聞かなかった。直後に行われた記者会見では、安倍晋三官房長官が、「最終的な判断は首相だが、基本的には竹中氏が選任された」と率直に説明していた。

西川善文の回顧録によると、九月下旬、病院に入院する直前にウシオ電機会長の牛尾治朗から電話があり、

「小泉総理や竹中大臣が、郵政民営化のリーダーを西川さんにお願いしたいと言っている。受けてもらえないだろうか」

と依頼されたという。九月下旬といえば、まだ郵政民営化法案も成立していない時

期である。

西川が大阪の病院を退院して、牛尾に会うため東京の指定場所に行ってみると、驚いたことに竹中もそこにいた。

「西川さんお願いします。小泉総理はもう決めています。一一月一一日に記者会見を開く段取りも決まっています」

そういって竹中は、日本郵政トップに就任するよう求めてきた。「何と言っても郵貯の額が大きいので金融に精通する人物にトップを任せたい」と、竹中は西川に説明したという。

トヨタ自動車の関係者は、竹中が西川抜擢人事を発表したあと、奥田碩が不信感を露にしていたと明かしている。奥田はトヨタ会長で経団連会長でもあった。竹中が担当大臣をつとめる経済財政諮問会議の民間議員として郵政民営化を推進した、いわば竹中の同志である。トヨタ関係者の証言。

「奥田さんは、まだ民営化の細かい具体的な話が出ていないときには問題があるとは思ってなかったんです。民営化の細かい話を決めていくようになってから、なぜこんな人事を決めるのかと……はっきり不信感をもっていました。『竹中が動くときには必ずうしろにカネの話があるんだ』というようなことまで奥田さんは言ってたから」

竹中が西川人事を発表する一ヵ月ほど前、奥田は経団連会長としての記者会見で民営化郵政の経営者人事に触れ、「金融機関のトップは利害関係があるので、資格がないのではないか」と発言していた。西川はまさに金融機関出身の利害関係者だから、竹中の人事に違和感を覚えたのだろう。

奥田から話を聞いたトヨタ証言者は、さすがに「カネの話」が何を意味するかまではたずねなかったというが、話しぶりから強い不審の念を抱いていることがわかったという。

小泉側近との確執

「構造改革」政策の最大の成果とされる「不良債権処理」「郵政民営化」をふたつながら成し遂げた竹中は、小泉構造改革の最大の功労者となった。政権発足時には「学者大臣」と揶揄されたけれども、いまや押しも押されもせぬ実力大臣である。小泉内閣が幕を下ろそうとするころ、政治ジャーナリズムの一部では「竹中首相説」まで流れたほどだった。もっとも、「ポスト小泉」をめぐる後継者争いの本命は安倍晋三で、小泉の意中の人物が官房長官に抜擢した安倍であることは明らかだった。

自民党総裁選挙の直前、その安倍に竹中がひとつの提案をもちかけている。

「人間関係には、ケミストリー（相性）がある。小泉総理と私にもそれがあった。経済を中心に、これはという人物の話を聞いていただき、そのなかで安倍官房長官とケミストリーの合う人材を探していただく。そういう勉強会を一度、やりませんか」

郵政民営化で竹中を手伝った髙橋洋一が、知り合いの記者から聞いた話として、著書『さらば財務省！』の中で紹介している。髙橋は勉強会をセッティングするよう、竹中から頼まれたという。

竹中が主宰した勉強会は、小泉の後継を決める自民党総裁選が行われる直前に開催された。東京都内のホテルの一室で開かれた勉強会には、竹中が選抜した講師たちが参加した。経済財政諮問会議で竹中を支えた大田弘子や八代尚宏、さらにはロバート・フェルドマンといったエコノミストや学者たちである。もちろん、竹中が指揮した構造改革政策を全面的に支持する者ばかりだ。

自民党総裁選で予想どおり勝利した安倍は、大田を経済財政政策担当大臣に抜擢、八代も経済財政諮問会議の民間議員に就任した。竹中のねらいどおり、竹中人脈が安倍内閣にも引き継がれたわけである。

かつて小泉が自民党総裁選挙に出馬する直前、竹中は小泉に政策勉強会を施した。

労働市場の規制緩和が持論の八代はこのときの勉強会でも講師をつとめていた。この直後、竹中は小泉によって経済財政政策担当大臣に抜擢されている。小泉に働きかけたときとまったく同じように、次期首相候補の安倍を囲い込むようにして、竹中がとるべき政策を指南していたのである。

露骨に安倍に接近していく竹中を見て、小泉純一郎の側近は不信感を抱くようになっていた。総理秘書官の飯島勲だ。飯島の目には、次期政権にも影響力を行使できるよう、竹中が安倍に取り入っているように見えた。

飯島は、小泉が政治家になってからずっと秘書として仕えてきた。小泉とは文字どおり一心同体の存在だ。一方、竹中は小泉内閣に閣僚として抜擢されて頭角をあらわし、誰もが小泉の懐刀と認めるようになった。

竹中と飯島の微妙な関係を、竹中大臣のもとで眺めていた髙橋洋一は次のように解説している。

「もともと大蔵族だった小泉さんは改革の矢面には竹中さんを立たせる一方で、飯島勲筆頭秘書官と財務省から出向した丹呉《たんご》泰健《やすたけ》秘書官を使い、財務省とのパイプもしっかりつないでいた。そして、郵政民営化など、手を組めるものについては財務省と連携して改革を進めた。竹中さんと飯島さんの役割は正反対である。竹中さんは霞が関の嫌がる新しい改革を断行し、霞が関とよしみを通じる飯島さんや丹呉さんは、霞が関の立場で進言する。自ずと竹中さんと飯島さんの間には溝ができた」（『さらば財務省！』）

小泉内閣は改革を志向する政権であったけれども、霞が関官僚との関係は決して悪いものではなかった。飯島の力によるところも大きい。

首席総理秘書官である飯島は、財務省や外務省など各省から官邸に出向してきた事務秘書官や内閣参事官を束ねていた。「チーム小泉」と呼んで官邸スタッフ集団を指揮していた。「チーム小泉」指揮官の飯島をいったん経由して、小泉のもとに情報が届けられるシステムが確立されていた。

だが、竹中だけは飯島の掌中にはおさまらなかった。竹中は頻繁に官邸の小泉のもとを訪れてきては打ち合わせをし、報告をあげていた。小泉と会談する際には、秘書官や官僚など第三者をいっさい同席させず、「人払い」してふたりきりで話し合うのが常だった。だから、総理執務室のすぐ隣に控える飯島でさえ、小泉本人から聞かない以上、竹中が小泉となにを話し合ったのかよくわからない。

しかも、不良債権処理のときも郵政民営化のときもそうだったように、竹中は官庁の役人を使わず、自分で選抜した「竹中チーム」だけで徹底した秘密主義のもとに事を進める。そして、重要な局面になると必ず、「これは小泉総理の指示です」と、「小泉カード」を切る。

ある意味で、飯島が統率する「霞が関官僚チーム」の向こうを張っていたのが、竹中率いる「竹中チーム」だった。竹中側近として、経済産業省出身の岸博幸、財務省出身の髙橋洋一というキャリア官僚が活躍したことは偶然ではない。官僚のやり口を熟知した彼らがサポートしたことで、竹中は霞が関官僚と対峙できたのである。竹中大臣は、同じ閣内で「革新官僚集団」を率いていたという見方もできる。

小泉内閣が幕を下ろそうとするころ、竹中と飯島のあいだに亀裂が走ったのは自然な成り行きだったのかもしれない。

竹中が次期首相の最有力候補となった安倍に接近しているのに感づいた飯島は、強い疑念をもつことになった。政治ジャーナリストの鈴木哲夫が『汚れ役　側近・飯島勲と浜渦武生の「悪役」の美学』（講談社）で飯島の胸のうちを描いている。

〈飯島の結論はこうだった。竹中が目指している方向は、フィクサーとしての安倍後見人。竹中は小泉の名を利用しながら自らの地位を強固にし、そのまま安倍への流れを作ろうとしている。共犯は中川（筆者注　中川秀直衆議院議員）だ。彼らは、小泉が去ったあと、安倍をダミーにして、政権への影響力を固めようとしているのではない

か。このまま放っておくと、竹中・中川が担ぐ安倍という印象もいっそう強まるだろう〉

飯島は、しばしば「小泉総理からの指示」という切り札を用いて、竹中が自分の意見を押し通してきたことにも不信感を抱いていた。「次の首相」に取り入るのを見てもう我慢ならなかった。総理執務室でふたりきりになったとき、飯島は小泉に直接進言した。

「竹中さんは信用できない部分があります。総理と会ったあとに総理の言葉を正確に伝えていない場合があります」

政治ジャーナリストの鈴木によると、飯島から進言を受けたあと、小泉は竹中と少し距離をとるようになったという。

結局、竹中は小泉内閣を去ると同時に、参議院議員も任期を残したまま辞職し、野に下ることになった。

第8章　インサイド・ジョブ

経済学的論拠が薄弱だった「構造改革」

経済政策は立案されてから実行に移されるまで時間を要する。実行された政策が現実の社会に影響を及ぼし、効果をあらわすまでにはさらに多くの時間がかかる。政策効果を見極めようと思えば、相当な時間を経た段階でないとむずかしい。二〇〇一年四月二六日の内閣発足から二〇〇六年九月二六日の安倍晋三内閣の発足まで、五年五ヵ月におよんだ小泉純一郎内閣の経済政策のパフォーマンスも、しばらくの時を置いて、ようやく経済統計のうえで確認できるようになった。

財政出動をできるかぎり抑える一方、金融緩和政策を積極的に行って、財政を再建するとともにデフレーションを解消し、税収を高める。ひとことでいえば、これが小泉内閣が描いた経済回復のシナリオだった。

小泉内閣は当初から、尖鋭的な「緊縮財政路線」を掲げた。

初めての「骨太の方針」（「今後の経済財政運営及び経済社会の構造改革に関する基本方

針」）を内閣発足の二ヵ月後に発表した際、翌年度予算の国債発行を三〇兆円以下に抑えること、さらにその後は「プライマリー・バランス（基礎的財政収支）」を黒字化する、という目標を設定した。きわめて厳しい緊縮路線だ。

このころ、アメリカの著名な経済学者ポール・クルーグマンが来日し、経済財政政策担当大臣の竹中と会談している。クルーグマンは、日本経済の抱える深刻な問題は「十分な需要がないこと」と確信していた。需要サイドをおろそかにし、供給サイドの政策ばかりに注目する小泉内閣を疑問視していた。「構造改革」のイデオローグとなっている経済学者出身の大臣は誤りを犯している、と考えていた。

竹中大臣と会談したおり、クルーグマンはその点を率直に質した。すると竹中は、「構造改革を実施すれば、規制緩和が進み、官業の民営化も実現されていく。その結果、新しいビジネスチャンスが生まれ、設備投資も促進されるだろう」と説明した。

クルーグマンは、竹中大臣とのやりとりをさっそく『ニューヨーク・タイムズ』（二〇〇一年七月八日付）のコラムで紹介した。コラムの見出しは「暗闇への跳躍（A Leap in the Dark）」。まるで暗闇のなかに飛び込んでいくような無謀なことをやろうとしている、と批判したわけだ。

構造改革による「供給《サプライ》サイド」改革（クルーグマンに対して例示したのは規制緩和や民

営化）は、やがては「需要サイド」にも効果を及ぼすはずだというのが竹中の理屈だった。それはあくまで「長期的」な展望であり、しかも構造改革が実行されれば、企業のリストラにともなう失業者の増加が予想されるから、「長期的」に見ても逆の効果、つまり、需要サイドにマイナス効果を与えることが十分考えられる。むしろ大胆な改革を行うほど後者のシナリオが実現する危険は高くなる。

竹中の主張には経済学的論拠が薄弱だった。竹中が主張する「構造改革」をほんとうに実行するなら、「構造改革か、さもなくば破滅」という二者択一どころか、「構造改革による破滅」を導くだけだろう、とまでクルーグマンは警告していた。「小泉内閣は需要サイドを手当てすべき」ということは、ほかのエコノミストたちも早くから指摘していた。たとえば、元FRB副議長でプリンストン大学教授のアラン・ブラインダーも「構造改革と同時に需要も喚起する二元戦略が必要だ」とアドバイスしていた。「構造改革をより有益に進めるためにも、需要の喚起が必要」という忠告だ。

それでも竹中は頑なに「供給サイド」政策、つまり「構造改革」の必要性ばかりを強調した。今度ばかりは「メインストリームの経済学者」たちの声にも耳を貸さなかったのである。初めての「骨太の方針」を発表した直後のインタビューでは、「われわれの出発点は、日本のサプライサイド（供給側）を強くしなければ経済再生はないということである」と断言し、「今、GDPギャップの議論はまったく意味がない」とまで言い放っている。

経済学者から見て、竹中の主張は明らかに偏っていた。彼の不自然な態度に対し、専修大学教授の野口旭《あさひ》は「経済学的な根拠によるというよりも、半ば政治的な戦略判断によるものかもしれない」といぶかった。野口は次のような推理を展開した。

「議論の焦点が『景気対策』に向かってしまうと、政権内の保守派＝既得権益擁護派が政権中枢に入りこみ、構造改革の足を引っ張りはじめるだろうと危惧しているからかもしれない。あるいは、かねてから対立が伝えられる、景気優先派の領袖である自民党の亀井静香氏らへの牽制なのかもしれない。しかし、こうした『政治力学的根拠による構造改革優先主義』は、経済学的には何ら根拠を持つものではない。それ自体一つの『政治』的判断である」（『論座』二〇〇一年一〇月号）

野口の指摘は図星だった。竹中が描く「構造改革」政策は、「政治力学的根拠」はあるにしても、「経済学的」には説明がつかないものだったのである。しかしながら、「構造改革」の司令塔となった竹中はその後も「政治力学的根拠」から、「需要喚起の必要性」を指摘されても頑として受け付けなかった。

経済財政政策担当大臣に加え、金融担当大臣を兼務するようになった竹中は二〇〇三年はじめ、堺屋太一と対談している。小渕内閣時代、経済企画庁長官をつとめた堺屋は、竹中を首相の諮問機関である経済戦略会議の委員に抜擢した。いわば民間人大臣の先輩格で、政治の世界に引き入れてくれた恩人でもある。堺屋は「改革派」の立場から、竹中に忠告した。争点はやはり「需要喚起策」だ。

堺屋　昨年は「改革なくして成長なし」という構造改革で進んできましたが、税収が落ち込み、国債発行額は30兆円枠という公約を守れず、史上最大規模になった。こんなことになるぐらいなら、昨年のうちに景気対策を打ったほうがよかったんじゃないですか。

私が経企庁長官をつとめた小渕内閣は、景気対策と構造改革とをいっしょにやりました。だから長銀、日債銀、そごうなどを処理したときも株価は上がった。十分な輸血と麻酔を打った後で手術をするという発想だったからです。そういう発想が途切れた感じがして残念なんですよ。

竹中　おそらく堺屋大臣の当時と今とで一番違うのは、政府が「改革と展望」という形で、財政とマクロを一本化した中期ビジョンを出すようになったことです。その結果、非常に明確に見えてきたのは、日本の財政は本当に深刻だということです。

どんなシナリオを描いてみても、残念ながら、今後、財政を拡大する余地はほとんどありません。このままでは、財政赤字が無限大にまで拡大するのは目に見えています。それを食い止めるには、やはり今の政策がぎりぎりの選択だと思うんですね。(『週刊朝日』二〇〇三年一月二四日号)

過去の政策を参照してみれば、財政出動で税収が回復するパターンは十分考えられる。だが、竹中は、「問題は、財政の拡大で経済を持続的に成長させることができるかどうか」と論点をずらし、「私は無理だと思っています」ときっぱり宣言した。「需要喚起策」を訴える堺屋の忠告を拒んだのだ。堺屋の比喩を借りれば、麻酔も打たず、輸血の準備もないまま、腹部にメスを入れたのである。

政府が発表する日本の債務総額は、たしかに二〇〇一年度に急激に膨らんでいた。特別会計の債務が急増したことがおもな原因だ。ところが、特別会計の債務の急増は、財政投融資制度の改正が招いたものだった。前年度までは、郵便貯金などの巨額資金が大蔵省の資金運用部に預託されていた。だが、橋本内閣時代、財政投融資制度の改革で「預託制度」は廃止されることになっていた。スタートしたのが二〇〇一年度で、「預託」がなくなったために、政府は財政投融資債を発行したり、借り入れをして特殊法人などに貸し付けるようになった。こうした制度改正の影響で、特別会計の債務は一気に膨らんだのである。

政府はこうした特殊事情を丁寧に説明することなく、国の債務総額が危険水域に入ったとアピールし、「財政再建」を説いてまわった。緊縮路線は国民に激しい痛みを強いるからだ。

事実、小泉内閣はエコノミストの警告にも耳を貸さず、財政緊縮路線を突き進んだ。やがて、「プライマリー・バランス（基礎的財政収支）を二〇一〇年代はじめまでに均衡させて黒字化する」という大枠をはめる。基礎的財政収支とは、国債発行分を除いた税収などの「歳入」から、債務の元利払い分を除いた「歳出」を差し引いた収支のことだ。これを「黒字化する」という財政均衡主義を正式に採用したのである。

その結果、「構造改革」は地方交付税交付金や公共事業を大きく削り落とした。さらに、医療や社会保障といった生活に直接影響を及ぼす分野にまで予算削減で斬り込んでいく。製造業における派遣労働の解禁など相次ぐ大胆な規制緩和政策とあいまって、「痛み」は地方都市や低所得者層を襲った。

あまりに急進的な「構造改革」は、人々の生活をあえて疲弊させることで「改革」に目覚めさせようとしているかにさえ映った。ほとんど必然性のない「痛み」だったからである。

小泉内閣が財政緊縮路線に固執したことで、日本銀行への圧力はすさまじいものとなった。財政出動が禁じ手となれば、過度に金融政策に頼らざるをえない。じつは、五年半におよぶ小泉長期政権の歩みは、異常ともいえる「超低金利」時代と軌を一にしていた。日銀による大量のマネー供給が「構造改革」の通奏低音なのである。

日銀は小泉純一郎内閣が発足する直前にあたる二〇〇一年三月、未踏の領域だった「量的緩和政策」に踏み切っている。

政策金利を引き上げたりあるいは引き下げることで市中に出回るマネーの量を調整する。これが通常の金融政策である。だが、「量的緩和政策」は政策金利を引き下げる通常の金融緩和ではない。民間金融機関が日銀の口座に預けている日銀当座預金の残高に目安を設けて、ベースマネーを増やしていくことで金融緩和を実施する。ある意味、異形の金融政策である。

日銀は銀行救済の目的もあって九〇年代から低金利政策を続けてきた。ひとつの節目が二〇〇〇年八月だった。九〇年代末の金融危機に対応するために、日銀は政策金利をゼロとする「ゼロ金利」政策を採用するまでになっていたのだが、このとき「ゼロ金利」解除を決断したのである。

だが、日本の金融危機はおさまったものの、二〇〇一年に入ると今度はアメリカでＩＴバブルが崩壊し、日本経済を直撃した。日銀は二〇〇一年三月、大胆な金融緩和策に舵を切る。

ブッシュ政権を支えたジャパンマネー

日銀が二〇〇一年三月一九日に開催した金融政策決定会合は日本の金融史に残る会合となった。「量的緩和」に踏み出す決定をしたからだ。じつはこの会合で、「量的緩和」に疑問を呈した日銀幹部がいた。日銀副総裁の山口泰である。

「追加的な緩和の余地が大いに生まれてくるような、ある種のイリュージョンを与えることにもなりかねない」

日銀副総裁が「イリュージョンを与える」、つまり幻想を与えかねない政策だと危惧していたことは注目に値する。

結果として、「量的緩和政策」は二〇〇一年三月から二〇〇六年三月まで継続される。ちょうど小泉内閣発足直前にスタートし、小泉内閣終焉直前に終了したわけだ。

小泉内閣が初めての経済政策「骨太の方針」を発表する直前の二〇〇一年六月一五日、経済財政政策担当大臣の竹中が日銀の金融政策決定会合に初めて出席している。すでに触れたように、「骨太の方針」で小泉内閣は国債発行を三〇兆円以下に抑える緊縮財政路線を打ち出すことになる。政府代表として日銀の政策決定会合に乗り込んだ竹中は、日銀幹部を前にいきなりこんな発言をしている。

「構造改革が動いて金融政策が動くというよりは、金融政策が一体化することによって構造改革を早めるという効果があきらかにあるわけで、とくに、これから経済がたいへんになるぞ、という一種のあおりの議論のなかで、構造改革が例えば止まってしまうというのは困るので、そういうあおりの議論をたとえば抑えるためのメッセージとしての金融政策の役割というのは、私はいまの時点では政策のフリーハンドがない時点では、非常に大きいのではないのかなと直感している」

竹中は、小泉政権が「構造改革」を推し進めるために、日銀に一層の金融緩和を求めた。「政策のフリーハンドがない」、つまり、苛烈な緊縮財政を断行するために、あるいは「構造改革」に対する人々の恐怖を鎮《しず》めるためにも、日銀は大量にマネーを供給し続けなければならない。日銀へのあからさまな要求を竹中は、「ハーモナイゼーションに一層の尽力をいただきたい」という言葉で表現した。

「構造改革」に日銀を動員しようとする竹中大臣に抵抗した日銀幹部がいた。山口泰副総裁である。

「金融政策についてまだ相当自由に発動できるという前提で話をされたという印象を受けた。私の受け取り違いかもしれないが、残念ながらそういう状況にはないと私自身は金融政策について考えている」

日銀に一層のマネー供給を求める竹中大臣と、それを阻止しようとする山口日銀副総裁。ふたりの対立はその後、抜き差しならなくなっていく。ふたりを仲裁しようとしたのが経済学者の加藤寛だった。加藤の証言。

「『竹中さんと意見が合わない』と日銀副総裁の山口さんがいうので、ぼくと竹中さんと三人で会ったんです。でも、竹中さんと山口さんはやっぱり対立しました。途中でケンカ腰みたいになって……『次の用事があるから』と、竹中さんは途中で席を蹴って出ていってしまったんですよ」

ふだん温厚な竹中が感情露に怒ったので、加藤は驚いたという。

できるかぎりのマネーを市場に供給する。それが「構造改革」の生命線だったのである。それではいったい、小泉内閣時代の長期にわたる量的金融緩和政策はなにをもたらしたのだろうか。

じつは、日銀が量的緩和政策で銀行に大量のカネを流し込んだものの、銀行から企業への融資はそれほど増えなかった。オーソドックスな意味での金融緩和効果はみられなかったのである。狭義の貨幣量である「ベースマネー」は急増したけれども、広義の貨幣量である「マネーサプライ」はそれほど増えていない。ところが一方、ベースマネーの膨張は為替相場に大きな影響を与えることになった。円安効果である。むしろ強力な円安誘導が輸出企業を潤し、企業業績を押し上げたのだった。ある意味で皮肉な結果である。竹中の主張とは違って、日銀の量的金融緩和は「構造改革」に貢献するよりも、従来型の輸出振興策となって日本経済を支えたからだ。

こうした日銀による大量のマネー供給を歓迎したのは日本の輸出企業だけではなかった。沸き立ったのは海外の投資家たちである。

通貨取引専門のヘッジファンドとしては世界最大のFXコンセプツのジョン・テイラーCEOが、日銀による量的緩和政策の「効果」について、「NHKスペシャル」取材班に率直に語っている。

「日本には安く調達できる資金が大量にあったので、円キャリートレードはとても魅力的な投資で多くの投資家たちが利用していた。日銀はとても〝堅実〟で急に政策を転換するような無茶はせず、低金利政策を継続するとわかっていたので、安心して円を借りることができた」

「円キャリートレード」――日銀による量的緩和策の、それが帰結だった。投資ファンドは量的緩和策のおかげで金利が無きに等しく、調達コストがかからない日本円で資金を調達し、ドルなどの外貨に交換してから投資した。当時の金利環境であれば、ゼロパーセント金利の円資金をドルに交換し、五パーセントの預金で運用するだけでもまるまる五パーセントの運用益を確実に稼ぐことができた。

日本銀行は、欧米のヘッジファンドがまさに濡れ手で粟の利益を得る機会を与えていたのである。イギリスの経済誌『エコノミスト』はこうした「円キャリートレード」の規模は一兆ドルにも達すると推計した。小泉内閣のマネー政策は、日銀副総裁の山口が懸念したとおり、海外の投資家たちにまで「イリュージョン」をまき散らしたのである。

小泉内閣の経済政策が、世界のマネー資本主義を支えるという奇妙な構図。「円高を阻止するため」という名目で実行に移された、大量のアメリカ国債買いもそのひとつだった。

日本政府がかつてないほど大規模な「ドル買い円売り」介入を始めたのは二〇〇三年に入ってからだった。ちょうどブッシュ政権がイラクへの先制攻撃の準備を進めているときである。日本政府は翌年春にかけて継続的に総額およそ三五兆円規模の「ドル買い円売り」を行った。経常黒字額を上回る史上かつてない規模のドル買い介入である。この間、ブッシュ大統領はイラク攻撃を遂行、短期間のうちに戦争を終結させている。

財務省が為替市場に介入して「ドル買い円売り」を実施する場合、結果的に、アメリカ国債を購入することになる。財務省は政府短期証券を発行して調達した「円」を為替市場で売却して「ドル資産」を買うが、「ドル資産」のほとんどがアメリカ国債だからである。

二〇〇三年から翌年にかけて三五兆円もの巨額介入を実施した結果、日本政府は大量のアメリカ国債を購入することになった。先制攻撃でイラク戦争を仕掛けたブッシュ政権からみれば、日本政府は戦時経済をファイナンスしてくれたわけである。

アメリカは財政赤字と経常赤字という双子の赤字を、世界から資金を吸引することで埋め合わせている。ところがこの時期、イラク攻撃に突き進むブッシュ政権に嫌気して、資金の流れが逆流し始めていた。そうしたなか、日本政府はアメリカ国債を大量に買い進めていた。小泉政権はイラク攻撃を敢行したブッシュ政権を資金面で支えるために為替介入していたわけではないけれども、結果として、ジャパンマネーがブッシュ政権の戦時財政を支えたことは事実なのである。

一方、二〇〇三年から翌年にかけての日本政府による空前のアメリカ国債買いは、アメリカの国債市場にも大きなインパクトを与え、長期金利を抑制する効果をもった。何を意味するかといえば、アメリカの「住宅バブル」を助長したのである。

当時ＦＲＢの金融政策局長だったビンセント・ラインハートは、日本政府による国債買いの影響を分析していた。彼はＮＨＫの取材にこう答えている。

「われわれの分析は、日本政府が米国債などドル資産を購入し続けたので、そうでなかった場合に比較して金利が低く抑えられたことを示唆している。海外の投資家たちが大量にドル資産を購入しなかったとすれば、金利はもっと高くなり、住宅ローンを借りる人も実際よりも少なかった可能性がある。つまり住宅市場の過熱が抑制されていたと言えるだろう」

ＦＲＢ幹部だったラインハートが示唆しているのは、「サブプライムローン問題の責任の一端は日本政府にもあったのではないか」という問題提起だ。

「サブプライム」は「プライム」に対する言葉で、「低所得者層」を指している。アメリカでブームを巻き起こした低所得者向け住宅ローンにはカラクリがあった。最初の数年間だけは低金利で据え置かれるが、据え置き期間が過ぎたとたんに返済金利が跳ね上がる仕組みだ。

住宅金融会社は、低所得者向け住宅ローンの債権を証券化し、ほかの証券と組み合わせてパッケージ化し、金融マーケットで売りに出した。金融機関は低所得者向け住宅ローン債権を売却した資金で、また別の低所得者に融資した。証券化すればリスクが小さくなるので、ねずみ講式に融資は増えていく。金融機関は金融工学を用いて、低所得者までをウォール街に引きずり込むことに成功したわけである。そして小泉政権も、アメリカ国債の大量買いで長期金利を抑制し、側面からサブプライムローン・ブームをあおっていたのである。

「日本郵政はアメリカに出資せよ」

アメリカでサブプライムローン問題が深刻化した二〇〇八年四月、BS朝日で放映された「竹中平蔵・上田晋也のニッポンの作り方」という番組で、慶大教授の竹中がサブプライム危機について語っている。

番組タイトルは「サブプライム危機の真実」。「ソブリン・ウェルス・ファンド（S

WF）」と呼ばれる政府系ファンドについて経済学者の立場から簡単に説明したあと、竹中はこんな話を始めた。

「日本にはかつてとんでもなく巨大なSWFがありました。それがいまの日本郵政なんです。資金量でいうと三〇〇兆円。他のSWFとは比べものにはならないほどのSWFがあったんです。民営化したので、いまはSWFではない。だから、アメリカから見ると安心して受け入れられる、民間の資金なんです。アメリカに対しても貢献できるし、同時に日本郵政から見ても、アメリカの金融機関に出資することで、いろいろなノウハウを蓄積し、新たなビジネスへの基礎もできる」

「日本郵政はアメリカに出資せよ」――竹中はそう力説した。

サブプライム問題で危機的状況に陥っているウォール街に、竹中の手によって民営化された巨額郵政マネーを投入すればいい。それがアメリカへの貢献になるのだし、日本郵政だってウォール街から金融技術を学べるだろう。テレビ視聴者に向かって竹中はそう説いた。日本郵政を経営するのは竹中が抜擢した西川善文なのだから、この提案には重みがあった。

だがまもなくして、「日本郵政はアメリカに出資せよ」という提言が的外れなものだったことが、誰の目にも明らかになる。五ヵ月とたたないうち、リーマン・ブラザーズが破綻し、ウォール街発の金融危機が世界を襲ったのである。

世界的金融危機に対処するため、ブッシュ政権の財務長官としてウォール街の救済に向けて奔走したのが、かつてゴールドマン・サックスのCEOだったヘンリー・ポールソンである。かつて金融担当大臣だった竹中が、日本郵政株式会社CEOとなっている西川とともに極秘会談で話し合ったポールソンがいま、財務長官として金融バブル崩壊の収拾に追われていた。

リーマン・ショック直後、それでも竹中は同じテレビ番組で、ウォール街救済に全力を傾けるポールソン財務長官に応援歌を送っている。「日本に必要なのはポールソン財務長官のような人材！」と持ち上げた。

「ポールソン氏とはどんな人なんですか」

お笑いタレントの上田晋也がたずねると、竹中は説明した。

「以前、投資銀行第一位のゴールドマン・サックス会長兼CEOだった方で、二年前に財務長官に就任しました。私の友人たちは、『ポールソンが財務長官でよかった』と口をそろえます。つまり、『ゴールドマン・サックスの会長をやっていたくらいの人だから、マーケットを一番よくわかっている。もし彼が財務長官でなければ、アメリカはもっとたいへんになっていたんじゃないだろうか』と」

「私が提言したいのは、『出でよ、ニッポンのポールソン』ということ」と述べると、竹中はさらに続けた。

「じつは、現在日本の金融市場は、アメリカ以上に銀行部門がおカネを貸し渋っているなど、深刻な局面にあります。ポールソンのような人材は必要不可欠ですが、日本では民間人がいきなり政府の中枢に入るのは、非常にむずかしい」

　話題は未曾有の金融危機を素通りし、アメリカのような「リボルビング・ドア」システムがない日本に対する批判へと向かった。リーマン・ショックが起きても、竹中のポールソンへの信頼、アメリカの政治システムに対する信頼は揺るぐことがなかった。

　だがこのころ、ポールソン本人はウォール街の救済活動でまさに血眼になっていたのである。ヘンリー・ポールソンが著した『ポールソン回顧録』(日本経済新聞出版社)の二〇〇八年一一月二〇日の日記は印象的だ。

　この日、財務長官のポールソンはシティグループの救済に奔走していた。身も心も憔悴しきったポールソンは、南カリフォルニアにあるレーガン図書館を訪れた。図書館の壁にかかっているロナルド・レーガン元大統領の額入り直筆をじっと見つめる。

「ロナルド・レーガンこそ、わたしがかねてから信奉していた自由市場原理を誰よりも強く体現した大統領である」――ポールソンは苦しい胸のうちを綴っている。〈レーガン流保守主義者を前にスピーチを行おうという段になって、自分が置かれた皮肉な状況に気づいて愕然とした。わたしは自由企業を柱とした資本主義を守るために財務長官に就任したのだが、後世には政府介入と金融機関の救済を行った実績とともに記憶されるのだろう。危機が凄まじいスピードで襲ってきたため他に選択肢はなく、いくつもの欠陥を持ちながらも他のどの制度よりも優れた制度を守るというより高次の目的を果たすためには、厳密なイデオロギーは脇に置くしかなかった。自分の信奉するものを守るために、信奉しない行いをせざるをえなかったのだ〉

ゴールドマン・サックスのCEOにまでのぼりつめ、ウォール街の頂点を極めたポールソンは、八〇年代にレーガン大統領が掲げた市場原理を最大限に尊重する考えを信奉してきた。だがいま、アメリカ政府の財務長官として、巨額の税金を使ってウォール街を救済することに全力を傾けなければならない。自由放任であるべき市場に政府を代表して大々的に介入している。ポールソンの挫折感はその矛盾に起因していた。

アメリカでは、レーガン政権以降三〇年にわたる自由市場システムへの絶対的信奉が揺らいでいた。リーマン・ショックとその後のウォール街救済劇のあと、激しいウォール街批判が沸き起こった。巨万の富を手にする「一パーセント」のウォール街関係者は議会でも糾弾された。もちろんポールソンも批判の矢面に立たされた。

財務長官に就任する際、ポールソンは保有するゴールドマン・サックスの株式を売却する申請をした。時価総額は四億七四〇〇万ドル、当時のレートで約五四五億円と報道された。これとは別に、財務長官就任直前の半年間のみの報酬が二〇億円以上になるとも伝えられていた。

リーマン・ショックを機に、日本でも「マネー資本主義」に対する批判や反省の声が沸き起こった。所得格差の広がりやワーキングプア問題が指摘され、「新自由主義」「市場原理主義」が指弾されるようになった。当然、矛先は「構造改革」の司令塔役にも向けられる。だが、竹中はひるまなかった。

「新自由主義か社会民主主義か」――そんなテーマで、北海道大学教授の山口二郎と『中央公論』(二〇〇八年一一月号)で対談している。リーマン・ショックの直後である。「新自由主義」陣営を代表する経済学者の竹中と、思想的に対立する政治学者の山口が対決するという企画だ。

山口が、「欧州の中道左派政党を見習うべき」と発言したのに対し、竹中は切り返している。

「私はできるだけ小さな政府にして、任せる部分は民間、市場に開放すべしという立場で、具体的な方策も『骨太の方針』などで提示しました。もちろん批判は覚悟の上だったし、あえて『対抗するビジョンを示してください』とアピールもした。しかし、対立軸たりうるものは出てこないんですよ」

持論を譲らない一方で、しかし竹中は、自分は「新自由主義者」などではないのだとも強調した。

「その点で一つ誤解を解いていただきたいのは、我々がやったことに対して『新自由主義』というラベリングが横行しているのですが、それは事実ではないということです」

郵政民営化はオランダやドイツでも実施されたがそれをもって「新自由主義」といわれたことはないと海外の例を持ち出し、竹中はこう言い放った。

「私のどこが新自由主義者なのか。『この人はアメリカ一辺倒』というようなレッテルを貼って実質の議論を封殺することの弊害は計りしれないものがある」

マネー資本主義の病理が誰の目にもあきらかになるなかでは守勢に立たざるを得な

かった。けれども、主張の内容はあくまでも「構造改革」で押し通したのである。「経済が悪くなったのは構造改革を止めたから　アメリカだけのせいではない」——竹中の主張を凝縮したようなタイトルのインタビュー記事が『エコノミスト』（二〇〇九年五月一九日号）に掲載されている。インタビュアーがいささか挑戦的だったためなのか、かなり攻撃的な姿勢で竹中が質問に応じている。

——小泉政権が続いたとしたら、竹中さんは何をやっていましたか。

「いちばんやりたかったのは貧困対策です。貧困調査をやりたかった。日本ではやったことがないんです。ワーキングプアなんて言うけど、本当の貧困者は何人いるのですか」

自分に向けられた批判は現実の問題に根差すものではなく、政敵によるネガティブキャンペーンにすぎないとでもいいたげである。竹中はこんな発言もしている。

「改革を徹底的にしたくない人が、かなり意図的にキャンペーンを張っているということ。なんでもかんでも小泉さんのせいにする。もう一つは日本全体が極端なワイドショーポリティックスになっている。残念だが、ワイドショーのコメンテーターによる表層的な情緒的な議論が社会の大きな流れになっている」「みんなアメリカに対してそれ見たことか、と言いたいのでしょう。しかし今、アメリカ、ヨーロッパ、日本とも経済が悪化していますが、そのなかでいちばんマシなのはアメリカです」

この時期、「小さな政府」「規制緩和」を主張する代表的論客だった経済学者の中谷巌が『資本主義はなぜ自壊したのか』(集英社インターナショナル)で率直に反省の弁をのべ、「転向宣言」をしたことが話題となっていた。竹中にとっては先輩格の経済学者で、小渕内閣の経済戦略会議でいっしょに「小さな政府」路線の提言書をまとめた仲でもあった。インタビューで中谷の著書に対する感想を聞かれ、竹中はそっけなく答えている。

「さーっと読みました。政策の議論ではないですね。政策は非常に細かな行政手続の積み重ね。だから、難しいんです。細かいことがだんだん分からなくなってくると、みんな思想と歴史の話をします。大いにされればいいが、それで政策を議論すると間違えます」

ウォール街批判と連動する格好で澎湃《ほうはい》として起こった小泉・竹中改革批判を、持ち前の鼻っ柱の強さと弁舌の巧みさで切り抜けたかにみえた。

だが、リーマン・ショックは思わぬところに火をつける。竹中が全力を傾けた世界最大の民営化プロジェクトにスキャンダルが持ち上がったのである。「かんぽの宿」不正売却疑惑だ。

改革利権に手を染めた経営者

「なぜ景気が悪いなかで売らなければいけないのか。国民が納得しなければ、不認可も十分ありうる」

鳩山邦夫総務大臣は唐突に、日本郵政への不信感を露に言い放った。「かんぽの宿」などの宿泊施設をオリックス不動産に一括譲渡する契約を結んだことに、異議を唱えたのである。リーマン・ショックの影響で市況が冷え込む二〇〇九年一月七日のことだった。

日本郵政は前年一二月に、「かんぽの宿」「かんぽの郷」など七〇施設と宿泊事業を総額一〇九億円でオリックス不動産に譲渡する契約を結んだばかりだった。麻生太郎内閣で総務大臣をつとめる鳩山は、売却先の選定過程に疑問をもった。

ひとつには、固定資産評価額で見ると九〇〇億円近くの価値があり、売却額があまりに安すぎるのではないかということ。固定資産評価から推定される実勢価格は一〇〇〇億円を優に超えるはずだから、たしかに一〇九億円はきわめて安い。

だが、鳩山が不信を深めた真の理由は、売却先のオリックス不動産だった。オリックスグループを率いている宮内義彦だ。

宮内は一九三五（昭和一〇）年に神戸で生まれた。父の義作はアメリカ人が経営する商館につとめた経験をもち、敗戦後はアメリカから木材を輸入する商売を始めた。宮内は関西学院大学を卒業後、父親の勧めもあってワシントン大学の大学院に留学してMBAを取得した。商社の日綿實業（現・双日）に入社するとオリックスの前身のオリエント・リースに出向、四〇代半ばで早くも社長に就任した。

宮内は企業買収を繰り返してオリックスを一大金融グループに育てあげた。九〇年代、日本の金融機関が不良債権の重みに耐えきれず破綻していくなかで、総合金融グループへと脱皮をはかっていったのである。

日本長期信用銀行、日本債券信用銀行が相次いで破綻した九八年の九月に、オリックスはニューヨーク証券取引所に上場した。日本が金融危機に見舞われているさなかにあえて上場する理由を外国人記者から問われて、宮内は、「当社は、これまで、官僚がつくり上げてきたインナー・サークルの外に置かれてきたからだ」と流暢な英語で答えている。

事実、宮内は決して財界主流派とはいえず、オリックスもパチンコ業界やラブホテル業界などへの融資、つまりはニッチな市場を攻めることでのし上がってきた新興企業だった。株主重視、市場原理重視を主張して譲らない宮内はしばしば財界人とも論争した。

そんな宮内にとって、日本の銀行が総崩れとなった九〇年代後半はむしろ、またとないビジネスチャンスだった。

政府が旧日債銀を売りに出した際、買収した企業グループにオリックスも名を連ねていた。M&Aを繰り返すなかで、アドバイザーとして頼った投資銀行ゴールドマン・サックスとも宮内は関係を深めていく。投資銀行業に参入したオリックスは、独自のやり方でウォール街とのルートを開拓することに成功した。

宮内はすでに九七年の段階で、「竹中の郵政民営化」を先取りしたような発言をしている。『朝日新聞』のインタビューで、日本では一二〇〇兆円もの個人資産が運用先を求めてさまよっていると話を振られて、宮内は答えている。

「お金を石油に例えれば、日本は精製工場をもたない産油国みたいなもの。国内では、生だきしているが熱効率が悪い。その最たるものが郵貯だ。精製はウォール街に頼まなければならない」(『朝日新聞』一九九七年六月二八日付)

宮内は、かつて自著のなかでわかりやすい表現で日本の変革の方向を示していた。

「日本の企業経営にいま求められているのは、一言でいえば『アメリカに向かって走れ』ということではないでしょうか」

小泉内閣発足まもない時期に出版した『経営論』(東洋経済新報社)でこんなメッセージを発信している。アメリカ企業が「山の頂上」にいるとすれば、日本企業はいま「海に沈みかねない波打ち際」にいる。そう宮内は警告した。

ジャーナリストの森功は『サラリーマン政商　宮内義彦の光と影』(講談社)で、宮内がオリックスの事業を拡大する契機が、八〇年代後半の「日米通商摩擦」だったことを指摘している。レーガン政権は日本に「通信の自由化」を求めた。アメリカのモトローラ方式の通信機器を導入するよう日本政府に迫った。日本政府はアメリカ政府の要求を受け入れ、設立されたばかりの日本移動通信(IDO)にモトローラ方式を導入させた。各地にモトローラ方式の基地局が設置されることになるが、オリックスは基地局そのものをリースしたほか、自動車無線機の端末のリース事業も展開し、通信関連事業の売り上げを飛躍的に伸ばしたという。「アメリカに向かって走れ」という宮内の発想は、こうしたビジネス体験の積み重なりが生んだものなのだろう。

実際、オリックスはアメリカで成立しているビジネスモデルをそのまま日本に援用して成功を収めてきた。そもそも株主には海外投資家が多く、小泉内閣発足時に四割ほどだった外国人株主比率は小泉内閣末期になると六割近くまで上昇している。実態としても、オリックスは「外資系企業」そのものだった。

歯に衣着せぬワンマン経営者として財界で存在感を示す一方、宮内は規制緩和に関する政府の諮問機関でも頭角をあらわす。

九〇年代半ば、細川内閣時代に行政改革委員会規制緩和小委員会の委員長に就任して以降、名実ともに日本の規制緩和勢力を束ねるリーダーとなった。

宮内にとって、小泉純一郎内閣の誕生は僥倖以外のなにものでもなかった。小泉とは個人的にも親しく、「不機嫌の会」と称して定期的に開く食事会で、作家の林真理子などといっしょに小泉を囲んで歓談する仲だった。小泉内閣発足直後、雑誌インタビューで率直にうれしさを表現している。

「構造改革のメニューは、今までは動かないと思っていたものを動かすという内容ですね。小泉さんが出てきて『やれ！』といって、一気に動きはじめた。規制改革を受け持つわれわれとしても『待ってました！』という感じです」（『週刊ダイヤモンド』二〇〇一年六月一六日号）

宮内は、小泉内閣の総合規制改革会議議長、後継組織の規制改革・民間開放推進会議の議長を長くつとめ、企業人ながら「構造改革」の牽引役を担った。

「アメリカに向かって走れ！」と財界人を叱咤し、小泉純一郎とも昵懇の仲である宮内義彦。アメリカに深く傾倒し、小泉純一郎を「奇跡の総理」と呼ぶ竹中平蔵と気が合わないはずはなかった。

竹中はすでに森政権時代に、自らが主宰する森首相のブレーンチームに宮内を入れていた。また、最大野党民主党の鳩山由紀夫党首に接近して勉強会を立ち上げる際も、宮内を中核メンバーに据えたほど信頼していたこともすでに述べた。小泉内閣発足前、すでに竹中と宮内はしっかりと結ばれていたのである。

小泉内閣の閣僚となった竹中は、経済財政政策担当大臣として取り仕切っていた経済財政諮問会議にしばしば宮内を招き、総合規制改革会議と緊密に連携して「小さな政府」を実現させるための大胆な規制緩和、行政改革を軌道に乗せていった。

『日経ビジネス』が小泉政権における竹中平蔵と宮内義彦の蜜月関係を象徴するエピソードを紹介している。

小泉純一郎、そして宮内とともに構造改革を推進した元総務相の竹中平蔵は言う。

「族議員や官僚が既得権を守りたがるのは当たり前。だから政府における民間人の役割は大きい。今、大臣や官僚と喧嘩してでもやり通す民間人がどれほどいるか。強い志と勉強する姿勢を持たない人は即辞めていただきたい」

思わず尖った表現になる竹中が民間の経営者で最も信頼する人物。それが宮内だ。「いつもブレない。逃げない。だから彼のためなら、となる」。

規制改革を進めるため宮内が小泉に会いたいと言っても、当時は官邸周辺の官僚が取り次がない。そんな時、〝密使〟として竹中が宮内の手紙をスーツに忍ばせ、小泉に渡したこともある。「よし、会おう」。小泉が即答し、面会かなったりもした。（『日経ビジネス』二〇〇八年六月二三日号）

宮内は、小泉純一郎首相、竹中平蔵大臣というこれ以上望めない後ろ盾を得て、

「規制改革の旗手」「ミスター規制緩和」と呼ばれるまでの存在になった。オリックスの株価も小泉長期政権時代に急上昇している。まさにわが世の春を謳歌していた宮内がつまずくのは、小泉内閣も終焉に近づいたころである。

フジテレビ買収騒動でメディアを席巻した元通商産業省キャリア官僚で投資家の村上世彰《よしあき》が二〇〇六年六月、インサイダー取引容疑で東京地検特捜部に逮捕される。「村上ファンド」をめぐる報道合戦のなかで、「村上ファンド」の生みの親が宮内であることが明らかになった。「村上ファンド」には現職日銀総裁の福井俊彦も出資していたことから疑惑は拡大し、宮内は激しい批判にさらされるようになる。「規制改革の旗手」が、「規制改革ビジネス」に執心する経営者でもあったことが次々と暴露された。

たとえば、宮内は竹中が司会役で取り仕切る経済財政諮問会議に招かれた際、「宮内試案」として、「医療機関経営への株式会社参入」や「株式会社による農業経営」を提言したことがある。その後、実際に「宮内試案」は実行に移されるが、日本で初めての株式会社農園、株式会社病院のいずれにも大株主として顔を出していたのがオリックスだった。

これはほんの一例に過ぎず、よく観察すれば、規制緩和で生まれたビジネスチャンスをオリックス・グループが素早く獲得している事例は枚挙にいとまがなかった。そのため、「規制改革の旗手」は「規制改革利権に手を染めた経営者」として指弾されるようになったのである。結局、批判に抗しきれず、宮内は任期を残したまま、小泉内閣終了とともに規制改革・民間開放推進会議議長の職を退くことになった。

「かんぽの宿」疑惑のプレーヤー

麻生内閣で総務大臣をつとめる鳩山邦夫は、こうした経緯があったために、日本郵政とオリックス不動産が結んだ「かんぽの宿」売買契約に疑いの目を向けたわけである。竹中が実現させた郵政民営化の果実を、「改革仲間」の宮内が手に入れた——鳩山の目にはそう映った。

鳩山大臣の発言に危機感を抱いたのが、竹中だった。素早く反撃に出ている。

竹中は二〇〇九年一月一九日の『産経新聞』に、「かんぽの宿は〝不良債権〟」という論説記事を寄稿した。

「かんぽの宿は、郵政にとっていわば『不良債権』であり、この処理が遅れればそれだけ国民負担が増大することになる。かんぽの宿は、今でも年間50億円の赤字を計上している。民営化に当たって、これを廃止・売却するのは当然のことである」

竹中は、「かんぽの宿」売却が当然であることを説明したあと、宮内義彦を擁護する論陣を張った。郵政民営化の議論に宮内はいっさいタッチしていなかったと説き、「宮内叩き」を嘆いてみせた。

「民間人が政策過程にかかわったからその資産売却などにかかわれない、という論理そのものに重大な問題がある」

非難された鳩山総務大臣は、記者会見で竹中に嚙みついた。

「竹中氏は『族議員と官僚のゆがんだ政策を正すために民間の有識者を政策決定のなかに入れている』という。では公の領域で自らの利益をはかろうとする人間はゆがんでいないのか。官僚と族議員がゆがんでいて財界人は全部まっとうだというい加減な理屈は成り立たない。それはケース・バイ・ケースであり、国民が理解できるかどうかだ」

じつは竹中も、「かんぽの宿」売却には直接的なかかわりをもっていた。そもそも、日本郵政が「かんぽの宿」を急いで売却する方針を決めたのは、竹中が郵政民営化法で規定していたからだった。法律には「附則」という形で、「かんぽの宿」などの宿泊施設を五年以内に売却する旨が盛り込まれていたのである。

「かんぽの宿」不正売却疑惑は国会審議でも取り上げられるようになるのだが、「附則」が盛り込まれた経緯を、政府側で答弁に立った内閣官房郵政民営化推進室の振角《ふりかど》秀行が説明している。

「当時の担当大臣であります竹中郵政民営化担当大臣のもとで、（郵政民営化）準備室、私の推進室の前身でございますが、そこが検討いたしておりました。それで、基本的な考え方としては、竹中さんが著書でも書いておりますけれども、郵政民営化にあたっては、その本来の仕事、コア業務に基本的には簡保も含めて特化すべきだということで、このかんぽの宿につきましてはコア業務ではないという判断をされまして、資産を処分して撤退すべきと判断されまして、その下の指示を当時の準備室にされまして、その準備室のもとにおきまして、法制化に必要な事項として、このかんぽの宿について承継先として当分のあいだどこで承継するのがいいか、あるいはその資産を譲渡または廃止するための猶予期間として何年が適当かどうかというのを法制局と詰めていったということでございます」

郵政担当大臣の竹中が、内閣官房の郵政民営化準備室に「かんぽの宿」を売却する規定を盛り込むよう指示を出したのは、竹中の「ゲリラ部隊」が秘密裏に郵政民営化法案を作成している時期にあたる。

郵政民営化準備室の当時の状況を知る現役官僚が証言した。

「かんぽの宿をどうするかについては、二〇〇四（平成一六）年の秋ぐらいから議論を始めました。いろいろ検討を重ねていましたが、『売却ありき』ではなかった。ところが、翌二〇〇五年一月になって、急に竹中大臣が『五年以内に売却』と言い出したんです。『年末年始にいろいろな人から話を聞いた結果』という説明をしていました。じつは年末の一二月二四日、宮内義彦さんが議長の規制改革・民間開放推進会議が『官製市場の民間開放による〈民主導の経済社会の実現〉』という答申を出している。この答申に、公的宿泊施設は民間に譲渡すべきだという提言が入っているんです。ですから、竹中さんは宮内さんから話を聞いて、かんぽの宿を売却するよう指示したのかなと思いました」

世界最大の民営化プロジェクトのなかで、「宿泊施設の売却」など瑣末な問題にすぎない。そんな小さな問題にまで大臣が首を突っ込んでくることに違和感をおぼえた官僚も少なくなかったようだ。竹中自身も『大臣日誌』に書いている。

「あとで準備室の幹部に言われたことだが、大臣が法案作成にこれだけ直接かつ詳細にかかわったのは前代未聞のことだったようだ。通常は、官僚任せの仕事なのである。しかし、『戦略は細部に宿る』のだ」

オリックス不動産への売却に異議を唱えた鳩山大臣に対して、「かんぽの宿」は赤字経営なので売却額が低いのは当たり前だと竹中は反論した。だがむしろそれ以前、まさに竹中と同じ「赤字だから」という理屈のもと、不動産鑑定評価がきわめて不自然な格好で急激に引き下げられていたことが、のちになって判明する。この件では、竹中が日本郵政社長に抜擢した西川善文が関係してくる。

二〇〇五年に「かんぽの宿」は近く売却される方針が決まったわけだが、民営化される直前、日本郵政公社のもとで不動産の鑑定評価が異常なほど下落していた。二〇〇七年の評価額は総額九八億円で、前年のほぼ三分の一になっている。その経緯がまた異常だった。鑑定した不動産鑑定士によれば、日本郵政公社側から大幅に減額するよう求められたという。個別のかんぽの宿を見ていくと、ひどいケースでは鑑定士が積算した価格から九五パーセントも減額されている物件もあった。オリックス不動産が安値で落札できたのは、事前にこのような「価格操作」が施されていたからだったのである。

奇妙なのは、できるだけ高く売りたいはずの日本郵政公社が、「もっと評価を下げろ」と鑑定士に圧力をかけていた事実だ。このときの日本郵政公社総裁は西川善文である。

日本郵政公社は二〇〇七年一〇月に民営化されて日本郵政グループに衣替えした。竹中によって日本郵政トップに抜擢された西川は、民営化が予定より半年遅れたという理由で、二〇〇七年四月から日本郵政公社の総裁に就任していた。それまで総裁だった生田正治が更迭されて、西川が乗り込んでいった格好だ。そして、西川が新たに公社総裁の椅子に座ったあと、「かんぽの宿」鑑定評価の異常な減額操作が起きている。

一方、日本郵政公社から「かんぽの宿」一括譲渡を受けるオリックス・グループを率いる宮内は、ずいぶん前から「かんぽの宿」に強い関心をもっていた。二〇〇一年に出版した『経営論』では、非効率な「官営経済」の代表としてわざわざ「かんぽの宿」を取り上げて詳しく論じているほどだ。そして、議長をつとめる規制改革・民間開放推進会議で、公的宿泊施設を売却するよう政府に提言している。民営化法案を作成中の竹中とぴたりと息があっていた。

「かんぽの宿」疑惑の構図を整理すれば、売却スキームを設計したのが竹中平蔵、売却する側の責任者が西川善文、買収する側の責任者が宮内義彦――「官から民へ」の大型不動産取引は、近しい仲間うちで実行に移されたことになる。

オリックス会長の宮内について、補佐官・秘書官として竹中を支えた岸が興味深いことを書いている。経産省出身の岸は、竹中が指揮する「ゲリラ部隊」の中核メンバーだった。

小泉政権終了直後に出版した『ブレインの戦術』（あさ出版）で岸は、「尊敬する人物」として竹中とともに宮内義彦の名前をあげている。ウシオ電機会長の牛尾治朗を加えた三人の「尊敬する人物」について、「彼らから頼まれたことはすべて二つ返事で引き受けて、頑張ってきたつもりです」と岸は率直に述べている。

あっけない幕切れ

鳩山総務大臣が強硬な姿勢を崩さなかったため結局、日本郵政はオリックス不動産との契約を白紙に戻した。しかし、いったん火がついた「かんぽの宿」疑惑はおさまらず、「郵政民営化」疑惑へと燃え広がっていく。マスメディアだけでなく、国会で野党が厳しく追及を始め、郵政族議員も蠢きだす。民営化にからむ問題が次々指摘されていった。宮内義彦に次ぐターゲットは、西川善文だった。

西川は日本郵政グループの持ち株会社である日本郵政の社長だ。三井住友銀行の頭取だった西川は、三井住友銀行時代に部下だった銀行員たちを日本郵政の幹部に登用した。銀行から出向させたのである。三井住友銀行の社宅住まいの幹部もいた。次第に日本郵政内で幅をきかすようになった三井住友銀行員たちは、「チーム西川」などと呼ばれるようになった。

日本郵政の社長人事については、奥田碩経団連会長が「金融機関のトップは利害関係があるので、資格がないのではないか」と語っていたけれども、竹中は奥田を振り切って西川を抜擢した。その後、奥田の懸念はやはり的中することになった。

民営化された日本郵政グループのビジネスは、三井住友グループのビジネス領域と重なり合う。たとえば、ゆうちょ銀行が発行するクレジットカードの業務委託。委託先に選ばれたのは、三井住友カードだった。日本郵政側で業者を選定した責任者は「チーム西川」のひとりで、以前三井住友カードの副社長までつとめた人物だった。

西川にまつわる問題が続々と出てくるなかで、日本郵政社長として続投させるべきかどうかが焦点になってくる。

竹中がもっとも懸念したのは総理大臣の動きだった。郵政民営化の制度設計を決める際、だまし討ちにした麻生太郎である。

民営化を進めた当時、郵政民営化担当大臣の竹中は金融部門の売却に反対する総務大臣の麻生をだまし討ちにする形で、金融部門を分離する四分社化案を通した。

竹中に腹を立てた麻生は、しばしば竹中と衝突した。だが、「小泉総理の意向」をちらつかせながら、竹中はその後も麻生の主張をことごとく退けていった。苛立った麻生が、「いつか仕返ししてやる」と子供じみた罵詈《ばり》雑言《ぞうごん》を竹中に浴びせたことさえあった。その麻生がいま、最高権力者の椅子に座っているのだ。

二月五日の衆議院予算委員会。「かんぽの宿」疑惑を質された麻生首相は、かつて竹中にだまし討ちされた「四分社化」に疑問を投げかけるような答弁を始めた。

「いま四つに分断した形が本当に効率としていいのかどうかというのは、もう一回見直すべきときに来ているのではないか」

麻生は、小泉政権時代の恨み話まで持ち出し、「小泉総理のもとに賛成じゃありませんでしたので、私の場合は」と口にし、竹中への意趣返しのような言葉を吐いた。

「総務大臣だったんだけれども、郵政民営化担当から、私は反対だとわかっていたので、私だけ外されていましたから。郵政民営化担当大臣は竹中さんだったということだけは、これだけはぜひ記憶して、妙にぬれぎぬをかぶせられるとおれもはなはだおもしろくないから」

首相の麻生が公然と批判してきたことに、竹中は危険をおぼえた。頼るのはやはり小泉純一郎である。竹中は、小泉のもとを訪れ、「かんぽの宿」問題で迷走している麻生を諌《いさ》めるよう焚《た》きつけた。

竹中からの注進を受けて、小泉は怒りを露にする。

「総理が前から、これから戦おうとしている人たちに鉄砲を撃ってんじゃないか」

小泉の怒りはおさまらず、第二次補正予算関連法案を審議する衆議院本会議を欠席するとまで言い放った。

「与党が三分の二を使うという本会議が開会される場合は、欠席する」

衆参ねじれ状態だったので、麻生首相は参議院で否決された法案を衆議院で再議決しなければならなかった。小泉は、郵政選挙で生まれた衆議院の「小泉勢力」は使わせないぞと脅したのだ。

竹中攻撃ともとれる発言をする麻生に危機感を強めた竹中は二月一七日、『読売新聞』のインタビューに登場し、煙幕を張るように、いまも小泉と緊密な関係にあることをアピールしている。小泉が麻生批判を始めたのも自分が進言したからなのだとわざわざ暴露し、小泉の怒りのわけを解説した。

「小泉氏には、麻生首相を批判する2日前に会って、最近の郵政をめぐる状況を説明した。かんぽの宿の売却問題を始め、一連の郵政民営化つぶしの動きが小泉氏を駆り立てた、と解釈している。小泉氏の（08年度第2次補正予算関連法成立のために衆院の）

再可決に慎重な発言は、郵政民営化をつぶそうとする内閣に、小泉内閣で得た3分の2を使う資格はない、というメッセージだと思う」

「かんぽの宿」問題は日本郵政の西川社長の責任問題に発展するのではないかとたずねる記者に、竹中は熱弁をふるった。

「明らかな『西川追放劇』だ。郵政は『伏魔殿』だ。西川氏が辞めたら、民間から誰も経営者が見つからず、総務省の官僚OBが社長になってしまう。その途端『このままでは経営が成り立たない』と言いだし、4分社化は見直される。郵政民営化は終わる」

一方の鳩山総務大臣は、麻生首相の竹中批判に勢いづいて、西川社長に退任を迫るようになっていく。だが、竹中も負けてはいない。

小泉を後ろ盾として、総務大臣時代に副大臣として竹中に仕えていた菅義偉《すがよしひで》、元幹事長の中川秀直、日本郵政の社外取締役で小泉政権時代から竹中を支援している牛尾治朗などと協力しながら、次第に麻生を追い詰めていった。

郵政選挙で圧勝し、「小泉チルドレン」と呼ばれる大量の初当選議員を従える小泉の影響力はさすがに無視できない。麻生は結局、鳩山総務大臣を更迭することで事態を収拾する。自民党の内部抗争と化した「郵政政局第二幕」も、やはり小泉・竹中陣営の勝利に終わったのである。

しかしまもなく、自民党そのものが大波にのみこまれる。

小泉内閣時代、製造業にも派遣労働が認められるようになった。それ以降、派遣労働者の数は増加の一途をたどっていた。そして、脆弱化《ぜいじゃくか》した社会をリーマン・ショックによる世界的金融危機が襲う。大量の「派遣切り」が発生し、二〇〇八年暮れには東京の日比谷公園に「年越し派遣村」なるものが出現した。郵政民営化スキャンダルをめぐる自民党の内紛などすでに瑣末な問題にすぎなくなっていた。

二〇〇九年八月三〇日の総選挙で、野党の民主党は自民党に圧勝する。歴史的な政権交代によって、鳩山由紀夫内閣が誕生した。けれども、竹中を驚かせたのはむしろ鳩山の閣僚人事のほうだった。新たに設けられた大臣ポスト「郵政改革担当大臣」に就任したのが、亀井静香だったのである。

亀井は、郵政民営化に反対して自民党を飛び出し、国民新党という弱小政党を率いていた。鳩山内閣では金融担当大臣も兼務するという。齢七〇を超すとはいえ、警察官僚出身の亀井は一筋縄でいかない政治家だ。「殿の寝首をかく」と細川護熙を金銭スキャンダルで追い込み、細川内閣を転覆させて自民党が政権与党に返り咲くきっかけをつくったこともある。

竹中はかつて小泉政権誕生前夜、自民党政調会長だった亀井静香を「守旧派抵抗勢力」のシンボルと見立て、名指しで激しく批判したことがあった。その亀井が、歴史的政権交代後の「郵政改革担当大臣」だとは、皮肉なめぐりあわせだ。

「日本では神の手が動いて鳩山政権が生まれた」

鳩山内閣の初閣議後、亀井は雄弁に語った。芝居がかったセリフはなおも続いた。

「私どもは、だから、占領軍のように旧郵政省に乗り込んでいって、いままで郵政民営化を推進してきた役人の心を入れかえさせて、心を入れかえてもらう」

「郵政改革」の眼目として、民営化された会社の株売却を凍結すること、さらに竹中が手がけた法律を廃棄するため、新しい「基本法」をつくる作業に着手すると宣言した。

若者の夢を奪う格差社会をつくったのが「小泉改革」だと切り捨てた亀井は、これからやるべき政策について、「小泉・竹中のやった逆をやればいい」と言い放った。

その後、実際に亀井は「小泉・竹中の逆」の人事政策を実行する。西川善文を追放した亀井は、元大蔵事務次官の斎藤次郎を日本郵政の社長に抜擢した。大物官僚ＯＢだ。さらに、副社長にも財務省ＯＢの坂篤郎《さかあつお》を起用した。坂は内閣府幹部時代、担当大臣の竹中とつばぜりあいを演じて竹中からうとまれ、実務から遠ざけられた苦い経験をもっていた。亀井大臣の剛腕で、日本郵政の姿はさながら巨大な天下り機関へと変貌したのである。

精魂傾け完成させた世界最大の民営化プロジェクトが、砂上の楼閣のごとく崩れ去っていく。怒り心頭に発した竹中が怒りをぶちまけた先は、『ウォール・ストリート・ジャーナル』だった。

「亀井静香は、守旧派勢力の象徴《ポスターボーイ》だ」

「日本の改革は失われてしまった」

激しく糾弾する竹中の姿は、まるで「ウォール街」の人々に日本の暴政を訴えかけているかのようであった。

映画『インサイド・ジョブ』が伝える真実

リーマン・ショックを契機にしたパラダイムの転換は、それまで見えなかったものを、見えるようにする効果を生んだ。『インサイド・ジョブ　世界不況の知られざる真実』（チャールズ・ファーガソン監督、二〇一〇年、アメリカ）というドキュメンタリー映画も、そうした効果に促されて製作された作品といえるだろう。

映画は、リーマン・ブラザーズの破綻で世界的な経済危機を招くにいたったアメリカ金融業界のインサイダーたちに迫るインタビュー・ドキュメンタリーである。長編ドキュメンタリー部門でアカデミー賞を受賞したこの作品に登場するのは、元FRB議長のポール・ボルカーやアラン・グリーンスパン、投資家のジョージ・ソロス、ゴールドマン・サックスの幹部やアメリカ政府の元高官などのエリートばかりである。

けれども、綺羅星のような俊秀たちを称《たた》える映画ではない。政界や学界が金融業界と癒着を深めながら金融業界の規制を取り払い、金融バブルを誘発して世界を危機に陥れ、ウォール街が窮地に陥ると今度はアメリカ政府を動かして莫大な公的資金で金融業界を救済する。その経緯を関係者の証言で検証している。

興味深いのは、経済学者の生態についても光をあてている点だ。

たとえば、ハーバード大学教授のマーチン・フェルドシュタイン。アメリカにおける規制緩和推進の立役者であると紹介されたあと、長きにわたりAIG、AIGフィナンシャル・プロダクツの取締役をつとめて高額報酬を受け取っていた事実が明らかにされている。AIGは世界最大の保険会社を擁する金融グループで、リーマン・ブラザーズが破綻した後、アメリカ政府によって公的資金で救済されている。

映画で取り上げられている「ウォール街インサイダー」の経済学者グループの大物はローレンス・サマーズである。彼はクリントン政権で財務長官をつとめた後、ハーバード大学の学長へと転身するが、一方で、ヘッジファンドから二〇〇万ドルの顧問料を受け取っていたことが明らかにされている。財務副長官、財務長官をつとめている際、サマーズはデリバティブ取引など金融業界の規制緩和を推し進めた。ヘッジファンドにとっては三顧の礼をもって迎え入れるべき功労者である。映画では、サマーズが銀行から多額の講演料を得ていたことも暴露されている。

ハーバード大学を拠点にフェルドシュタインやサマーズは多くの学術論文を書いてきた。彼らはアメリカ経済学界を代表する「優れた経済学者」である。しかし、「優れた経済学者」の隠された半身がスポットライトに照らされると、ネガとポジがひっくり返った写真を見せられたときのように、彼らの顔がまるで別人の顔に見えてくる。

『インサイド・ジョブ』というドキュメンタリーは、題名が暗示するように、金融ビジネスと骨がらみになった学者や政治家、企業家を活写している。じつはこの作品には、グレン・ハバードが登場している。

ブッシュ政権で大統領経済諮問委員会委員長をつとめた、あの経済学者である。彼は、ブッシュ政権における対日経済交渉の窓口役を担っていた。小泉内閣におけるカウンターパートが竹中平蔵だった。

本書で詳しく取り上げたように、ハバードと竹中の蜜月関係はブッシュ政権と小泉政権の一体化を体現していた。ドキュメンタリー映画『インサイド・ジョブ』は、竹中の盟友ハバードの別の顔を、インタビューという手法によって巧みに浮かび上がらせている。

——金融界は強大な力をもっていると思いますか。

「そうは思わない。彼らはしょっちゅう議会側にやり込められているよ」

——経済学界というか、経済学者が金銭的な利害を抱えていることを問題視する声もありますが……。

「いや、それはどうかな。ほとんどの経済学者はそれほど裕福ではないよ。私は研究に付随して利害関係がともなうような場合は、その情報を公表すべきだと思っている」

——でもそういう指針はありませんね。

「利害関係があれば、みんな明記するはずだよ。書かないという人は知らないな。

怠った場合はそれなりの制裁がある」

——あなたの履歴書を拝見すると、学外での活動はほとんどが金融機関の顧問や役員という仕事ですね。

「顧問などをしている会社の名前は履歴書には載せていない」

インタビュアーが、顧問をつとめる会社の名前をたずねると、ハバードの顔はにわかに険しくなった。

「あと数分で約束の取材時間は終わりだ」

突き放すような口調で、ハバードがはぐらかす。あなたは顧問や役員をしている企業の名前を忘れたのですか。インタビュアーがなおも食い下がると、ハバードの怒りはついに爆発した。

「これは宣誓証言じゃないんだ。失礼だぞ！　こんな取材断るんだった。あと三分だ。まともな質問をしてくれ！」

『インサイド・ジョブ』では、インタビュー場面のあいだにハバードの学外での活動状況を説明するシーンが挿入されている。

著名な学識者が金融界に利益誘導するような論文を恣意的に書いたり、そのための政策をつくったりしていることが指摘され、実際にコンサルタント会社が仲介して、学識者が企業に供給されるシステムが存在していることも紹介されている。

実例として、証券会社ベア・スターンズのファンドマネージャーふたりが詐欺罪で告訴された際、コンサルタント会社を通じてハバードに弁護を依頼した事実が語られる。ハバードはこの弁護活動の報酬として一〇万ドルを手にしたという。

ハバードが学外で関係している企業のリストも登場する。驚くほどの企業数だ。ほとんどが金融関係で、たとえば、アメリカ最大の生命保険会社メットライフの役員として年収二五万ドルを稼いでいる。日本の野村證券の顧問をつとめた時期もある。

りそな銀行破綻の闇

かつて、ハバードのインタビュー・シーンと似たような場面が、日本の国会で展開されたことがあった。

二〇〇五年二月一六日の衆議院予算委員会。質問したのは弁護士でもある民主党の辻恵《めぐむ》議員で、竹中大臣が所有する資産について質している。

――千葉県の勝浦市の土地を購入して、一九九九年にこれを返済している。そして、佃にある三棟を、次々マンションを買われている。これは私の計算によると、結局、九九年三月から二〇〇〇年一月までの一〇ヵ月間に一億九〇〇〇万のキャッシュを用意して支払われているんですよ。さらに、二〇〇二年の一月までにさらに一億二〇〇〇万。結局、三億近いキャッシュを竹中大臣はいろいろな形で工面して用意されている。これはどこからきているお金なんですか。

竹中　大臣になる前、本もたくさんベストセラーになっておりまして、たいへん所得が今から思うと多かったなと思う時代がございました。そのなかで、個人としてきちっと対応したんだと思います。

——一九九七年に勝浦市の土地を購入する以前に、不動産を購入されたようなご経験はおありなんですか、どうなんですか。

竹中　そういうこと、私が私人として活動していたときにどういう家に住んでいたかとか不動産を持っていたかということをお答えする必要があるのかどうかちょっとわかりませんけれども、人並みにやっておりました。

——九九年三月から、つまり小渕内閣の経済戦略会議の委員に九八年八月に就任されている、それ以降、二〇〇一年四月に経済財政担当大臣になられるまでのあいだに二億円のお金が出てきているんですよ。それ以前に不動産のそういう形をやられているのであればともかく、この時期に突然出てきたというふうになれば、これは疑わしいというふうに国民が思う可能性があるんですよ。だからそれはやはり説明されたほうがいいと思います。それから最後に一点だけ。二〇〇〇年四月四日の佃の四七〇一号室の、これは一億八一〇〇万円で購入された物件というふうに私のほうの調査では明らかになっているんですが、登記簿謄本を見ると、あさひ銀行から一億七〇〇〇万の融資を受けているんですよ。一億八一〇〇万の物件に一億七〇〇〇万の融資があさひ銀行からついたというのはどうしてなんですか。

竹中　相当の預金があったんだと思います。だから、それが両建てで、むしろ、たくさん借りてくれというふうに銀行から言われたような記憶がございます。

質問した辻議員は、小渕政権で経済戦略会議の委員をつとめて以降、竹中が多額の収入を得ていたことに疑問を呈した。だが実際には、経済戦略会議に参加して表舞台に登場する前から、竹中はすでに高額納税者ランキングの上位に顔を出している。本の印税だけでそれだけの高額収入を稼いだという弁明には無理がある。

経済学をビジネスに結びつけて多額の収入を稼いできた実績に着目してみると、数々の「改革」にも別の側面があることに気がつく。たとえば、りそな銀行の破綻劇である。

金融担当大臣として竹中は、りそな銀行を経営破綻に追い込んで約二兆円の公的資金を投入した。破綻劇が何をもたらしたのかを少し違った角度から検証してみる。結果から見れば、りそな破綻劇の最大の成果は、東京株式市場に海外投資家の投資を呼び込んだことにあった。政府は巨額の資金支援をしたのにもかかわらず、りそな銀行の株主には株主責任を問わなかった。そのため、りそな破綻劇は株主にとっては二兆円もの支援を受ける「救済劇」となった。竹中率いる金融庁が市場に好意的な破綻処理をしたのを見て、海外の投資家たちは東京市場に投資してきたのである。

破綻したあと、政府の管理下に置かれたりそな銀行は、経営陣に社外から人材を登用した。社外取締役として迎え入れられたひとりに川本裕子がいた。マッキンゼーのコンサルタントだった川本は、りそな銀行を破綻に追い込む際、決定的な役割を果たしている。竹中大臣のもとに設けられた金融問題タスクフォースの主要メンバーだった。

一方で、りそなホールディングス副社長の梁瀬行雄は銀行破綻の責任をとる形で辞任させられたあと、オリックスに入社している。オリックスの経営者は宮内義彦で、小泉政権の総合規制改革会議で議長をつとめていた。規制緩和を強力に推進した宮内は、構造改革の指揮をとる竹中の盟友だったこともすでに見てきた。りそなを追放されてオリックスに採用された梁瀬はその後、オリックス社長をつとめるまでになり宮内を支えていくことになった。梁瀬は旧あさひ銀行出身(りそな銀行はあさひ銀行と大和銀行が合併)だが、あさひ銀行は大和銀行と合併する前、ゴールドマン・サックスの仲介でオリックスとの統合を検討していた時期があった。

りそな破綻劇の知られざる結末の最たるものといえば、自民党への融資だろう。りそな銀行の自民党に対する融資額は、破綻前の二〇〇二年末は約五億円にすぎなかった。ところが、破綻して政府から二兆円の公的資金を受けたあと、りそな銀行は自民党への融資をどんどん増やしていき、二〇〇五年末には約五四億円に達した。わずか三年間で一〇倍以上に増えている。

破綻して公的資金二兆円で支援されたあと、りそな銀行は自民党のメインバンクと化し、自民党を資金面から支えるようになったのである。いうまでもなく自民党は小泉政権を支える与党だった。りそな破綻劇のあと、竹中は自民党から参議院選挙に出馬して当選している。

陰に隠れていた事実を掘り起こしてみると、りそな破綻劇で生じた利益は、竹中側のグループで山分けされているように映る。

ミサワホームの怪

もうひとつ、大手住宅メーカーのミサワホームのケースも、不良債権処理の陰で起きていた奇妙な出来事である。

竹中が策定した不良債権処理策「竹中プラン」で、大手銀行は不良債権の処理を迫られた。UFJ銀行の大口問題債権がミサワホームだった。ミサワホームは三澤千代《ちよ》治《じ》が創業した住宅販売会社で、じつは竹中の実兄である竹中宣雄が勤務していた。三澤の証言によると、次のような経緯があったという。

「ヘイゾウが、三澤社長が奥田会長とお会いする場を設定したので出ていただけませんか」

竹中宣雄《のぶお》から三澤にそんな電話がかかってきた。当時、宣雄はミサワホーム傘下の販売会社「ミサワホーム東京」の社長で、三澤はミサワホーム社長である。

宣雄の弟、「ヘイゾウ」は現職の金融担当大臣である。「奥田会長」は、トヨタ自動車会長で経団連会長の奥田碩。宣雄は三澤に、弟の竹中平蔵が奥田とのあいだで話をつけ、経団連会長室で二〇〇三年一〇月一四日午後五時半に奥田・三澤会談を行うことで話がまとまったと知らせたのである。宣雄は「ヘイゾウは大臣なので職務権限違反になるため出られない」といい、ふたりだけの会談になると三澤に説明した。

　これより六年前、三澤はメインバンクの東海銀行（のちに三和銀行と合併してＵＦＪ銀行となる）の頭取から、トヨタがミサワホームを買収したい考えをもっていると聞かされたことがあった。トヨタはグループ内にトヨタホームを抱えるが業界ではいまひとつ伸び悩んでいた。住宅販売事業を始めたのは創業家一族の豊田《とよだ》章一郎で、トヨタは住宅事業をテコ入れしたいと考えていたという。

　奥田との会談は宣雄から唐突に持ち込まれた話ではあったけれども、三澤には合併を含むなんらかの支援話だろうと予想はついた。しかし一〇月一四日、経団連での奥田との面談はうまくいかなかった。会談の場が経団連会長室の手前の控え室のような部屋だったことも三澤の神経を逆なでした。奥田が「社名はトヨタホームで……」と言いかけたのをさえぎって、「それはできませんよ」と三澤は言い返した。結局、買収の話は白紙となった。

　奥田との会談が決裂したあと、ＵＦＪ銀行は三澤に社長を退くよう迫った。三澤は名誉会長に退き、取締役からも外された。二〇〇四年八月には再びＵＦＪ銀行の強い要請で、名誉会長も辞任することになった。

　そして迎えた一二月二八日、ミサワホームは産業再生機構入りすることを記者発表する。同じ日、トヨタはミサワホームに資本参加することを発表した。産業再生機構は政府が企業再生のために設立した期限付きの官製ファンドだ。ミサワホームは産業再生機構で債務を整理して身ぎれいになってから、結局、トヨタが資本出資する形で引き取った。三澤が追放されたあと、三澤が創業した会社はトヨタ系列の住宅メーカーに生まれ変わったのである。

ミサワホームでは、銀行管理下に置かれて三澤が追放されたあと、しばらくＵＦＪ銀行出身者が社長をつとめていた。トヨタ傘下に入って銀行管理から解放されたとき、ミサワホームの新しい社長に抜擢されたのは竹中宣雄だった。

「彼が社長になった理由？　そりゃあ、弟が大臣様だったからだとしか考えられんでしょう」

ミサワホーム創業者の三澤は、竹中宣雄がミサワホーム社長に就任した直後、悔しさと諦《あきら》めが入り混じった口調で語っている。よほど納得しかねる人事だったのだろう。

ミサワホームが産業再生機構に入る五ヵ月ほど前、宣雄は参議院選挙に出馬した弟の選挙活動を手伝っていた。竹中平蔵は現職の金融担当大臣として自民党から出馬して比例区で当選しているが、当選後に『東京新聞』が次のように報じている。

参院選比例代表で当選した竹中平蔵金融・経財相の選挙運動に、ＵＦＪグループの大口融資先であるミサワホームホールディングスの子会社幹部らがポスター張りなどの支援をしていたことが一二日、明らかになった。

ホールディングス執行役員で子会社社長である金融相の実兄（筆者注　竹中宣雄）が社内に協力を呼び掛けていた。実兄は「あくまで肉親としての支援」としているが、ＵＦＪ銀行融資先の再建の成否が焦点となる中、金融当局トップが対象とされる企業から便宜を受けていたことは論議を呼びそうだ。

竹中氏は「実兄が肉親の情で手伝ってくれたと理解している。誤解を招いたとしたら不徳の致すところだ」としている。

実兄によると、金融相の立候補が決まった直後の六月中旬、水谷和生ミサワホームホールディングス社長（筆者注　三澤の後継のＵＦＪ銀行出身の社長）に選挙応援をすることへの理解を求め、電話で全国各地の子会社社長ら十人に約五千枚のポスター張りを要請。子会社社長らは社員を使って営業所や社員の自宅などにポスターを張った。

実兄が社長を務める子会社の支店長らもポスター張りなどで応援した。実兄はまた、グループ会社四社の朝礼に出かけ「身内が選挙に出ることになった。ご支援をちょうだいできたらありがたい」と協力を呼び掛けた。

グループ会社の社員の中には、竹中選挙事務所に出かけ、支援要請のはがきのあて名書き作業を手伝った幹部もいる。

選挙戦の途中、全国の子会社にポスターが大量に送られた際、社内で問題視する声も上がったが、水谷社長は「執行役員が個人としてやっていることで、会社としての取り組みではない」と、幹部らに説明していた。(『東京新聞』二〇〇四年七月一三日付)

ちょうどこのころ、竹中大臣から攻め立てられてUFJ銀行は怯えきっていた。竹中率いる金融庁は五月に、四つもの業務改善命令を出して銀行を処分していた。UFJ銀行にとってなによりの心配事は、「資料隠し」に対する金融庁の対応だった。大臣である竹中が、「刑事告発」まで示唆していたからだ。実際にこのあと、副頭取以下三人が「検査妨害」容疑で逮捕されることになる。

すでにミサワホームはUFJ銀行の管理下に置かれていた。UFJ銀行の生殺与奪の権を握る竹中大臣の兄である宣雄の選挙協力要請を、UFJ銀行出身者でもある水谷ミサワホーム社長が拒否できるはずなどなかった。

あらためて整理すれば、三澤追放劇の契機は「竹中プラン」である。UFJ銀行は問題融資先への対応を急ぐよう、竹中大臣率いる金融庁から強い圧力をかけられた。そして、問題債権であるミサワホームは産業再生機構を経て、トヨタの手に渡ることになった。

この過程で、竹中の実兄である宣雄の勧めに応じて、創業者の三澤はトヨタ会長の奥田と会っている。当時、奥田は小泉内閣の経済財政諮問会議で民間議員をつとめていた。経済財政諮問会議を取り仕切るのは経済財政政策担当大臣の竹中平蔵である。小泉内閣において、奥田は財界代表として「構造改革」の司令塔である竹中を支える重要な役割を担っていた。

奥田と会談する前日、三澤は、電話をかけてきた竹中大臣から、「明日行っていただけますね」と念押しをされたという。三澤が竹中からの電話を不自然に思わなかったのは、ミサワホーム主催の講演会で竹中が何度か講演したことがあり、竹中とは面識があったからだと話している。ただし、竹中のほうは三澤に電話をかけたこと自体を否定している。

三澤が竹中兄弟に強い疑念を抱くようになったのは、奥田と会談するより以前に、宣雄が産業再生機構入りを三澤に進言してきたことがあったからでもある。そのとき宣雄は、三澤が一時社長を退くことをあわせて提案してきたため、三澤は叱責する調子で部下の宣雄を諫めたことがあった。

こうしてみてくるとミサワホームの三澤追放劇でもやはり、りそな破綻劇と同様、竹中の近親者や協力者に「改革」で発生した利益がうまい具合に転がり込んでいるようにも見える。「偶然」に「偶然」が重なり合うように、利益が分配されている。

「改革は止まらない」

「抵抗勢力」から奪い取った富は、「改革勢力」に与えられる。改革推進グループのなかで利益を分かちあうことが原動力となって、さらなる「改革」は推し進められていく。文字どおり「改革は止まらない」状態まで高揚する。そんな「改革」衝動を凝縮した人物が、木村剛だった。不良債権処理における竹中の盟友である。

「金融維新」を唱えた木村の「活躍」はすでに本書で詳しく見たとおりである。不良債権処理なかんずく「りそな銀行破綻」に貢献した木村は、まるで論功行賞のように、新しい銀行を手に入れた。銀行免許を付与した金融担当大臣が竹中である。

日本振興銀行の経営者となった木村は数々の問題を引き起こしながら、ついに二〇一〇年九月一〇日、日本振興銀行を破綻させた。そして、日本の金融史上初めて、「ペイオフ」が適用された。預金者が預けていた資金が失われる事態となったのである。「金融維新」の行きついた先が、銀行破綻と「ペイオフ」だったのである。しかも、「維新の志士」だった木村は銀行法違反容疑で逮捕され、有罪判決を受けた。

木村逮捕と銀行破綻にいたる軌跡には特筆すべきことが多いけれども、ここでは警視庁に逮捕されたあとの彼の行動のみを記す。

二〇一二年三月一六日、東京地裁は銀行法違反の罪で、木村剛に懲役一年執行猶予三年の判決を言い渡した。木村は控訴せず、有罪が確定した。

一方、日本振興銀行破綻の経営責任を追及する整理回収機構は、木村ら旧経営陣を相手取って損害賠償訴訟を起こした。整理回収機構の調査によって、銀行が破綻するわずか六ヵ月前、木村が自ら保有していた日本振興銀行の株式を一株三三万五〇〇〇円という法外な高値で売り抜けていた事実が明らかになった。このときの株売却で、木村は総額三億一八二五万円を手にしている。

木村の株を買い取ったのは、中小企業保証機構という会社だった。木村は、銀行から引き出した資金をあたかも循環させるような奇妙な企業ネットワークを構築していたのだが、同社はそのネットワークの中核企業だった。

中小企業保証機構は日本振興銀行からの融資を元手に、木村の株を買い取った、と整理回収機構は見ている。要するに、木村が手にした三億一八二五万円は、破綻寸前の日本振興銀行から引き出したカネだったのである。

じつは木村は、警視庁に逮捕されたあと急いで自分の財産を保全する措置を講じていた。刑事裁判の弁護を依頼した弘中惇一郎《じゅんいちろう》弁護士の口座に、資金を移動させたのだ。弁護士の口座なら差し押さえられる心配はないからだ。バンク・オブ・シンガポールの木村名義の口座などから弘中弁護士の口座に移された資金は総額で三億円を超えていた。

木村は、先に述べた以外にも日本振興銀行の株を売却していて、関係者によると、銀行株の売却で得た資金は総額で一〇億円を下らないという。日本振興銀行の破綻で三〇〇〇人を超える人々が預金を失うなか、木村が守り抜いたのは自分自身の財産だけだったのである。「金融維新」を唱えた革命家の、これが真実の姿だった。

金融庁は日本振興銀行の破綻を受け、元広島高等裁判所判事の草野芳郎を委員長とする検証委員会を設けた。検証委員会の報告書は次のように結論付けている。

「本来なら銀行免許を交付すべきではないのに、判断を誤らせ、『妥当性を欠く不当な免許』が交付されてしまったのである。その結果、預金保険機構への多大な損失と預金者への負担を招いたのである」

銀行免許の交付は金融担当大臣の専権事項である。検証委員会は、銀行免許の付与に不正がなかったかに関心をもち、当時の金融担当大臣である竹中平蔵にも聴取に応じるよう要請した。重要政策「竹中プラン」を作成する際、大臣の竹中と木村たちが「金融プロジェクトチーム」で何度も議論していたにもかかわらず、議事録がいっさい残っていないことも検証委員会が不信を深めた理由だった。

だが、竹中は聴取を拒んだ。検証委員会にあてた文書で、竹中はその理由をこう説明している。

「万が一、私にしか分からない問題点が特定されており、現金融担当大臣が、いわば大臣の引き継ぎの一環としてその点をおたずねになりたいということでしたら、現金融担当大臣から、当該問題点を明確にした文書にてご質問をいただければ、可能な限り誠意を持って対応いたします。ただし、大臣職を離任する際にすべての資料は処分しておりますし、すでに記憶も定かではありませんので、十分なご回答ができかねる状況にあることをあらかじめご了承ください」

おわりに　ホモ・エコノミカスたちの革命

四〇年以上前の話である。ある日本人経済学者が、「経済学」という学問に根源的な疑問を投げかけた。「混迷する近代経済学の課題」という短い論考はなぜかベトナム戦争にまつわる挿話から書きだされている。

近代経済学のおかれている立場をかえりみて、新しい方向を模索しようとするとき、わたくしはひとつのエピソードを想起せざるを得ない。一九六六年、アメリカの上院外交委員会によって開かれた公聴会でのことである。アメリカの対外援助政策、とくにベトナム問題について、フルブライト委員長から批判的な質問がなされたのに対して、当時、国防長官であったマクナマラ氏がつぎのように証言したのである。マクナマラ氏は、まず、ベトナム戦争で投下された爆弾の量、枯れ葉作戦によって廃地化された土地の面積、死傷した共産側の人数など、豊富な統計データを掲げて、ベトナム戦争の経過を説明した。そして、これだけ大規模な戦争を遂行しながら、増税を行うこともなく、インフレーションもおこさないできた。それは、国防省のマネジメントの改革などを通じて、もっとも効率的な、経済的な手段によってベトナム戦争を行ってきたからである。そのような功績をはたして自分がここで批判され、非難されるのは全く心外である、という意味の証言である。わたくしは、いまなおこのときのマクナマラ氏の自信にみちた姿をまざまざと思いだす。と同時に、マクナマラ証言によって、ことばに言いつくせない衝撃を受けたことをおぼえている。マクナマラ氏は経済学者ではないが、その主張するところはまさに近代経済学の基本的な考え方と通じるものがあったからである。（『日本経済新聞』一九七一年一月四日付）

「混迷する近代経済学の課題」を書いた経済学者、宇沢弘文はかつてアメリカ経済学界を牽引する経済学者だった。シカゴ大学教授として学界の注目を集める論文を次々と発表し、「新古典派経済学」と称される経済学の世界的リーダーとなっていた。彼が主宰するセミナーには、ジョセフ・スティグリッツやジョージ・アカロフなどのちにノーベル経済学賞を受賞する気鋭の若手研究者たちが教えを乞うて他大学から集まってくるほどだった。

華々しく活躍していた宇沢が、マクナマラ国防長官の発言に「ことばに言いつくせない衝撃を受けた」というのは誇張ではなかった。マクナマラが上院外交委員会で証言した一九六六年に、シカゴ大学を去る決意を固めているからだ。アメリカ経済学界の重鎮であるポール・サミュエルソンは、「飛ぶ鳥を落とす勢いの宇沢が突然日本へ帰国してしまったことを、「国際的名声の頂点において名誉ある地位を放棄した」と評したという。活動拠点を日本に移して五年とたたない時期に書かれた文章が、「混迷する近代経済学の課題」である。

宇沢は短い論考のなかで、自分を含めた世界の経済学者たちが信奉してきたものに疑いの目を向けている。とりわけ、「価値判断」をめぐる問題に彼はこだわった。

経済学は、ある目的を達成するために「どのような手段を用いたらよいか」を扱うけれども、「どのような目的を選択すべきか」を扱う学問ではない——経済学の古典『経済学の本質と意義』でライオネル・ロビンズが展開した主張を、宇沢は批判的に検討している。ロビンズの主張をそのまま受け入れるなら、「公正さ」のような「価値判断」を伴う概念は、経済学で論じることができなくなる。

事実、「平等」「公正」といった概念を無視し、「効率」のみを形式論理的な枠組みのなかで論じるようになったことで、この学問は「価値判断からの自由」を標榜できるようになった。けれども、それは見せかけにすぎないのではないか。そう宇沢は指摘した。「価値判断からの自由」は、「効率性のみを追求し、公正、平等性を無視する」という態度の表明にほかならない。そして、効率性のみ追求する知識人が現実の政治と固く結びついて影響力を行使するとき、取り返しのつかない災いが起きる。「効率的な爆弾投下」「効率的な枯れ葉剤の散布」を誇らしげに口にするマクナマラ国防長官に、宇沢は、経済学あるいは経済学者の究極の姿を見ていたのである。宇沢はかつて、ベトナム戦争に協力した経済学者が「キル・レイシオ（殺人率）」なる新たな指標を開発した事実を取り上げ厳しく批判してもいる。非倫理的な目的であろうとひとたび目的が設定されれば、それを達成するための有効な手段として経済学的思考は機能し得る。おしみなく協力する経済学者もいる。その事実に、「ことばに言いつくせない衝撃」を受けたのである。これを境に宇沢は、「社会的共通資本」という新しい概念を軸とした経済学を構築していくことになる。

＊

四〇年の歳月が経過して、宇沢が指摘した「経済学者の問題」は解決しただろうか。『インサイド・ジョブ』というドキュメンタリー映画はひとつの回答を示している。本書ですでに触れたように、リーマン・ブラザーズの破綻で世界的な危機を招いたアメリカ金融業界のインサイダーたちに迫るドキュメンタリー映画は、政界に影響を与えてきた経済学者たちが金融業界と深く癒着している現実を映し出した。ウォール街と一蓮托生の「最良かつもっとも聡明な人々」が世界を転覆させかねない危機をもたらした倒錯を描いている。

アメリカ人ジャーナリストのデイヴィッド・ハルバースタムが『ベスト&ブライテスト』を著したのは四〇年前のことである。なぜアメリカはベトナム戦争という不毛な戦いを開始し泥沼化するまで固執したのか。その問いに大部のノンフィクション作品をもって答えた。主役はケネディ政権、ジョンソン政権の中枢に座を占めた知的エリートたち。華麗な経歴と並はずれた知能をもつ彼らはその傲慢さゆえに愚行を重ねていった。ハルバースタムが代表的人物として描いたひとりがロバート・マクナマラだった。「混迷する近代経済学の課題」で宇沢弘文が「経済学者と思想的に同根」と指摘した、あのマクナマラ国防長官である。

『ベスト&ブライテスト』の舞台が「ベトナム戦争」だったのに対し、現代版『ベスト&ブライテスト』ともいえる『インサイド・ジョブ』では、舞台が「ウォール街」に移っている。巨大な愚行を実行する「最良かつもっとも聡明な人々」の列には多くの経済学者が連なっている。

＊

二一世紀に入り、日本では本格的な「改革」政権が生まれた。二〇〇一年四月二六日、小泉首相の指名を受けて経済財政政策担当大臣に就任した際、竹中平蔵は「専門家が（小泉内閣に）入るのは、日本のインテレクチュアルが問われる」と抱負を語っている。経済学者の代表として、日本の知識人の代表として、政治に参画するのだという強い意気込みが伝わる言葉である。言葉どおり、彼はやがて「構造改革」のメンターとなっていく。しかし、あらためてふりかえれば、政界に登場したときの彼の言葉は、「知識人」の意味を転倒させるフェイクだったように思われてならない。

閣僚時代、ささいではあるけれど象徴的な出来事が起こっている。竹中が、他人の著作の内容を自分の「思い出話」にすり替えて自著で紹介してしまったのである。

経済財政政策担当大臣と金融担当大臣を兼務していた二〇〇三年一月、竹中は幻冬舎から『あしたの経済学　改革は必ず日本を再生させる』という本を出版した。そのなかの一節である。

〈子どものころ、親からいわれていまも記憶に残っていることがあります。それは「人間は『稼ぎ』と『つとめ』ができて初めて一人前の大人だ」というものです〉

明らかに経済評論家の寺島実郎《じつろう》の著書の内容から捏造《ねつぞう》された「記憶」だった。寺島は、九九年に出版した『団塊の世代　わが責任と使命』（PHP研究所）でこんな文章を書いている。

〈世界の当たり前の常識だが、古今東西のいかなる社会共同体においても、一人前の大人とはカセギ（経済的自立）とツトメ（共同体維持のための公的貢献）のできる人のことである〉

当時、竹中は書評で寺島のまさにこの文章を取り上げて、「示唆に富む」と称賛していた。よほど感心したのだろう、寺島と対談した際にも、寺島本人に向かってこう語っていた。

〈寺島さんはかねてから、「稼ぎ」と「勤め」を区分する必要があるということをおっしゃっていますが、われわれにとって「稼ぎ」は収入を得ることであるのに対し、社会性としての「勤め」があるということです〉（『季刊未来経営』二〇〇一年夏号）

現職閣僚だった竹中は、いたく感心した寺島の意見を自分の意見として著書に取り込むために、「子どものころに親から聞かされた」という話をでっちあげてしまったのである。

笑い話のような逸話だが、竹中平蔵という「知識人」の特質を鮮やかに示すエピソードである。本書で触れた経済学者としての処女作をめぐるトラブルもこうした特質に起因していたといっていい。逆説めくけれども、彼の強みは融通無碍《ゆうずうむげ》としかいいようがないこのような言論に由来している。言論の基本的ルールを逸脱しているがゆえに、言論戦に敗れることがないのである。

九〇年代半ば近くまで、竹中は繰り返し「公共投資の拡大」を唱えていた。九四年一月一三日付の『日本経済新聞』の「経済教室」では、「一九九〇年代を通し五百兆円規模の思い切った社会資本整備を行うこと、そのための公共投資拡大の必要性を指摘したい」と高らかに提言していた。

竹中が公共投資拡大論を主張するようになった契機は、日米構造協議だった。アメリカ政府が日本政府に内需の拡大を求め、公共事業の拡充を迫ったことが直接のきっかけである。

竹中の主張どおり、日本政府は九〇年代を通じて大規模な公共投資を続けた。その結果、何が起こったか。地方自治体の財政が危機に瀕したのである。財政再建を目指す大蔵省（財務省）のあおりを受ける格好で財源を肩代わりさせられ、自治体の借入残高は急激に膨らんでしまった。

アメリカ政府の尻馬に乗るように「公共投資の拡大」を繰り返し訴えていた竹中

は、自分がマクロ経済政策を担う経済閣僚になると、一転して極端なまでの財政緊縮論者へと変貌する。

小泉政権が地方交付税交付金の削減などで地域経済を締めあげた結果、財政破綻の危機に直面する自治体が続出した。自治体を所管する総務大臣となった竹中は、企業には倒産があるのだから自治体も財政が行き詰まれば破産させるべきだといわんばかりに、自治体破綻法制の整備に着手した。過去の言動に照らせば、無責任きわまる背信行為だろう。

小泉政権時代に竹中大臣のもとで仕事をしていたある元官僚は、竹中大臣とこんなやりとりをしたことがあるという。

「『構造改革』には明確な定義がありませんね」

「ないんだよ」

「なにをやれば『構造改革』を実施したことになるのですか？」

「海外で普通にやられていて、日本ではやっていないこと」

たしかに自治体破綻法制にしてもアメリカが導入していた制度だった。アメリカが未曾有の金融危機に突入しているさなか、「日本郵政はアメリカに出資せよ」などと提言できたのも、同様の発想からなのかもしれない。

融通無碍な言論活動、輸入学問のつぎはぎにそれでも一貫性を与えてきたのが経済学である。アメリカ・ケインジアンの挫折を踏み台にしてレーガン政権下のアメリカで八〇年代に花開いた、ある種のタイプの経済学。その象徴がミルトン・フリードマンを指導者とするマネタリストたちであり、マーチン・フェルドシュタインを筆頭としたサプライサイダーたちである。彼らは政府の介入は最小限にとどめるべきだと主張し、自由放任の経済思想を政治の場で復権させることに成功した。

東西冷戦の終焉を契機に経済のグローバリゼーションが進行し、新自由主義的な言説は経済学という狭い枠を超えて世界を覆うようになった。本書で詳しくみてきたように、経済学者・竹中平蔵はこうした潮流を凝縮した環境のなかで育まれてきた。

経済学者のソースティン・ヴェブレンは、新古典派経済学が前提としている「ホモ・エコノミカス（合理的な経済人）」について、すでに一九世紀末に皮肉を込めて次のように解説している。

快楽主義的な立場に立って人間を考えるとき、人間は、快楽と苦痛とを電光のように素早く計算する計算機であって、幸福を追求する、同質的な欲望の塊りとして、刺激を受けて、あちこちぐるぐる回るが、自らは決して変わらない存在としてとらえられている。前歴もなければ、将来もない。他から孤立し、つよく安定した人間的素材であって、衝撃的な力に揉まれてあちこちに動かされる場合を除いては、安定的な均衡状態にある。単元的な空間のなかで釣り合いを保って、特有の精神的な軸のまわりを対称的にくるくる回りながら、やがては力の平行四辺形の法則が働いて、直線的に歩みを続けるようになる。そして、衝撃がつきたときには静止して、前と同じような独立した欲望の塊りに返る。(『クォータリー・ジャーナル・オブ・エコノミクス』一八九八年七月号、宇沢弘文訳)

自由放任の経済思想の根底には「ホモ・エコノミカス」の人間観が横たわる。ニュートン力学における質点の運動を模した人間像。ただし、その質点は「欲望の塊り」だ。

＊

格差社会批判の矢面に立たされしばらく雌伏の時を過ごさざるをえなかった竹中は、民主党政権の迷走が生んだ安倍政権のもと、新設された産業競争力会議の中枢メンバーとして再び表舞台に立った。

同じ民間議員として共闘関係を築いている楽天会長兼社長の三木谷浩史と『文藝春秋』（二〇一三年四月号）で対談した際、竹中は、「三木谷さんとあまり議論をしたことがない労働分野について今日は話をしてみたいんです」と切り出し、こんな会話を交わしている。

竹中　労働市場にも、健全な競争がないわけです。日本の正社員は世界で最も守られていますが、これは、一九七九年に東京高裁が出した特異な判例があるためです。

三木谷　一度雇用されれば、正社員というだけでどんなにパフォーマンスが悪くても、怠慢でも、一生賃金を得られる。これはどう考えてもおかしい。労働者もプロとして、フェアな競争に晒されるべきだと思いますし、年功序列、終身雇用のシステムは抜本的に見直すべきだと思います。

竹中　繰り返しになりますが、競争のないところに成長は絶対にありません。競争する前提条件には、フェアネス、公正さが求められる。最も公正であるべき労働市場が、制度的にアンフェアな状況となっているのは由々しき事態です。

竹中は、「産業競争力会議には「慶應義塾大学総合政策学部教授」という肩書で参加している。役所の分類でいうと、学識経験者である。だが、彼には別の顔がある。人材派遣業界の大手企業、パソナグループの取締役会長をつとめている。労働市場を営業の場とする企業グループの経営者でもあるのだ。不思議なことに竹中の話は、日本社会の改革を語りながら、パソナの市場開拓戦略にもなっている。

パソナ創業者の南部靖之とのつきあいは長い。南部は以前にブログでなれそめを語っている。

〈竹中さんとの出逢いは、ずいぶん前のことになりますが、飛行機の席で隣り合わせになったのがきっかけです。話が弾んで、それからずっと長くお付き合いをさせていただいております。ボストンのハーバード大学で教えてらしたときは、私もアメリカにいましたのでアメリカでもおめにかかることがありました〉

ふたりは二〇年来の親交があることになる。パソナグループは労働市場の規制緩和とともに、いいかえれば、非正規雇用者の急増を背景に業容を拡大してきた企業だ。

小泉政権時代、農地法改正で株式会社がアグリビジネスに参入できるようになると、パソナグループは農業分野にも進出した。「農業従事者の人材派遣事業化を目指す」と、若者の就農支援事業に乗り出した。

創業経営者の南部は、農業への関心を喚起すべく、パソナ本社が入居する東京・大手町のビルの地下二階に実験農場をつくった。このときPRに一役買ったのが当時総務大臣の竹中である。地下農場を視察に訪れた竹中大臣が、「ハイテク水田」に稔る稲穂を眺める姿が新聞や雑誌で紹介されている。

小泉政権が幕を下ろした翌年、南部は竹中をまず特別顧問としてパソナグループに迎え入れた。二〇〇九年には取締役会長の椅子を用意した。

竹中は、南部の期待にたがわぬ活動を展開している。安倍政権の産業競争力会議の二回目の会合では、ほかの委員と連名で「日本の農業をオールジャパンでより強くし、成長輸出産業に育成しよう！」という提言書を出した。TPPへの参加を前提にした農業改革の提言だ。このなかで農業経営の強化策として、「農業版ビジネススクールの創設」を謳っている。

じつは、パソナグループは「農業版ビジネススクール」の試みをすでに始めている。株式会社パソナ農援隊の「Agri‐MBA農業ビジネススクール」事業では、一連の講座を修了した者に「Agri‐MBA」の資格が与えられる。

南部は、民主党政権下でTPPの話が突然持ち上がったとき、インタビューにこう語っていた。

「TPP対応型農業というものがあると思います。外国から安価な農産物が輸入されることを日本の農業者が心配していますが、割高の人件費や土地代の問題を克服するために、たとえば畑を二階建て、三階建てにするとか、同じ場所で年間何回も収穫するとか、新しい技術を用いることで工夫できます。水耕栽培ならば人手はほとんどかかりませんし、年間一〇回以上、収穫できる作物もあります」（『経済界』二〇一一年一二月二〇日号）

南部が唱える農業の「第六次産業化」は、竹中の主張と軌を一にしている。日本農業の改革がパソナグループの事業拡大にも結びつく道筋がつけられている。

慶大教授として、経済学者として、竹中は発信している。

「農業に関して企業の、株式会社の参入が十数年前にようやく認められたとはいえ、その後、遅々として進んでいない。こういうところを規制緩和することによって、この産業が非常に大きく伸びていく可能性があるのではないか」

彼が語る「構造改革」においては、経済学者の立場、企業経営者としての立場、両者の立場が混然一体として齟齬なく同居している。それはまるで、ホモ・エコノミカスたちによる、ホモ・エコノミカスのための革命である。

あとがき

ひとりの人物に焦点をあて彼の人生を描き切るのが人物評伝なのだとしたら、私が取り組んでいるのは別種のものなのかもしれない。疑問というほどではないけれどもそんな戸惑いが頭をもたげたのは、取材をはじめてすでにかなり時間がたってからだった。いま冷静にふりかえれば、私は、竹中平蔵氏を通じて〝あるもの〟を突きとめようとしていたような気がする。

方法論に確信がもてないまま迷走ぎみに取材を続けていたとき、経済学者の宇沢弘文先生が主宰する勉強会に誘ってくださった。私は驚いた。〝あるもの〟をこれほど深く探求している人を見たことがなかった。周囲の人は辟易したであろうが、私はこの碩学に愚かしい質問をいくつもした。自分の視野があまりに狭く考えが浅いことを悟らされるのは辛い作業でもあったけれども、無知を自覚したことで〝あるもの〟の輪郭がおぼろげながら見えるようになったようにも感じた。

〝あるもの〟が伸張する条件、それは「言葉を殺す」ことにあるようにおもう。その意味で、講談社が月刊誌『現代』を休刊にしたことは、私にとってとても手痛い出来事だった。仕事場を失くした愚痴じゃないかといわれればそのとおりだが、それだけではないと言いたい気持ちがある。言葉の基地がまたひとつ失われてしまった。現実を認識するためになにより必要なのは言葉だし、人と人とが対話するのも言葉だ。

取材にあたっては『現代』の編集者、柿島一暢氏、鈴木崇之氏、編集長の中村勝行氏、高橋明男氏に全面的協力をあおいだ。単行本化で再び柿島氏と組めたことは幸運だった。『現代』休刊後は岩波書店の伊藤耕太郎氏にも協力をあおいだ。彼らのような言葉の基地の番人がいなければ、私のようなライターの仕事は成り立たないことを『現代』休刊で痛感させられた。

最後になったが、貴重な時間を割いて取材に応じていただいた多くの方々に心から感謝申し上げたい。貴重な証言からなる本書が、考えるよすがとなる言葉とならんことを願っています。

二〇一三年四月

佐々木　実

文庫版のためのあとがき

本書を単行本として出版したのは平成25（2013）年4月で、第二次の安倍晋三内閣が誕生したばかりのころだった。その第二次安倍政権は長期政権となり、今も続いている。安倍政権にブレインとして登用された竹中平蔵氏は現在、政府の未来投資会議、国家戦略特別区域諮問会議の中枢にいて、今なお日本社会を〝改革〟しようと邁進している。

驚くべき長さではないだろうか。ふりかえれば、竹中氏が政治の表舞台に「経済ブレイン」として登場してきたのは、小渕恵三内閣時代（1998年7月30日～2000年4月5日）である。まるで政権に寄生するように、20年以上にわたり〝改革〟に従事している。

竹中氏のデビュー戦ともいえる、小渕首相直属の諮問機関「経済戦略会議」が果たした役割について、社会学者の橋本健二氏が『〈格差〉と〈階級〉の戦後史』（河出新書）で触れている。重要な指摘なので、長くなるがそのまま引用させてもらう。

〈そして一九九九年二月、その後の日本の運命を決定づけたといってもいい答申が発表された。経済戦略会議の「日本経済再生への戦略」である。一九九八年八月、小渕内閣のもとで総理大臣の諮問機関として設置され、「我が国経済の再生と二一世紀における豊かな経済社会の構築」という大きなテーマを掲げて審議を始めてわずか半年後のことである。

答申によると、日本の経済成長をさまたげている最大の要因は「過度に平等・公平を重んじる日本型社会システム」である。このようなシステムのもとでは、「頑張っても、頑張らなくても、結果はそれほど変わらない」から、人々は怠惰になったり、資源を浪費したりする。だから日本経済を再生させるためには、「行き過ぎた平等社会」と決別し、「個々人の自己責任と自助努力」をベースとした「健全で創造的な競争社会」を構築することが必要だ――。答申は、このように主張している。

この答申は、これまでの日本が「過度に平等・公平を重んじる」社会だったという証拠を、何ひとつあげていない。しかも会議が発足した九八年には、経済格差はすでにかなりの程度に拡大していたし、当時入手できた統計からも、すでに九〇年代前半までに格差が拡大していることは容易にわかったはずである。おそらく会議のメンバーたちは、「日本は平等な国」「一億総中流」という俗説を単純に信じていたか、でなければ、事実に反すると知っていながらこの俗説を利用したのだろう。
このように経済戦略会議は、根拠も示さずに日本の社会を「過度に平等」だと決めつけ、さらに格差を拡大する方向に政府を誘導していった。会議はさまざまな政策を提案したが、そのなかには先に触れた派遣労働の原則自由化や、「努力した人が報われる公正な税制改革」と称する税体系の変更、具体的には所得税の最高税率の引き下げと課税最低限の引き下げによる、富裕層の減税と低所得者の増税が提言されている。この意味で経済戦略会議は、格差拡大を助長するその後の政府の政策を主導したということができる。
しかし、それ以上に重要なことがある。それは、経済戦略会議のこの答申以後、日本社会は「過度に平等」だというのが、いわば政府の公式見解となったため、政府が格差拡大の事実を直視することはなくなり、また格差拡大を食い止めるような政策が実行される可能性もなくなってしまったということである。〉
竹中氏とともに経済戦略会議で中心的な役割を担っていた経済学者の中谷巖氏はリーマン・ショック直後の２００８年12月、「懺悔《ざんげ》の書」と称して『資本主義はなぜ自壊したのか』(集英社インターナショナル)を上梓《じょうし》し、当時を次のように回顧している。

〈今にして振り返れば、当時の私はグローバル資本主義や市場至上主義の価値をあまりにもナイーブに信じていた。そして、日本の既得権益の構造、政・官・業の癒《ゆ》着《ちゃく》構造を徹底的に壊し、日本経済を欧米流の「グローバル・スタンダード」に合わせることこそが、日本経済を活性化する処方箋だと信じて疑わなかった。

もちろん、戦後日本経済の活力を奪いつつあった既得権益構造の打破などに関しては、今でも私は自分の主張は正当なものであったと信じている。

だが、その後に行なわれた「構造改革」と、それに伴って急速に普及した新自由主義的な思想の跋扈《ばっこ》、さらにはアメリカ型の市場原理の導入によって、ここまで日本の社会がアメリカの社会を追いかけるように、さまざまな「副作用」や問題を抱えることになるとは、予想ができなかった。

この点に関しては、自分自身の不勉強、洞察力の欠如に忸怩《じくじ》たる思いを抱いているのである。〉

「その後に行なわれた『構造改革』」とは、小泉純一郎内閣(2001年4月26日〜2

００６年９月26日）が遂行した新自由主義的な「構造改革」政策であり、本書で描いたように小泉構造改革を閣僚として指揮したのが竹中氏である。

竹中氏は、社会学者の橋本氏が「その後の日本の運命を決定づけた」と指摘する提言を90年代末に「経済学者」として起草した後、２００１年４月に小泉政権が誕生するや「大臣」に変身して、提言で示した方向に舵を切り、大胆に改革を実行していった。20世紀から21世紀にかけての世紀の変わり目、日本社会を大きく変質させた立役者が竹中平蔵氏であることは疑いない事実である。


格差問題の研究で知られる橋本氏が指摘するとおり、竹中氏が経済戦略会議に参加して初めて政権のブレインとなった98年の時点で、すでに格差問題は顕在化していた。にもかかわらず、小泉政権における経済政策の司令塔となった竹中氏はむしろ、ギア・チェンジする格好で、格差を一層拡大させる方向へと「構造改革」を加速させた。〝改革〟は、低賃金のために家族の形成さえむずかしい「アンダークラス（下層階級）」を抱える新たなる階級社会をかたちづくっていった。

かつて〝改革〟のイデオローグだった中谷氏が懺悔したのとは対照的に、竹中氏は改心どころか、今なお確信をもって安倍政権で〝改革〟を推し進める。最上階の窓から見渡せる、この新たな階級社会に満足しているのだろうか？　いったい、なにが確信を支えつづけているのだろう？　彼にとっての〝改革〟は、誰のための、何のための改革なのだろうか？

本書は、すでに休刊した講談社の月刊誌「現代」で発表した記事が下地になっている（2005年12月号〜06年2月号、2008年12月号〜09年1月号）。『市場と権力』の出版は2013年4月だから、ずいぶん長いあいだ取材をした。その過程では当然ながら、複数回にわたって竹中氏本人にインタビューを申し込んだ。結局、受けてはもらえなかったけれども、私は妙に納得してもいた。「対話の精神の欠如」こそ、この人の主張を支えている砦ではないかと感じていたからである。

竹中氏はとても饒舌だ。けれども、すべてが明瞭に語られているようで、そのじつ、肝心なところは秘匿されたままだ。少なくとも、私はそんな印象を抱いている。私のインタビューは拒否されたけれども、もし対話できたなら、フェイクではない、彼の肉声を引き出そうとしたことだろう。

たしかに『市場と権力』では、竹中氏とさしむかいで座ることはできなかった。背中合わせに座らざるをえなかった。私は彼が発する言葉ではなく、背中に感じる気配に意識を集中させ、「改革の時代」を牽引した人物の本質に迫ろうと努めた。試みが成功したかどうか、文庫版の読者のみなさんにあらためて判断を仰ぎたい。新型コロナウイルスのパンデミックに見舞われている社会が、ほんとうに必要としている改革について、対話がはじまるきっかけとなることを願いつつ。

２０２０年７月

佐々木　実

参考文献一覧

書籍

荒川章義『思想史のなかの近代経済学　その思想的・形式的基盤』（中公新書、一九九九）、飯島勲『小泉官邸秘録』（日本経済新聞社、二〇〇六）、宇沢弘文『宇沢弘文著作集（全一二巻）』（岩波書店、一九九四・一九九五）、宇沢弘文・内橋克人『始まっている未来　新しい経済学は可能か』（岩波書店、二〇〇九）、内橋克人とグループ2001『規制緩和という悪夢』（文藝春秋、一九九五）、小川一夫・竹中平蔵『対外不均衡のマクロ分析　貯蓄・投資バランスと政策協調』（東洋経済新報社、一九八七）、小椋正立『サプライ・サイド経済学　レーガン経済政策の本質』（東洋経済新報社、一九八一）、加藤寛・竹中平蔵『改革の哲学と戦略　構造改革のマネジメント』（日本経済新聞出版社、二〇〇八）、軽部謙介『ドキュメント機密公電　日米経済交渉の米側記録は何を語るか』（岩波書店、二〇〇二）、岸博幸『ブレインの戦術　永田町を動かした秘書官のテクニック』（あさ出版、二〇〇六）、木村剛『竹中プランのすべて　金融再生プログラムの真実』（アスキー・コミュニケーションズ、二〇〇三）、佐貫利雄『日本経済の構造分析』（東洋経済新報社、一九八〇）、鈴木哲夫『汚れ役　側近・飯島勲と浜渦武生の「悪役」の美学』（講談社、二〇〇八）、政策分析ネットワーク編『政策学入門　ポリシースクールの挑戦』（東洋経済新報社、二〇〇三）、関岡英之『拒否できない日本　アメリカの日本改造が進んでいる』（文春新書、二〇〇四）、髙橋洋一『さらば財務省！　官僚すべてを敵にした男の告白』（講談社、二〇〇八）、滝田洋一、鹿島平和研究所編『日米通貨交渉　20年目の真実』（日本経済新聞社、二〇〇六）、竹中平蔵『研究開発と設備投資の経済学　経済活力を支えるメカニズム』（東洋経済新報社、一九八四）、竹中平蔵・石井菜穂子『日米経済論争「言いわけ」の時代は終わった』（ティビーエス・ブリタニカ、一九八八）、竹中平蔵『日米摩擦の経済学』（日本経済新聞社、一九九一）、竹中平蔵『日本経済の国際化と企業投資』（日本評論社、一九九三）、竹中平蔵『日本賢国論　新世紀への経済学』（電通、一九九三）、竹中平蔵『民富論』（講談社、一九九四）、竹中平蔵『早い者が勝つ経済　激変するアジア太平洋と停滞する日本』（PHP研究所、一九九八）、竹中平蔵『経世済民「経済戦略会議」の一八〇日』（ダイヤモンド社、一九九九）、竹中平蔵『ソフト・パワー経済　21世紀日本の見取り図』（PHP研究所、一九九九）、竹中平蔵・阿川尚之『世界標準で生きられますか』（徳間書店、二〇〇一）、竹中平蔵『「強い日本」の創り方　経済・社会大改革の海図』（東京財団・政策ビジョン21との共著、PHP研究所、二〇〇一）、竹中平蔵『あしたの経済学　改革は必ず日本を再生させる』（幻冬舎、二〇〇三）、竹中平蔵『郵政民営化「小さな政府」への試金石』（PHP研究所、二〇〇五）、竹中平蔵『竹中平蔵の特別授業　きょうからあなたは「経済担当補佐官」』（集英社インターナショナル、二〇〇五）、竹中平蔵『構造改革の真実　竹中平蔵大臣日誌』（日本経済新聞社、二〇〇六）、竹中平蔵・上田晋也『竹中平蔵・上田晋也のニッポンの作り方』（朝日新聞出版、二〇〇八）、竹中平蔵『ニッポン経済の「ここ」が危ない！　最新版・わかりやすい経済学教室』（幸田真音との共著、文藝春秋、二〇〇八）、竹中平蔵『竹中式マトリクス勉強法』（幻冬舎、二〇〇八）、竹中平蔵・田原総一朗『ズバリ！　先読み　日

本経済　改革停止、日本が危ない！』（アスコム、二〇〇八）、竹中平蔵『闘う経済学　未来をつくる［公共政策論］入門』（集英社インターナショナル、二〇〇八）、脱藩官僚の会『脱藩官僚、霞ヶ関に宣戦布告！』（朝日新聞出版、二〇〇八）、田原総一朗『ジャーナリズムの陥し穴　明治から東日本大震災まで』（ちくま新書、二〇一一）、寺島実郎『団塊の世代　わが責任と使命　戦後なるものの再建』（ＰＨＰ研究所、一九九九）、中谷巌『資本主義はなぜ自壊したのか「日本」再生への提言』（集英社インターナショナル、二〇〇八）、西川善文『ザ・ラストバンカー　西川善文回顧録』（講談社、二〇一一）、藤田田『勝てば官軍　成功の法則』（ＫＫベストセラーズ、一九九六）、藤田田『ユダヤの商法　世界経済を動かす』（ベストセラーズ、一九七二）、船橋洋一編著『日本戦略宣言　シビリアン大国をめざして』（講談社、一九九一）、堀内光雄『自民党は殺された！』（ワック、二〇〇六）、牧原出『内閣政治と「大蔵省支配」　政治主導の条件』（中公叢書、二〇〇三）、町田徹『日本郵政　解き放たれた「巨人」』（日本経済新聞社、二〇〇五）、水野隆徳『第４の権力　ブッシュを動かす陰の主役』（アイペック、一九八八）、宮内義彦『経営論』（東洋経済新報社、二〇〇一）、宮崎義一『ドルと円　世界経済の新しい構造』（岩波新書、一九八八）、村山治『市場検察』（文藝春秋、二〇〇八）、森功『サラリーマン政商　宮内義彦の光と影』（講談社、二〇〇七）、山口敦雄『りそなの会計士はなぜ死んだのか』（毎日新聞社、二〇〇三）、横江公美『アメリカのシンクタンク　第五の権力の実相』（ミネルヴァ書房、二〇〇八）、読売新聞政治部『外交を喧嘩にした男　小泉外交二〇〇〇日の真実』（新潮社、二〇〇六）、ＮＨＫ取材班『ＮＨＫスペシャル　日米の衝突ドキュメント構造協議』（日本放送出版協会、一九九〇）、NHKスペシャル取材班『マネー資本主義　暴走から崩壊への真相』（日本放送出版協会、二〇〇九）、NHK「日本とアメリカ」取材班『NHKスペシャル　日本とアメリカ2　日本は生き残れるか』（日本放送出版協会、二〇〇九）

エズラ・ヴォーゲル『ジャパン・アズ・ナンバーワン　アメリカへの教訓』（広中和歌子・木本彰子訳、ティビーエス・ブリタニカ、一九七九）、チャールズ・エリス『ゴールドマン・サックス　王国の光と影』（斎藤聖美訳、日本経済新聞出版社、二〇一〇）、チャーマーズ・ジョンソン『通産省と日本の奇跡』（矢野俊比古訳、ティビーエス・ブリタニカ、一九八二）、ケント・カルダー『自民党長期政権の研究　危機と補助金』（淑子カルダー訳、文藝春秋、一九八九）、ケント・カルダー『クロスオーバー・ポイント　逆転時代の日米関係』（田口汎訳、日本放送出版協会、一九九二）、ケント・カルダー『戦略的資本主義　日本型経済システムの本質』（谷口智彦訳、日本経済新聞社、一九九四）、ケント・カルダー『米軍再編の政治学　駐留米軍と海外基地のゆくえ』（武井楊一訳、日本経済新聞出版社、二〇〇八）、ジリアン・テット『セイビング・ザ・サン　リップルウッドと新生銀行の誕生』（武井楊一訳、日本経済新聞社、二〇〇四）、デイビッド・ハルバースタム『ベスト&ブライテスト』（浅野輔訳、サイマル出版会、一九八三）、デヴィッド・ハーヴェイ『新自由主義　その歴史的展開と現在』（渡辺治ほか訳、作品社、二〇〇七）、ヘンリー・ポールソン『ポールソン回顧録』（有賀裕子訳、日本経済新聞出版社、二〇一〇)、フレッド・バーグステン『アメリカの経済戦略 1990年代「競争と協調」のプログラム』(宮崎勇監訳、ダイヤモンド社、一九八九)、フレッド・バーグステン、ジェフリー・フランケル『円・ドル合意後の金融市場 金融市場開放のシナリオ』(高橋由人訳、東洋経済新報社、一九八五)、フレッド・バーグステン、ウィリアム・クライン『日米経済摩擦 為替レートと政策協調』(奥村洋彦監訳、東洋経済新報社、一九八六)、フレッド・バーグステン、マーカス・ノーランド『日米衝突は回避できるか』(佐藤英夫訳、ダイヤモンド社、一九九四)、ミルトン・フリードマン、ローズ・フリードマン『選択の自由』(西山千明訳、講談社、一九八三)、ライオネル・ロビンズ『経済学の本質と意義』(中山伊知郎監修、辻六兵衛訳、東洋経済新報社、一九五七)、リチャード・カッツ『腐りゆく日本というシステム』(鈴木明彦訳、東洋経済新報社、一九九九)

新聞

『日本経済新聞』『朝日新聞』『読売新聞』『東京新聞』『毎日新聞』『産経新聞』『ニューヨーク・タイムズ』『ウォール・ストリート・ジャーナル』

雑誌

『経済経営研究』『調査』(日本開発銀行/日本政策投資銀行)、『金融財政事情』(金融財政事情研究会)、『会計・監査ジャーナル』(第一法規)、『銀行実務』(銀行研修社)、『金融法務事情』

（きんざい）、『監査役』（日本監査役協会）、『季刊未来経営』（フジタ未来経営研究所）、『経済セミナー』（日本評論社）、『エコノミスト』（毎日新聞社出版局）、『週刊ダイヤモンド』（ダイヤモンド社）、『日経ビジネス』（日経BP社）、『アステイオン』（サントリー文化財団・生活文化研究所）、『週刊朝日』（朝日新聞出版）、『週刊ポスト』（小学館）、『週刊現代』（講談社）、『週刊文春』（文藝春秋）、『中央公論』（中央公論新社）、『文藝春秋』（文藝春秋）、『ニューズウィーク日本版』（阪急コミュニケーションズ）、『財界』（財界研究所）、『論座』（朝日新聞出版）、『インターナショナル・エコノミスト』『クォータリー・ジャーナル・オブ・エコノミクス』

本書は二〇一三年四月に小社より刊行された、『市場と権力――「改革」に憑かれた経済学者の肖像』に加筆・修正のうえ、文庫化したものです。

なお、本文中、敬称は略させていただきました。

|著者|佐々木 実　1966年大阪府出身。大阪大学経済学部を卒業後、91年に日本経済新聞社に入社。東京本社経済部、名古屋支社に勤務。95年に退社し、フリーランスのジャーナリストとして活動している。2013年に出版した『市場と権力　「改革」に憑かれた経済学者の肖像』（小社刊）で第45回大宅壮一ノンフィクション賞と第12回新潮ドキュメント賞をダブル受賞。社会的共通資本の経済学を提唱した宇沢弘文に師事し、彼の生涯を描いた『資本主義と闘った男　宇沢弘文と経済学の世界』（小社刊）で第６回城山三郎賞と第19回石橋湛山記念 早稲田ジャーナリズム大賞をダブル受賞した。

竹中平蔵《たけなかへいぞう》　市場《しじょう》と権力《けんりょく》　「改革《かいかく》」に憑《つ》かれた経済学者《けいざいがくしゃ》の肖像《しょうぞう》

佐々木《ささき》 実《みのる》

2020年９月15日第１刷発行
2020年11月25日第３刷発行

発行者――渡瀬昌彦
発行所――株式会社　講談社
東京都文京区音羽2-12-21　〒112-8001
電話　出版（03）5395-3521
　　　販売（03）5395-5817
　　　業務（03）5395-3615

Printed in Japan

講談社文庫

定価はカバーに
表示してあります

デザイン―菊地信義
本文データ制作―講談社デジタル製作
印刷―――豊国印刷株式会社
製本―――株式会社国宝社

ISBN978-4-06-521090-1

講談社文庫刊行の辞

二十一世紀の到来を目睫に望みながら、われわれはいま、人類史上かつて例を見ない巨大な転換期をむかえようとしている。

世界も、日本も、激動の予兆に対する期待とおののきを内に蔵して、未知の時代に歩み入ろうとしている。このときにあたり、創業の人野間清治の「ナショナル・エデュケイター」への志を現代に甦らせようと意図して、われわれはここに古今の文芸作品はいうまでもなく、ひろく人文・社会・自然の諸科学から東西の名著を網羅する、新しい綜合文庫の発刊を決意した。

激動の転換期はまた断絶の時代である。われわれは戦後二十五年間の出版文化のありかたへの深い反省をこめて、この断絶の時代にあえて人間的な持続を求めようとする。いたずらに浮薄な商業主義のあだ花を追い求めることなく、長期にわたって良書に生命をあたえようとつとめるところにしか、今後の出版文化の真の繁栄はあり得ないと信じるからである。

同時にわれわれはこの綜合文庫の刊行を通じて、人文・社会・自然の諸科学が、結局人間の学にほかならないことを立証しようと願っている。かつて知識とは、「汝自身を知る」ことにつきていた。現代社会の瑣末な情報の氾濫のなかから、力強い知識の源泉を掘り起し、技術文明のただなかに、生きた人間の姿を復活させること。それこそわれわれの切なる希求である。

われわれは権威に盲従せず、俗流に媚びることなく、渾然一体となって日本の「草の根」をかたちづくる若く新しい世代の人々に、心をこめてこの新しい綜合文庫をおくり届けたい。それは知識の泉であるとともに感受性のふるさとであり、もっとも有機的に組織され、社会に開かれた万人のための大学をめざしている。大方の支援と協力を衷心より切望してやまない。

一九七一年七月

野間省一